PAIXÃO NÃO SE APAGA COM A DOR

Américo Simões
Ditado por Clara

PAIXÃO NÃO SE APAGA COM A DOR

Barbara

Revisão
Marcos Malvezzi Leal
De acordo com as novas normas ortográficas

Capa e diagramação
Meco Simões

Foto capa: Kamil Vojnar/Getty Images

Impressão e acabamento: Cromosete Gráfica e Editora Ltda.

Dados Internacionais de Catalogação na Publicação (CIP)
(Câmara Brasileira do Livro, SP, Brasil)

Garrido Filho, Américo Simões
Paixão não se apaga com a dor / Américo Simões. - São Paulo:
Barbara, 2010.
ISBN 978-85-99039-25-0
1. Espiritismo 2. Psicografia 3.Romance espírita I.Título.

10-0616   CDD - 133.9

Índices para catálogo sistemático:
1. Romances espíritas: Espiritismo 133.9

BARBARA EDITORA
Av. Dr. Altino Arantes, 742 – 93 B
Vila Clementino – São Paulo – SP – CEP 04042-003
Tel.: (11) 5594 5385
www.barbaraeditora.com.br
E-mail: barbara_ed@estadao.com.br

Proibida a reprodução total ou parcial desta obra, de qualquer forma ou por
qualquer meio eletrônico, mecânico, inclusive através de processos xerográficos,
sem permissão expressa do editor (lei n° 5.988, de 14/12/73).

Viver

São vidas que se encontram
por acaso, por querer
É aprender a arte de sorrir
cada vez que a vida nos diz não
É aprender a chorar
quando bate a emoção
É amar sem se ferir
É amar sem dominar
É amar por amar
Sem querer nada em troca
É amar num mundo que dá voltas
e em cada volta uma ida
em cada ida um regresso
a luz que ilumina a vida
Deus

Para Agatha

Capítulo 1

França, Paris, 1856

Despontavam os primeiros dias de outono na cidade luz, que vivia o apogeu de capital cultural do mundo.

Jean-Paul Godard havia acabado de deixar um dos formosos restaurantes da avenida Champs-Élysées onde se fartara com um delicioso prato da tradicional cozinha francesa regado com muito vinho do Porto. Estava satisfeito, mais do que satisfeito. Empanturrado. Comera como sempre além do necessário, hábito que deveria perder caso quisesse manter a boa forma física.

Jean-Paul diminuiu os passos ao passar próximo de uma carruagem de aluguel, o táxi da época.

—Táxi, monsieur? — ofereceu-se o cocheiro, muito convidativo.

Jean-Paul hesitou diante da oferta. "É melhor eu caminhar para fazer a digestão. Ao menos não chegarei na casa da tal madame com meu estômago pesado", pensou. Por fim, disse:

— Não, monsieur, obrigado.

Jean-Paul bateu de leve na aba da cartola em sinal de agradecimento. Levantou a gola do sobretudo, mais por prudência que por necessidade, pois a noite não estava fria e seguiu caminho.

Jean-Paul Godard era um homem por volta dos trinta oito anos de idade. Tinha um rosto bonito, tipicamente francês. As longas costeletas, bem aparadas, contrastavam muito bem com seu elegante cavanhaque.

Era o rosto de um homem de princípios bem definidos, que nunca duvidara de si próprio. O rosto de um homem que acredita estar cem por cento certo no seu julgamento das coisas, que sabe muito bem diferenciar o bem do mal. Esse foi certamente um dos motivos que levou Jean-Paul para a carreira de detetive e fizeram dele um dos detetives mais renomados e respeitados da Europa na época.

Tinha um ar de recato, ou melhor, de suspeita. E me ocorreu então que ele devia ser uma pessoa que tinha sofrido muito na vida. Quem quer que olhasse bem para os seus olhos bonitos, haveria de avistar a presença da tristeza no fundo deles.

Havia uma certa ansiedade apunhalando o coração de Jean-Paul Godard naquele começo de noite. Não era para menos. Chegara finalmente o dia dele participar das reuniões que aconteciam na casa da senhora Plainemaison na Rua de La Grange Batelière, n° 18, onde estudavam o fenômeno das mesas girantes e alguns ensaios de escrita mediúnica.*

Muitos já haviam ouvido falar dessas reuniões que ocorriam todas as quartas e quintas na casa da senhora Plainemaison e caçoado delas. Jean-Paul, no entanto, achou mais sensato e prudente participar de uma das sessões antes de caçoar delas. Era da opinião que não podia julgar nada na vida sem colher dados substanciais.

Ainda que já soubesse de antemão que tudo aquilo que ele veria na casa da senhora Plaeinemaison não passasse de uma mera encenação, um mero truque mágico, ainda assim precisava ver com os próprios olhos, ouvir com os próprios ouvidos, tocar, caso houvesse algo para ser tocado com as próprias mãos tudo o que se passava por lá antes de ridicularizar o evento.

— Mesas que levitam por influência dos mortos? Sei... — comentou Jean-Paul com descaso. — Como alguém pode acreditar numa barbaridade dessas? Como?

Jean-Paul lembrou-se nesse momento de Callaham Foster, o nome de mais um assassino que havia sido preso por ele graças ao seu apurado trabalho como detetive. Callaham Foster fora, na sua opinião, um mestre na arte da embromação. Queria a todo custo que todos acreditassem que a mulher assassinada vinha sendo atemorizada por um espírito de uma mulher que morrera meses antes, revoltara-se com sua morte e, por isso, atormentava os vivos. Callaham afirmava categoricamente que fora o espírito dessa morta que levou a vítima à morte.

Quanta lorota. Onde já se viu espíritos dos mortos influenciarem os vivos? Nem em conto de fadas.

Callaham soube como ninguém se fazer de bom homem, tornando-se católico praticante, solidário aos pobres, mas para Jean-Paul, tudo o que ele fazia não passava de um truque para acobertar sua personalidade assassina que o levou a cometer aquele crime hediondo, grotesco e desumano.

– A que ponto as pessoas chegam para encobrir suas fraquezas.

O número 18 da Rua de La Grange Batelière aproximava-se e, a cada passo, a curiosidade, misturada a uma boa dose de ansiedade, ecoava pelo interior do detetive.

Novamente a frase "a que ponto as pessoas chegam..." atravessou seus pensamentos. Ele pensou então na senhora Plainemaison. A que ponto chegara uma mulher de classe e de família nobre para afastar o tédio que vem de encontro a muitos, quando não a maioria das pessoas, a partir de uma certa idade e, especialmente, quando a noite cai. Sim, para Jean-Paul, tudo aquilo que acontecia na casa da senhora Plainemaison não passava de algo para matar o tédio e o ócio.

Ou a senhora Plainemaison fazia tudo aquilo para, simplesmente, inflar seu ego, pois uma pessoa que acredita e faz com que os outros também acreditem que ela pode realmente se comunicar com os mortos deve se envaidecer a um ponto inacreditável.

Quanta hipocrisia...

Quem já assistira a uma das reuniões em que estudavam o fenômeno das mesas girantes e alguns ensaios de escrita mediúnica, lembrou ele, afirmou que nunca vira algo sobrenatural tão convincente em toda a sua vida. Para Jean-Paul tudo aquilo era convincente porque o truque deveria ser muito bom, ideia de algum ilusionista dos bons, prestidigitador de primeira. Só podia ser isso, que outra explicação teria?

Jean-Paul consultou o relógio de bolso com corrente sobre o colete e sorriu para si mesmo ao perceber que chegaria ao local com pontualidade britânica. Pressionou a mão direita contra o estômago e respirou aliviado. Fizera muito bem ter caminhado até o local, sua barriga já não estava mais pesada como quando partiu do restaurante.

Ele, finalmente, parou em frente ao número 18 da Rua de La Grange Batelière.

– É aqui. Muito bem, *mon ami(1)*, aí vou eu.

Ele ajeitou a gravata preta de laço, tirou com cuidado a cartola impecavelmente lustrada sobre a cabeça para não desmanchar os cabelos devidamente penteados com brilhantina e entrou. Foi recebido por um homem grandalhão, ligeiramente calvo e com um bigode que se assemelhava e muito a um guidão de bicicleta, e uma mulher com olhos gris, muito expressivos, que trajava um longo vestido azul, com uma boina combinando.

Jean-Paul os cumprimentou com uma mesura:

– Monsieur, madame, *bonsoir(2)*.

O homem ajudou Jean-Paul a tirar sua comprida sobrecasaca preta e a pendurou num lugar apropriado juntamente com a cartola e a bengala.

O local estava tão lotado de pessoas que Jean-Paul, assim como muitos, se viu obrigado a assistir a sessão de pé. Manteve-se no fundo da sala, junto à porta por onde entrara, por ser o local de menor aglomeração de pessoas. A sessão estava prestes a começar. A mulher usando boina, que o recebera à porta, veio até ele e trocou algumas palavras. Seu nome era Jacqueline Angelique, que já havia tido inúmeras experiências mediúnicas, muito antes das sessões na casa da senhora Plainemaison terem tido início. Era uma mulher que falava olhando nos olhos, com segurança na voz e carisma. Alguém de quem Jean-Paul Godard gostou muito e guardou na memória para referências futuras.

Ouviu-se então a voz da senhora Plainemaison ecoar no recinto. Ela gentilmente pediu silêncio a todos e, a seguir, começou a orar o Pai Nosso. Os presentes oraram com ela. Só então a sessão teve início.

Ao primeiro toque da mesa, Jean-Paul soltou um leve riso de escarninho. Se não tivesse sido rápido para evitá-lo, todos ali desmascarariam sua verdadeiras intenções por estar ali.

Foi então que eu, William Kamp, que me encontrava de pé bem ao lado de Jean-Paul Godard, voltei-me para ele e perguntei baixinho no seu ouvido:

– Também não crê no que vê e ouve, não é, monsieur?

---

(1)"Meu amigo." (2)"Boa noite." Em francês no original. (Nota do Autor)

Jean-Paul voltou o rosto para mim e respondeu-me por meio de um olhar amalucado. Acrescentei, baixinho:

— Se tudo não passa de uma mera encenação devo confessar que eles são bons ao desempenhá-la. Exímios atores.

Soube que Jean-Paul concordou com as minhas palavras ao ver seus lábios se contorcerem num sorriso.

— Está abafado aqui, não? — comentei.

Ele balançou a cabeça em concordância.

— É a primeira vez que participa de uma dessas reuniões?

Jean-Paul novamente concordou com a cabeça e disse:

— Veja o rosto dos presentes, monsieur. Estão maravilhados com o que vêem. Pobres coitados, querem tanto acreditar que existe vida após a morte que o seu querer os impede de ver que tudo que se passa aqui nada mais é que uma mera encenação de prestidigitação.

Assenti com um leve movimento de cabeça.

Jean-Paul não disse mais nada, eu também não. Ficamos em silêncio, prestando o máximo de atenção ao que se passava ali, entre aquelas quatro paredes, até terminar a sessão.

No seu término, Jean-Paul, discretamente, esgueirou-se para fora da sala. Pegou seu casaco, sua cartola e bengala do local onde haviam sido pendurados, com a maior discrição possível, e partiu. Eu o segui. Ele percebeu que eu o seguia.

E assim que tomamos a calçada ele voltou-se para mim e disse:

— Convincente, não?

Concordei com uma careta. Ele acrescentou:

— Tenho que admitir que eles são bons na arte de iludir as pessoas. Exímios *magicien, prestidigitateur, illusioniste...*

Ri, espalhafatosamente.

— Acredita mesmo que tudo aquilo não passou de uma ilusão, um truque? — perguntei.

— Sim. Positivamente. *Sans aucun doute.* *

— Sei. Por outro lado, ainda que tudo não passe de uma mera encenação tem-se, muitas vezes, a impressão de que tudo que se passa por ali é real, não?

---

*"Sem dúvida alguma." Em francês no original. (N. do A.)

—Temos essa impressão exatamente porque a farsa é representada por atores e atrizes muito convincentes.

Ri novamente como há tempos, eu juro, não ria. Era o sorriso de uma pessoa adulta divertida com a esperteza de uma criança. Jean-Paul olhou para mim, pelo rabo do olho, com curiosidade. Acho que há tempos não via alguém rindo como eu ria naquele momento, ou talvez, nunca vira em toda a sua vida. Assim que me recompus, perguntei:

—Diga-me, apesar de toda essa farsa, o senhor ainda assim acredita em vida após a morte, não?

— Eu? Não!

A resposta de Jean-Paul foi incisiva. Acho que nunca ouvira alguém ser tão incisivo em toda a minha vida quanto o ilustre detetive.

— Pensei que...

A voz de Jean-Paul se sobrepôs à minha:

— Nunca acreditei. Tudo que dizem a respeito de vida após a morte foi criado para confortar o coração do ser humano diante da fatalidade que é a morte. Para mim, morreu, morreu. Acabou!

Tentei segurar o riso novamente, mas foi em vão, escapou pelas minhas narinas como se eu fosse um porco a roncar. Ainda rindo comentei:

— Sempre compartilhei da mesma opinião que a sua, meu caro. Foi sempre muito difícil eu acreditar em vida após a morte, muito difícil, mesmo.

— As pessoas se apegam a essa ideia como se apegam a Deus — acrescentou Jean-Paul num tom ácido.

— Não crê em Deus, também?!

— Não. Nem Nele, nem em Cristo. Para mim, ambos são o ópio do povo. Se é que me entende?

— Mas Cristo existiu, isso é fato. Sua história não só dividiu a história do mundo, como atravessou os tempos intacta. A influência de Cristo sobre a humanidade ainda é muito forte e torna-se, cada dia mais, tocante e profundamente marcante a todos.

— Cristo existiu, certamente. O que não existiu foram seus milagres.

— Mas as pessoas viram seus milagres!

— Meros truques.

Havia um caráter definitivo no tom de voz de Jean-Paul.

— E quanto à sua ressurreição? Muita gente o viu ressuscitado.

— Inventaram tudo isso para fazer com que os tolos pensassem que Ele era um ser divino, o filho de Deus. Ninguém sobrevive à morte, meu caro, ninguém. Não adianta querermos nos iludir quanto a esse fato.

— Nem mesmo o filho de Deus?

— Nem Ele. Porque Deus também não existe.

— Compreendo.

Meus penetrantes olhos escuros encararam-no com severidade.

— Se Deus existisse a vida na Terra seria completamente diferente do que é. Seria feita de paz e amor. Não haveria homens se matando pelo poder, destruindo vidas, corrompendo o próximo... — Um olhar evasivo apareceu no rosto do francês. — Por isso que eu digo que Deus não existe, que Cristo nunca foi um ser especial e que não existe vida após a morte.

— E se por acaso você visse o espírito de uma pessoa morta? O que diria?!

Dessa vez foi Jean-Paul quem riu alegremente.

— Confesso, *mon ami* — respondeu ele, entre risos —, que já tentei me comunicar com os mortos e, por diversas vezes.

— E?

— Nunca fiz contato algum. Dizem que para isso é preciso ser médium, mas creio, no íntimo, que esse papo de ter de ser médium para poder se comunicar com os espíritos dos mortos é outra forma de encobrir o fato de que não há definitivamente vida após a morte. É uma forma de explicar aos tolos porque eles não podem se comunicar com os mortos.

— Você é páreo duro, meu caro.

— Sou realista. Detesto ilusões.

Houve uma breve pausa e, durante esse momento, só se ouvia o som dos nossos passos a se propagar pelas ruas despidas de pessoas àquela hora da noite. Foi Jean-Paul quem rompeu o silêncio:

— E quanto a você? O que o levou até a casa da senhora Plainemaison?

– Curiosidade. A mesma que perfura o seu coração.

– É incrível como esse assunto desperta a curiosidade das pessoas, não?

– Sem dúvida.

Nova pausa. Nova intromissão do silêncio. Minutos depois, comentei:

– Há pouco você me disse que tentou se comunicar com os mortos, mas não teve êxito. No entanto, o que faria se pudesse ver o espírito de um morto e, até mesmo, comunicar-se com ele?

– *Peu importe!** Acho que não daria muita importância ao fato. E você, o que faria?

– Levaria um choque, um tremendo choque. Perderia a fala a princípio. Depois, acharia-me um tolo por ter sido tão descrente até então e veria a morte e a vida, com novos olhos.

– Bonitas palavras – elogiou Jean-Paul, com certo sarcasmo.

Chegávamos nesse momento a uma esquina. Jean-Paul parou, voltou-se para mim e disse:

– Bem. Minha casa fica nessa direção

– Ah... sim... perfeitamente.

Jean-Paul estendeu-me a mão direita enquanto dizia:

– Foi um prazer conhecê-lo. Meu nome é Jean-Paul Godard, às suas ordens. Seu nome... creio que não me disse seu nome.

– William... William Kamp – respondi enquanto estendia a mão na sua direção. Completei: – Foi também para mim um prazer conhecê-lo.

Jean-Paul me olhava direto e reto nos olhos quando nossas mãos se uniram para trocar o aperto. Ele só veio a baixar os olhos em direção à mão quando percebeu que não havia conseguido tocar a minha. Soltou um riso sem graça enquanto dirigia a mão novamente até a minha, mas ao envolvê-la, sua mão pegou apenas o ar. Assustado, Jean-Paul recolheu a mão, rapidamente, como se houvesse levado um choque.

Voltando a olhar direto aos meus olhos, podia se ver, dentro dos olhos dele, um espasmo de dor e agonia. Havia também um desespero crescente a enviesar todos os cantos de sua face.

---

*"Pouco importa, tanto faz." Em francês no original. (N. do A.)

– O que é isso?! – balbuciou enquanto esticava a mão novamente na minha direção, dessa vez rumo ao meu ombro.

E mais uma vez, para o seu total desespero, sua mão atravessou meu corpo assim que ela pousou em meu ombro, ou melhor, nem pousou, atravessou direto.

– O que é isso? – tornou ele erguendo a voz. – O que é isso?! – repetia ele, cada vez mais alto e em intervalos cada vez menores.

Eu me mantinha calmo, olhando para ele sem desviar.

– Acalme-se, Jean-Paul – disse eu no tom mais calmo que dispunha.

– Responda-me?! – berrou ele. – O que está acontecendo aqui?! Quem é você?!

– É preciso mesmo responder – disse eu, seriamente mergulhando ainda mais fundo nos olhos daquele que se negava a acreditar que estivera na última hora, conversando, o tempo todo, com um desencarnado.

---

*As reuniões mediúnicas na casa da Sra. Plainemaison, situada à Rua Batelière nº 18 na Paris do século XIX, realmente existiram. E foi lá que Hippolyte Léon Denizard Rivail, mais conhecido como Rivail, e que mais tarde viria a ser conhecido como Allan Kardec, testemunhou pela primeira vez o fenômeno das mesas girantes e alguns ensaios de escrita mediúnica. O grande primeiro passo na elaboração do Livro dos Espíritos, base da Doutrina Espírita. (N. do A.)

Capítulo 2

Enquanto seu cérebro trabalhava a mil, Jean-Paul tornou a me perguntar:

— Que tipo de brincadeira é essa? Que truque barato é esse que se dispõe a achincalhar com a minha pessoa?!

— Não é truque algum, Jean-Paul — respondi complacente.

— Não me venha com lorotas. Pensou que iria me iludir com um truque mágico, mas não vai. Ouviu? Não vai.

— Não sou mágico, Jean-Paul.

— É sim...

— Você sabe bem que não sou. Quer desesperadamente acreditar que tudo não passa de um truque. Apegar-se a essa hipótese, por ser mais fácil de ser diluída pela sua pessoa, mas, no íntimo, sabe muito bem que não sou mágico.

— Eu não vou esmurrá-lo agora, pois me recuso a sujar minhas mãos com tamanho canalha.

— Ouça-me, por favor.

— Não vou ouvir.

— Ouça-me! — implorei.

— Deixe-me em paz.

Jean-Paul, sem perceber, largou a bengala, tapou os ouvidos, enquanto repetia incansavelmente:

— Deixe-me em paz!

Em seguida pôs-se a correr, impondo o máximo de força que dispunha em suas pernas.

Quando acreditou que havia me deixado para trás, bem atrás de si, destampou os ouvidos e respirou aliviado. Mas tudo não passou de um suspiro de alívio fugaz: ao me ver novamente bem diante dele, olhando firme nos seus olhos, o homem deu um salto para trás, ao mesmo tempo em que um grito de pavor atravessava sua garganta.

— Não pode ser... — murmurou trêmulo.

— É — enfatizei. — Encare os fatos.

Gotas de suor escorreram das sobrancelhas do detetive para dentro dos olhos dele, fazendo com que eles ardessem. Jean-Paul imediatamente esfregou os olhos enquanto gotas e mais gotas pingavam de suas sobrancelhas

De repente, começou a sacudir a cabeça abruptamente. Mexia tanto com ela que era doloroso só de olhar. Cambaleou ligeiramente. Desfez a gravata preta em laço, afrouxou o colarinho e arrancou a cartola da cabeça, arremessando-a para longe. Recostou-se contra a parede de concreto, ofegante. Respirava agora pela boca, pois sentia o ar faltando dentro do peito. Rompendo-se em lágrimas, Jean-Paul dizia:

— Isso não pode estar acontecendo, não pode! É um delírio... é isso, estou delirando, só isso.

Sua voz foi morrendo até atingir um grunhido ininteligível. A seguir, ele puxou um lenço de dentro do bolso da casaca e começou a enxugar o rosto e o pescoço que suavam em profusão. Em questão de segundos o lenço ficou todo encharcado. Suas vestes tanto quanto, pois o suor escorria também por suas costas e pelo estômago, de uma forma abissal.

— Eu não mereço isso — murmurou em desespero.

Seu desespero era tanto que ele mergulhava agora as mãos por entre seus cabelos fartos como se quisesse arrancá-los e, ao fazer isso, arrancaria de si todas aquelas sensações hediondas que vibravam por dentro dele por estar diante de mim, o espírito de um desencarnado.

— Respire fundo — disse eu, a seguir, na esperança de tranquilizá-lo. — Respire fundo, para que você relaxe e tire da sua face essa vermelhidão assustadora.

Ele pareceu ignorar as minhas palavras. Sua voz tornou a soar num lamento:

— Isso é loucura... Loucura...

— Pode parecer loucura — disse eu. — Eu mesmo, se estivesse no seu lugar, reagiria como está reagindo. É assustador, eu sei, você não estava preparado, mas, por favor, acalme-se. Eu nada de mal lhe farei.

Só quero conversar com você. Conversar a respeito de algo muito importante.

Ele grunhiu como um animal abatido, enquanto prensava o corpo contra a parede. As lágrimas continuavam a atravessar seus olhos de forma copiosa. Desesperadas. Eu aguardei em silêncio até que ele desse sinais de melhora. Torcendo intimamente para que ele absorvesse o nosso encontro com mais brandura. Esse momento chegou cerca de quinze, vinte minutos depois.

Fez-se então silêncio. Um longo e constrangedor silêncio. A cabeça dele pendia para o chão, os ombros também, como um homem que se sobrecarrega de preocupações ou ansiedades. Jean-Paul sentia-se como um ator que não sabe o seu papel.

Eu permanecia ali, ereto, estático, parado no mesmo lugar, a pouco menos de quatro metros de distância de onde Jean-Paul se encontrava, tão silencioso quanto ele.

Vagarosamente Jean-Paul ergueu o rosto. Sua expressão era de quem parecia estar voltando de um mundo distante e era como se tivesse dificuldade em ajustar-se ao momento presente.

Senti que suas palavras tiveram que percorrer uma longa distância antes de alcançar-lhe os lábios. Ele afastou vagarosamente a franja desmantelada da testa, aprofundou os olhos assustados em mim e perguntou:

— Quem é você, afinal?

— Como lhe disse há pouco, meu nome é William Kamp. Desencarnei há quase um ano devido a uma forte pneumonia.

— Você não pode estar morto, estou vendo você aqui na minha frente.

— Eu estou morto, Jean-Paul, ou melhor, meu corpo físico está morto. Eu permaneço vivo como sempre estive, pois o espírito jamais morre, muda apenas de plano.

O detetive novamente enxugou o suor da fronte sem tirar os olhos de mim. Nisso ouvimos passos vindo na nossa direção. Nossos olhos voltaram-se para a direita para ver quem se aproximava. Eram 4 homens, boêmios na certa, que preferiram voltar para a casa a pé para usufruir da luz do luar e, da companhia da boemia, por mais tempo.

Assim que eles se aproximaram de Jean-Paul, ele agarrou no braço de um e disse:

— Ei, veja, meu amigo precisa de ajuda!

O moço recuperando-se do susto que teve ao ser agarrado daquela forma tão abrupta girou o pescoço ao redor, tal como fizeram os demais, voltou-se para Jean-Paul e perguntou:

— Desculpe-me, mas de que amigo, monsieur, está falando?

Nisso, Jean-Paul deu um salto sobre mim, atravessando meu corpo como se atravessa uma neblina espessa. Os quatro homens murmuraram alguma coisa e partiram.

— Pobre coitado, bebeu até desajuizar os miolos — murmurou um deles enquanto se afastavam do local.

Voltei-me mais uma vez para Jean-Paul e disse:

— Acredita em mim, agora?

Seus lábios moveram-se... Ele queria falar, mas a voz parecia cada vez mais presa na garganta.

— É espantoso, eu sei, mas é a verdade, Jean-Paul. Todos que veem os espíritos pela primeira vez, a maioria pelo menos, reage assim, como você está reagindo. Assusta, eu sei, mas... o que se há de fazer?

Vasculhei meu cérebro em busca de algo mais para dizer, que fosse capaz de aliviar seu crescente senso de desespero, mas não encontrei nada além do que já havia lhe dito.

Houve outro momento de silêncio até que o detetive voltasse a me encarar com aqueles olhos profundos e cheios de dor. Uma dor que se alternava com a raiva, uma raiva esquisita. Ele hesitou um pouco, antes de me dirigir uma nova pergunta:

— Se você é de fato um morto, quer dizer, então, que tudo aquilo que as religiões pregam é verdade.

— Como vê...

— Então as mesas... aquelas mesas que vimos hoje durante a sessão na casa da senhora Plainemaison mexem e respondem mesmo por intermédio dos espíritos?

— Sim.

— Havia mais espíritos como você naquela sala essa noite durante a sessão?

– Sim. Muitos. Mas você não percebe que são espíritos por não saber que pode ver os espíritos. Isso acontece com muita gente. Andam pelas ruas e pensam que quem estão vendo caminhar ao seu lado são todos encarnados, mas não são. Pensam também que todos os demais transeuntes que seguem ao seu lado estão vendo as mesmas pessoas que elas veem transitando pela rua, mas não. Ninguém nunca para para se perguntar se estão vendo as mesmas pessoas que estão vendo, compreende? Se o fizessem, teriam grandes surpresas.

"Outro dia na reunião na casa da senhora Plainemaison um dos participantes relatou um fato muito curioso que viveu no Japão. Ao andar pela rua ele avistou uma mulher muito parecida com sua estimada avó, que prometeu nunca deixá-lo desamparado mesmo depois de morta.

"A mulher andava na mesma direção que ele só que pela calçada do outro lado da rua. A semelhança da mulher com sua avó era assustadora. Ele podia jurar que era ela própria que estava ali, dirigindo-lhe, volta e meia, o olhar, se ele não estivesse no Japão, a milhas e milhas distante de onde ela morava. Ela também não poderia ter viajado para lá, uma vez que não tinha saúde mais para fazer viagens longas.

"Esse individuo achou uma tremenda coincidência ter uma senhora tão semelhante a sua avó no meio de tantos orientais. O episódio o deixou cabreiro. Ao voltar para o seu país, esse sujeito descobriu que a avó havia falecido meses atrás. Uma semana antes da data em que ele havia visto a tal mulher que era a imagem e semelhança de sua avó, no Japão. Agora, ele compreendia que realmente havia visto a avó, o espírito da avó que prometeu nunca deixá-lo desamparado, mesmo depois de morta."

As sobrancelhas de Jean-Paul levantaram-se de maneira chocante. Ele considerou por instantes antes de perguntar:

– Se o espírito das pessoas mortas sobrevive à morte, desprende-se do físico como é falado, por que haveriam esses espíritos de ficar por aqui, transitando entre os *vivos*?

– Muitos espíritos desencarnados ficam para resolver assuntos pendentes. Outros para atazanar aqueles de bom coração e os de mau coração também. Os motivos variam.

– Por que não me disse que era um espírito assim que me viu?

— Você não me acreditaria, como ainda se recusa a acreditar. Sairia correndo, não me daria a chance de lhe falar.

Jean-Paul alisou o cavanhaque antes voltar a se dirigir a mim.

— O que quer de mim, afinal?

Seu tom estranho e frio feriu meus tímpanos, não sei por quê.

— Diga-me ao que vem e depois se remeta à escuridão — tornou ele de forma ainda mais agressiva.

Soltei um suspiro de alívio quando ele finalmente me entregou a chance de falar. Era preciso, urgentemente. Confesso que a reação do detetive me tirou ligeiramente do prumo e necessitei de alguns segundos para me recompor e poder falar o que eu acreditava ser tão necessário ser falado.

— O que você menos tolera na vida, Jean-Paul? Não, não diga. Deixe-me adivinhar. É a injustiça, não é?

Ele me olhou com seus olhos inteligentes e respondeu:

— É. É por ela que eu me tornei um detetive. Não suporto injustiças. Injustiça foi, e ainda é, o que sempre me tira do sério.

— E como há injustiça no mundo, não?

— Se há.

— Você que está na polícia há muito tempo, trabalhando como detetive, deve estar a par da quantidade absurda de crimes que terminam sem solução. Pessoas assassinadas cujos assassinos escaparam ilesos, não? Deve saber também que há muitos crimes que passam despercebidos para muita gente, principalmente para as autoridades competentes. Às pessoas pareceram ter morrido de morte natural sendo que na verdade foram assassinadas. Discretamente assassinadas.

— Sim. Isso também é verdade.

Os olhos miúdos e inteligentes do detetive voltaram a se fixar em mim.

— Aonde está querendo chegar?

— Ao motivo que me trouxe até você, Jean-Paul.

As sobrancelhas úmidas do detetive se arquearam interrogativas.

— Ainda não compreendo — disse ele com ligeiro tremor na voz.

— Não? Pois bem, tenho fortes suspeitas de que uma pessoa por quem nutri imenso carinho durante minha passagem pela Terra foi brutalmente assassinada.

– Assassinada?

– Sim. Deliberadamente assassinada.

– Fala sério?

– Não brincaria com uma coisa tão séria. Sei que é um homem ocupadíssimo e que seu papel no mundo dos encarnados é de extrema importância para o equilíbrio da sociedade. Sendo um detetive, um dos melhores que há hoje na Europa, um homem capaz de impedir que aqueles que matam escapem impunes deste ato hediondo e desrespeitoso para com o próximo, deve ser respeitado por todos, até mesmo por aqueles que agora vivem no plano espiritual.

Jean-Paul pareceu lisonjeado diante das minhas palavras. Prossegui:

– É preciso fazer justiça, Jean-Paul.

– Justiça.

– Sim, justiça. Não só porque essa pessoa assassinada foi uma grande pessoa para mim enquanto estive encarnado na Terra, especialmente durante minha enfermidade. Mas por ela ser um ser humano, o qual deve ser sempre respeitado por seu semelhante. Jamais, por motivo algum, alguém tem o direito de tirar a vida do próximo. Ninguém.

Minha voz tornou-se mais séria ao dizer:

– Para a polícia, como eu disse, a morte dessa pessoa foi acidental; para mim, no entanto, ela foi morta de uma forma para parecer um acidente.

Profunda ruga barrava agora a testa do detetive. Ao mesmo tempo em que ele parecia interessado no episódio, parecia descrente. Não deixei-me intimidar e prossegui na minha narrativa:

– Em outras palavras o assassino escapou ileso do crime que cometeu como já ocorreu em muitos casos do gênero. E eu não acho isso justo. Não mesmo. Eu, assim como você, não tolero injustiças. Por isso vim atrás de você, não só por ser um exímio detetive, mas também por saber que você abomina injustiça.

– O que quer que eu faça?

– Ora, Jean-Paul, que você investigue o caso, o acidente. Tenho certeza de que você logo encontrará pistas suficientes que o farão perceber que o acidente não foi acidente, foi proposital, assassino.

— Onde foi que isso ocorreu?

— Numa cidade chamada Evergreen* no interior da Inglaterra. É um lugarejo pequeno, intimamente residencial. A maioria das casas do lugar são ocupadas pelos fazendeiros da região. Fica a uns 400 metros da estrada principal que leva a Wastelands e Blue River.** Lugares muito frequentados por veranistas. Tem estação de trem.

— Quanto tempo faz que isso aconteceu?

— Menos de um mês atrás.

Os olhos miúdos e inteligentes do detetive olhavam para mim agora com certa reserva.

— Tudo o que lhe peço é que vá até lá investigar o acidente. Por favor, em nome da justiça.

Jean-Paul manteve-se calado, por instantes, estudando meu semblante com desconfiança. Por fim, disse:

— Há uma voz repetindo incansavelmente na minha cabeça que não lhe dê trela. Que tudo isso que você está dizendo não faz sentido algum.

— Não a ouça, Jean-Paul. Ela provêm de espíritos malignos cujo único propósito é criar a discórdia entre os demais, principalmente naqueles que eles acreditam serem culpados por sua má sorte. Ou, simplesmente, por se sentirem incomodados com sua alegria de viver.

— Espíritos maus?

— Eles existem. Assim com os bons, existem os maus. Afinal, tanto pessoas boas quanto pessoas más morrem e seus espíritos sobrevivem após a morte.

— É tanta informação em tão pouco tempo.

— Com o tempo você compreenderá tudo melhor. O que importa agora é que você pode me ver, me ouvir e pode me ajudar.

— Se eu fizer o que me pede promete que me deixa em paz?

— Prometo.

— Jura mesmo?

— Juro.

— Aquela vozinha aqui na minha cabeça está dizendo que você está mentindo. Que você nunca mais me deixará em paz.

---

*"Sempre Verde." Em inglês no original. (N. do A.)
** "Terras Ermas & Rio Azul." Em inglês no original. (N. do A.)

— Essa vozinha quer impedir você de me ajudar e, consequentemente, ajudar essa pessoa que foi vítima dessa brutalidade. Ela quer isso porque é do mal, a favor da injustiça. Tampe os ouvidos a ela, Jean-Paul, tampe, sem dó. E toda vez que ela se aproximar se recuse a ouvi-la.

— Está bem, eu farei o que me pede. Investigarei o caso.

Um sorriso iluminou minha face. Meu rosto, creio eu, tornou-se levemente purpúreo.

— Enquanto acompanho você até sua casa — disse eu a seguir — vou contar a história toda, desde o início, para que possa compreender tudo o que se passou antes da tragédia. O que acha?

— É uma excelente ideia. Preciso realmente ficar a par dos fatos, tintim por tintim.

— Muito bem... Tudo começou no início do verão do ano passado... No verão de 1855...

É importante que o leitor saiba que os relatos que faço a respeito do que se passou na mente das pessoas envolvidas nessa história, são feitos por dedução ou por terem sido mencionados para mim em conversas futuras. Vale lembrar que essa história está sendo transposta para o papel depois dela já ter acontecido e por isso posso descrever sentimentos, emoções e pensamentos por já estar a par do que se passou na cabeça de cada um diante de cada situação em que se viram envolvidos.

Alguns pensamentos foram logicamente colocados por mim por livre dedução e também para enriquecer o texto. No entanto, tudo o que está sendo relatado aproxima-se praticamente 95% do que realmente se passou com os integrantes dessa história. (Nota do Espírito Narrador)

Capítulo 3

Início do verão de 1855

— Férias, finalmente! — exclamou Ludvine Leconte enquanto se espreguiçava descontraidamente sobre a poltrona do trem que seguia para Evergreen. — Não agüentava mais — acrescentou em meio a uma careta. — O que seriamos de nós sem férias? Nada. Absolutamente nada.

Ludvine Leconte havia acabado de completar sua vigésima primeira primavera e trazia no rosto a alegria de ser uma jovem moderna conforme o que era considerado moderno na época.

Era alta, bonita, com um rosto muito saudável e um lindo cabelo castanho. Suas mãos longas e pálidas eram tomadas por anéis, um mais belo que o outro. Seu punho era adornado por lindas pulseiras de ouro e prata. Sua fisionomia era o que poderia se chamar de um livro aberto.

A seu lado estava sentada Bárbara Calandre, jovem da mesma idade que Ludvine, traços tão lindos quanto os seus, porém, de uma delicadeza fora do normal, que deixava sua feminilidade ainda mais encantadora. Com ares de deus, com o brilho das rosas vermelhas e brancas... Seus olhos eram grandes, muito grandes, de um tom castanho diferente, castanho claro, reluzente. Olhos que brilhavam, pareciam ter uma luz acesa dentro deles. Olhos lindos, estupidamente lindos.

— A paisagem daqui é linda — comentou Bárbara com verdadeira admiração, olhando pela janela do trem as belas planícies por onde a locomotiva passava.

— Eu disse que você iria gostar, Bárbara. Eu lhe disse... — envaideceu-se Ludvine. — Por isso insisti tanto para vir. Se não tivesse vindo não teria conhecido toda essa maravilha. Espere até chegar a Evergreen e Chère Maison... Você vai ficar maravilhada com os lugares.

— E depois dizem que Deus não privilegia uns lugares mais que os outros. É lógico que privilegia. Não só lugares como seres humanos.

Bárbara opinou:

— Talvez não seja uma questão de privilégio e sim, de inspiração. Deus, certamente, havia de estar mais inspirado na hora que criou certos lugares, bem como certas pessoas.

— Bem observado, Bárbara. Nunca havia me passado isso pela minha cabeça.

Os olhos grandes e bonitos de Bárbara brilharam. Ela perguntou a seguir:

— Quando você e seu irmão não estão em Evergreen, seu pai fica só?

— Fica. Não exatamente só. Tem os empregados da casa além de Emma, logicamente, que está sempre com ele.

— Emma é?...

— A mulher que ele vem cortejando já faz uns oito anos e promete se casar com ela dentro em breve. Foi bom, ou melhor, foi ótimo o papai tê-la encontrado. Depois da morte da mamãe ele ficou literalmente desolado. Nenhum homem, por mais que ame sua mulher que teve sua vida interrompida pela morte, tão cedo, merece viver até o fim dos seus dias sozinho, em comunhão com a saudade que sente dela.

— Quantos anos sua mãe tinha quando faleceu?

— Apenas 30.

— 30? Meu Deus, que jovem... Do que ela faleceu?

— De escarlatina.*

— Que pena...

— Foram dias difíceis para nós, tão doloridos que nem gosto de lembrar.

— Desculpe-me.

— Que nada... Como lhe disse, papai ficou desolado com a morte da mamãe e eu e Theodore acreditamos que ele nunca mais se envolveria com outra mulher, pensamos que havíamos acertado na nossa previsão até que oito anos depois, oito longos anos depois de viúves, ele conheceu Emma e se encantou por ela.

---

*Doença infecciosa, epidêmica e contagiosa, caracterizada por vermelhidão escarlate na pele e manchas vermelhas da mucosa bucal e faríngea, com forte inflamação das amídalas. (N. do A.)

"Creio, na verdade, que foi ela quem se encantou por ele e o inspirou a lhe dar uma chance. Ao conhecê-los, você verá, pois é nítido, qualquer um pode ver, até mesmo um rouxinol, que ela gosta muito mais dele do que ele dela."

Os lindos e penetrantes olhos castanhos de Bárbara encararam a amiga com severidade antes de perguntar:

— Será que isso acontece com todo casal? Digo, um dos dois gosta mais do outro do que o outro gosta dele?

— Não creio. Dizem que papai e mamãe se amavam na mesma intensidade e que qualquer um podia ver tal fato.

— Pergunto então por que a vida os separou por meio de uma doença. Que injustiça.

— Sim, tremenda. Mas a vida não é justa com a maioria das pessoas, Bárbara. É como eu disse há pouco, Deus privilegia uns mais que os outros.

Ludvine suspirou e entrefechou os olhos. Disse:

— Papai a via, sabia?

— Via?...

— Minha mãe, mesmo depois de morta. É lógico que tudo não passava de uma ilusão da cabeça dele, mas... quem dera fosse verdade... saber que ela sobreviveu à morte e que a vida continua...

— Muitos acreditam nisso, Ludvine. É a base da maioria das religiões.

— Eu não acredito em nada disso. Para mim, as religiões inventaram isso para acalentar o coração de todos diante da fobia que a inevitável morte causa em todos.

Ludvine recostou-se no assento e passou a longa e delicada mão nos cabelos espessos e castanhos.

— Papai vai gostar muito de conhecê-la, Bárbara. Ele ama os jovens.

Ludvine fez uma cara matreira antes de acrescentar:

— Theodore está ansioso para revê-la. Conheço bem meu irmão e sei o quanto ele ficou fascinado por você, *ma chère*. Creio que o que ele sentiu por você foi amor à primeira vista. Se você não estivesse noivando Anthony, ele já teria lhe pedido em namoro. Movido Terra e céu para conquistá-la.

"Se bem que, o fato de você estar noivando Anthony não será empecilho para afastá-lo de você por muito tempo. Conheço bem Theodore e sei que quando ele põe uma coisa na cabeça, vai ao fundo dos infernos se preciso for para conseguir o que quer. O que tanto ama. E Theodore a ama profundamente, *ma chère;* e receio que você acabará sendo dele, cedo ou tarde.

— Mas eu sou noiva de Anthony.

— Por falar em Anthony, seja sincera comigo. Cem por cento sincera. Você ama mesmo esse rapaz?

— É lógico que sim.

— Não sei não... Algo me diz que não.

— Não diga tolices. Estamos namorando, praticamente, desde quando entramos na adolescência.

— O amor de vocês pode ser nada mais que uma paixão de adolescente, apenas isso.

— Não é. Gosto do Anthony há tanto tempo que nem me lembro o que é viver sem tê-lo ao meu lado.

Ludvine tornou a fazer ares de dúvida. Houve um silêncio relâmpago até que Bárbara dissesse:

— O amor às vezes me assusta, sabia?

— Creio que assusta a todos nós, *darling.* *Ainda que nos assuste é melhor enfrentar o susto do que viver sem amor, afinal, sem ele que graça teria a vida?

Bárbara fez um gesto de risonha acolhida.

— Veja! — exclamou ela a seguir apontando para a janela. — Lá longe... que casa encantadora. Adoro essas casas solitárias cercadas apenas pelo verde. Com gerânios nas janelas, e de suas chaminés saindo aquela fumacinha... é tão aconchegante. Se eu inspirar posso até sentir o aroma do café que acabou de ser coado e do pão que acabou de ser assado.

— Eu não suporto casas de campo, ainda mais, solitárias. Na verdade, não suporto o interior em geral, é muito solitário, chocho... Gosto mesmo é das cidades grandes, Paris, Londres, Milão... Esses sim são os lugares certos para o ser humano morar. O resto é resto... Ao menos para mim.

---

*"Querida(o)." Em inglês no original. (N. do A.)

"Nada se compara ao agito da cidade grande, cercado de pessoas bonitas e bem arrumadas, esbanjando glamour, por dentro de tudo que acontece culturalmente e socialmente no mundo.

— As cidades grandes têm lá seus encantos, sem dúvida alguma, mas para mim, uma casa de campo com gerânios na janela basta... tudo mais é dispensável.

— Bárbara, Bárbara, Bárbara... você é simples demais... Até hoje me pergunto como nós duas podemos ser amigas se somos tão diferentes.

Bárbara encolheu os ombros graciosamente e voltou a olhar com admiração para a paisagem lá fora.

— E quanto a Anthony, o que pensa ele sobre a vida no campo?

— Ele pensa como você. Ama a cidade grande com todo o seu agito e glamour.

— E como vocês vão fazer quando se casarem?

— Ceder. Nenhuma relação sobrevive sem que o casal ceda um pouco. Eu cederei um pouco, ele cederá um pouco... e assim faremos com que o nosso casamento sobreviva.

O semblante ambíguo de Ludvine tornou-se mais intenso. O assunto se dispersou enquanto o trem seguia preguiçosamente por entre o caminho de beleza indescritível. Provocando em Bárbara o inigualável prazer de respirar o ar puro do campo. E deixar-se invadir por aquela curiosa sensação de liberdade que o interior empresta a todos.

As duas moças saltaram do trem na estação de Evergreen. Foram obrigadas a aguardar cerca de dez minutos pela carruagem da família que ficara incumbida de ir buscá-las. O veículo se atrasara por causa do estado em que ficaram as estradas após a forte chuva que desabou no dia anterior sobre a região.

— Mil desculpas — pediu o cocheiro assim que se viu diante das duas moças.

— Está perdoado, Kevin, ninguém é perfeito... — disse Ludvine procurando se livrar do aborrecimento que o atraso lhe causou.

Se havia algo que a tirava do sério, eram atrasos. Por causa deles já havia terminado dois namoros com forte indício de sucesso.

Minutos depois, a carruagem chegava à propriedade da família Leconte, batizada graciosamente com o nome de Chère Maison.

Não era propriamente uma casa e, sim, uma suntuosa mansão em estilo georgiano*. Uma obra arquitetônica de acurada beleza, por onde se entrava através de uma alameda muito bem cuidada e cheia de narcisos e roseiras.

Diante dela se estendia um lindo gramado cujo verde, ao bater do sol, parecia luminescente.

As duas jovens saltaram da carruagem com a ajuda do cocheiro, que a seguir, tirou a bagagem do veículo e a carregou para dentro da casa.

Bárbara tomou alguns segundos para admirar a mansão e o verde que circundava o lugar.

— Meu Deus... é tudo tão lindo, Ludvine.

— Eu sabia que você iria amar — respondeu a jovem e voltando-se para uma criada que havia aparecido ali para saudar as moças, perguntou:
— Meu irmão já chegou?

— Sim, mademoiselle. Foi caçar.

— Caçar — debochou Ludvine. — Que perda de tempo. E o papai?

— Está na biblioteca, mademoiselle.

— Obrigada, Hilary.

E abraçando Bárbara por trás, Ludvine exclamou com bom humor:
— Se a montanha não vai a Maomé, Maomé vai até a montanha. Venha...

Minutos depois, as duas moças chegavam à porta da biblioteca. Uma porta bonita de madeira toda cravada de desenhos. Ludvine bateu à porta e só entrou após ouvir o consentimento do pai. Lionel Leconte encontrava-se sentado sob um raio de luz solar que atravessava uma grande janela de vidro.

Pai e filha trocaram um forte e demorado abraço. Era evidente que um nutria pelo outro uma afeição sem limites.

Lionel Leconte era um homem muito bem-apessoado para quem já havia passado dos cinquenta anos de idade. Seu cabelo era ligeiramente ruivo, os ombros largos, o rosto anguloso, o queixo firme, os olhos quase

---

*Se define "georgiano" o estilo arquitetônico e de decoração que se difundiu na Inglaterra durante o século XVIII e início do XIX. (N. do A.)

gris. Era dotado de uma impressionante facilidade no falar, sendo que tudo o que dizia soava certo e seguro aos ouvidos de seu interlocutor.

Era uma pessoa de caráter bom e honesto, que abominava todo tipo de falsidade. Era tão transparente que qualquer pessoa poderia ler o que se passava na sua mente.

Fora um ótimo marido e excelente pai para o seu casal de filhos, excelente administrador e um homem amado e respeitado na região. Era o que se podia chamar de um verdadeiro *gentleman*. O modelo de homem, segundo os conservadores, que se tornava cada vez mais raro florescer naqueles tempos modernos.

— Papai! — exclamou Ludvine quando encontrou espaço em meio ao seu caloroso abraço. — Que saudade.

O homem admirou a filha com seus olhos bondosos, olhos de encanto. Ludvine foi até Bárbara e puxou a amiga para mais próximo do pai.

— Papai, essa é Bárbara, Bárbara Calandre, a amiga de quem tanto lhe falei.

O pai olhou para a amiga da filha com efusiva curiosidade e admiração; na verdade, ambos se olharam com admiração. O dono da casa tomou a mão da moça, a beijou e disse, curvando-se sobre a sua mão na mais *real* de suas atitudes:

— Encantado, mademoiselle.

Houve um brilho nos olhos de Lionel Leconte, um brilho diferente, que incomodou Ludvine. Por mais que soubesse que a amiga era quase trinta anos mais jovem que seu pai e que a conhecia bem, a ponto de saber que ela jamais se interessaria por um homem mais velho, que serviria para ser pai dela, Ludvine, ainda assim, sentiu ciúmes do modo como o pai olhou para Bárbara. Na verdade como ambos se olharam.

Ela não podia esconder de si mesma, tampouco dos demais, o ciúme que sentia do pai. Para aceitar Emma fora muito difícil, quase um desafio intransponível. Preocupara-se durante anos com a solidão do pai e quando esse, finalmente, encontrou uma mulher por quem se interessou ela se sentiu enciumada como nunca pensou que haveria de ficar. Por sorte o ciúme passou, ou ela acreditava que havia passado.

Lionel Leconte perguntou a seguir sobre a viagem. Se fora exaustiva. Falando com sua habitual elegância. Quis saber se aquela era a primeira vez que Bárbara viajava para aquela região do país. A resposta dela foi sim. Ele sorriu.

— Sinta-se como se a casa fosse sua — disse ele para a recém-chegada antes de ela ser retirada da sala por Ludvine.

Assim que as duas moças tomaram o corredor, Ludvine perguntou para a amiga:

— E então, o que achou do papai?

— Gostei muito dele — respondeu Bárbara com delicadeza. — É um verdadeiro *gentleman*. Parece bem mais novo do que a idade que você me disse que ele tem.

Ludvine beliscou a blusa da amiga enquanto dizia num tom maroto.

— Você que não ouse arrastar as asinhas para cima do meu pai, *ma chère*. Se ousar fazer isso, acabo com você.

Ludvine explodiu num sorriso a seguir. Passou o braço pelo ombro da amiga e explicou:

— É que eu morro de ciúmes dele.

Bárbara sorriu para a amiga com indulgência.

— Agora, venha — anunciou Ludvine retomando sua eletricidade. — Vou mostrar-lhe a casa. Tintim por tintim.

De todas os cômodos o que mais deslumbrou Bárbara foi a sala onde havia um imenso piano de calda.

— É aqui que eu tomava as minhas lições de piano — comentou Ludvine correndo a mão pelo instrumento. — Eu tentei aprender piano com dedicação, mas o tempo só me fez perceber que não havia nascido para a música.

Um leve sorriso bailou nos lábios da jovem por instantes. Então ela dirigiu o olhar para a parede onde havia um imenso quadro pintado a óleo. Nele se via uma mulher ainda na flor da idade, de rosto sério e lindo, de cabelos e olhos cor de avelã, trajando um belíssimo vestido azul claro, todo rendado, com um lindo ramalhete de flores na mão. Tulipas.

— Essa era minha mãe — explicou a jovem com certo pesar.

Bárbara voltou os olhos na direção do quadro no mesmo instante. Havia admiração em seus grandes olhos claros agora a percorrer a pintura de cima abaixo, de lado a lado.

Ludvine aproximou-se da amiga e, num tom comovido, falou:

— Eu me lembro muito pouco dela, mas pelo que me lembro, posso dizer que o retrato é uma cópia fiel da sua pessoa.

— Bonita, ela — comentou Bárbara sem tirar os olhos da pintura.

— Sim. Ela era realmente muito bonita.

Ludvine dirigiu os olhos para o perfil de Bárbara, depois novamente para o quadro, por duas, três vezes, então disse:

— Ela lembra você um pouco, não?

— Você acha?

Ludvine voltou Bárbara na sua direção até ficar face a face com ela, ergueu seu queixo um pouquinho para cima para poder vê-la melhor e confirmou:

— Sim, Bárbara, você lembra muito a minha mãe. Como não havia percebido isso antes?

Bárbara foi até o grande espelho que havia ali, envolto numa belíssima moldura de cor prateada, mirou-se nele e comentou:

— Pensando bem, você tem razão.

Voltando os olhos para o quadro, Ludvine falou:

— Minha mãe era uns dez anos mais jovem que meu pai e amava-o devotadamente desde o primeiro momento que o viu. Durante todo o tempo em que ele fora um jovem que só pensava em se divertir, e se movimentar constantemente entre Paris, Itália e Alemanha, minha mãe, uma menininha tímida, ficava pensando nele, escrevendo cartas de amor para ele. Sonhando em se casar com ele. Sonho que ela conseguiu realizar quando atingiu a maioridade.

"Admiro meus pais não apenas por serem meus pais, mas porque conseguiram obter êxito na difícil arte de amar."

— Foi uma pena que ela tenha morrido tão cedo.

— É a vida. O que se há de fazer? É ela que sempre dá a palavra final.

Quando Theodore Leconte voltou da caçada, seu rosto estava corado e seus cabelos em desalinho. Ele e o pai se assemelhavam muito fisicamente. A única diferença entre os dois era o peso da idade sobre o físico. Nada mais. Theodore encontrou as jovens recém-chegadas numa das varandas da casa.

— Bárbara! — saudou Theodore, eufórico.

Ela voltou-se para ele calmamente.

— Olá, Theodore.

— Bárbara... Bárbara Calandre... Que bom rever você, *ma chère*. Que bom ter você aqui, *mon amour!*(1)

Ele ainda carregava consigo a espingarda que usara para caçar raposas quando saudou a moça. Ao voltar-se para Ludvine, o rapaz foi altamente repreendido pela irmã:

— Não se atreva a se aproximar de mim carregando essa arma na mão.

Theodore voltou rapidamente os olhos para a espingarda e tratou logo de se desvencilhar do objeto.

— Desculpem-me — disse ele enquanto punha a arma sobre a amurada que cercava o local. — Estava tão ansioso para encontrá-las que nem dei por mim que ainda estava carregando a espingarda.

A voz aguda de Ludvine elevou-se mais uma vez:

— É um perigo andar com uma coisa dessa pela casa, Theodore. Já lhe disse isso. Já pensou se ela dispara sem querer e mata um de nós?

— Não seja dramática, minha irmã — defendeu-se o irmão aproximando-se da irmã.

— Sou realista, *my dear.*(2)Realista — defendeu-se Ludvine, elevando ainda mais a voz. — Muitos acidentes já aconteceram por causa desse descuido.

Irmão e irmã finalmente se abraçaram. E no meio desse abraço, Theodore sussurrou no ouvido esquerdo de ludvine:

— Meu Deus, como Bárbara está linda. Simplesmente linda!

(1)"Meu amor." Em francês no original. (N. do A.)
(2)"Meu querido(a)." Em inglês no original. (N. do A.)

Subitamente, Ludvine empurrou o irmão para longe de si com as duas mãos.

— Theodore, você está cheirando a mato, pólvora; sei lá o quê!

— Ora, Ludvine, se eu estava caçando queria que eu estivesse cheirando a quê? Perfume francês?

Bárbara riu. Ele voltou-se para ela e pediu-lhe desculpas.

— Não há do que se desculpar, Theodore.

O rapaz ficou sorrindo para Bárbara por um momento. Admirando seu rosto lindo e repousante para os olhos. Por fim, disse:

— Vou me lavar e volto para darmos um passeio, um passeio até o penhasco. A visão do pôr do sol dali é magnífica.

Ele já estava se retirando do local quando a voz da irmã soou alto e estridente mais uma vez:

— Matou muitos animaizinhos indefesos está tarde, meu irmão?

Ele voltou-se para ela com os olhos faiscando e respondeu com o mesmo sarcasmo que ela impostou na voz:

— Matei.

— Pobres criaturas. Sendo mortas para satisfazer o ego dos homens e ocupar o tempo ocioso deles.

Theodore defendeu-se no mesmo instante:

— São meros animais, Ludvine.

— Ainda que sejam, só queria ouvir sua opinião caso estivesse na pele deles.

— Ora... ora... ora... o que deu em você, minha irmã? Sempre gostou de me ver caçar, tanto que ia à caça comigo e segundo me lembro, lembro-me bem por sinal, matou vários animaizinhos indefesos após eu ter lhe ensinado a atirar com essa coisa aqui.

Ele foi até o local onde havia pousado a espingarda e a pegou.

— Já ia me esquecendo dela — comentou.

— Cabeça de vento — murmurou Ludvine, zombeteira.

— Língua comprida — revidou ele, com sarcasmo.

Os dois riram. Ele partiu. Ludvine voltou-se para Bárbara e disse:

— Cheguei, sim, a caçar com ele anos atrás, mas só fiz o que fiz por ser estúpida. Por não ter nada melhor para fazer. Caso contrário não teria feito.

— Eu detesto a caça — argumentou Bárbara com sinceridade. — Como você mesma disse: são animais indefesos que morrem para satisfazer o ego dos homens e preencher seu tempo ocioso.

— É mais que isso, meu anjo. Nem todos os homens matam esses animaizinhos indefesos por ócio ou para satisfazer seu ego, matam por prazer. Alguns homens, senão a maioria, têm prazer em ver uma bala acertar um ser vivo. Ainda que mórbido, é um prazer.

Bárbara arrepiou-se toda, tão forte foi o arrepio que seu corpo caiu na cadeira rente a ela, como pedra.

— Você está bem, querida?

— Sim. É que esse papo sempre me embrulha o estômago.

Ludvine deu um tapinha carinhoso no ombro da amiga e disse:

— Por um lado foi bom eu ter aprendido a usar uma espingarda. É importante aprendermos, para nos defender, caso algum maluco, assassino, um dia cruze por nosso caminho. Nunca se sabe o que pode acontecer no amanhã. Cheguei até mesmo a aprender a usar um revólver pelo mesmo motivo. Theodore praticou tanto tiro ao alvo que é capaz de acertar um alvo mesmo no escuro. E você, Bárbara, sabe manejar uma arma de fogo ou mesmo uma espingarda?

— Não sei e não quero nunca aprender.

— Ora, é importante aprender.

— Recuso-me terminantemente.

— Não deveria. Como disse, um dia talvez você precise se defender. Se quiser, Theodore pode lhe dar algumas lições.

— Nem pensar. Eu e uma arma não combinamos nem a distância, quanto mais de perto.

***

Meia hora depois Theodore se juntava às duas jovens novamente. Agora, porém, de banho tomado, o rosto devidamente escanhoado, transparecendo ainda mais vigor que antes.

Não era preciso ser adivinho para perceber o quanto Bárbara Calandre cobria o rapaz de entusiasmo. Theodore encantara-se por ela desde a primeira vez em que a viu. Foi o que podia se chamar de paixão à primeira vista.

Ele almejou, sim, que ela o visse pelo mesmo halo de fascínio com que ele a via, mas não, a jovem gostou dele como um amigo, apenas um amigo, nada mais. Seu coração tinha dono, pertencia a Anthony Gilbert. Ele chegou a jogar sobre a jovem bem mais que seu charme, chegou a agarrá-la literalmente, ao que Bárbara reagiu, de imediato. Sempre fora muito correta, jamais cometera um ato leviano e de mau caráter com alguém, principalmente, com Anthony Gilbert, seu noivo havia quase dois anos.

Os três jovens saíram da casa rumo ao penhasco de onde podia se ter uma belíssima visão do mar e do pôr do sol. Pelo trajeto, o casal de irmãos foi relatando para a visitante as peripécias que faziam por ali quando eram crianças. Muitos risos soaram e se misturaram com o ar perfumado pelas plantas que ficavam pelo caminho. Rosas, tulipas, crisântemo e miosótis eram algumas delas, que eram cuidadas com carinho por Lionel Leconte, uma vez que jardinagem era seu hobby predileto.

Ao chegarem à ponta do penhasco, Bárbara ficou estarrecida com a bela vista que se tinha dali. O lugar era de fato lindo. Esplêndido.

— Venha, Bárbara — disse Theodore esticando a mão para a jovem se aproximar mais da ponta do penhasco. — Veja como as ondas batem nas pedras na encosta.

Ainda que incerta, Bárbara pegou na mão de Theodore, que ao tocá-la sentiu o peito se incendiar de prazer. Mas assim que a jovem se viu tão rente à ponta do penhasco soltou um grunhido e afastou-se.

— O que foi? — perguntou ele, surpreso com sua reação.

Ela queria responder à pergunta, mas por mais que tentasse, as palavras lhe fugiam. Por fim disse:

— Tenho aflição de altura...

— Não há o que se preocupar, eu estou aqui para ampará-la.

— Ainda assim a sensação é horrível. Tem-se a impressão de que se vai cair daí a qualquer momento.

— Venha, eu a amparo em meus braços.

— Obrigada, mas não quero.

— Ora.

— Não insista, Theodore — interveio Ludvine —, se Bárbara não se sente bem, não insista.

— É uma pena, pois a visão daqui é linda também.

Bárbara sentiu-se arrepiar mais uma vez. Um arrepio esquisito que a deixou taciturna.

— Vocês nunca tiveram medo de cair daí? — perguntou ela a seguir, com a voz trêmula.

Theodore riu:

— Não. Nunca! Desde crianças éramos trazidos aqui pelo papai, mas ele sempre nos ensinou a ter cuidado, a ficar numa posição que não nos pusesse em risco. Aqui onde estamos não há risco algum, por isso eu a chamei. Somente daqui, curvando-se um pouquinho para a frente é que se pode ver realmente os pés do penhasco... Mas, verdade seja dita, muita gente, ao se curvar, tem uma certa tontura sim; não é meu caso, nem o de Ludvine.

Theodore olhou para a jovem com certa pena antes de completar:

— É uma pena tremenda que você não possa ver as ondas estourando nas pedras lá embaixo. É uma visão linda.

Nisso, ouviram-se os passos de alguém se aproximando. Tratava-se de uma mulher de grandes olhos esverdeados, cabelo repartido ao meio e uma face comprida e suave. Era bem esbelta e sua pele tinha uma fragilidade transparente.

— Emma, querida! — exclamou Ludvine, indo ao seu encontro.

Apresentações foram feitas.

Embora Emma Belmondo ocasionalmente mostrasse um leve sotaque italiano, não possuía antepassados na Itália. Era mera afetação mesmo.

Emma falou:

— Que bom revê-la, minha querida. Estava com muita saudade de você. Vou preparar uma de minhas especialidades para vocês no jantar dessa noite.

Voltando-se para Bárbara, Ludvine falou empolgada:

— Você, certamente, vai cair de amores por Emma, *ma chère*. Ela tem umas mãos de fada para cozinha. Ela faz uns *muffins**de canela de tirar o fôlego.

— Exagero seu, Ludvine. Não se fie na opinião dela.

---

*O "Muffin" é um tipo de pão redondo, pequeno, de origem londrina. Feito de farinha de trigo, grãos comestíveis, fermento, açúcar e é comido quente com manteiga.(N.A)

– Exagero meu, *mon cher?!* Ah, *ma foi.(1)*

Ludvine voltou-se para Bárbara e disse:

– Fique com Theodore, minha querida, ele lhe mostrará outros cantos e encantos que compõem e cercam a morada dos Leconte. Eu vou ajudar Emma a preparar o jantar.

– Eu posso ajudar também – ofereceu-se Bárbara.

– Nada disso, *ma chère* – adiantou-se Ludvine partindo e puxando Emma pela mão. – *A bientôt!(2)* – *gritou ela. Dépêchez-vous!(3)*

Theodore amou a atitude da irmã. Soube imediatamente que Ludvine deixara a amiga a sós com ele para aproximar os dois.

– *Mon enfant(4)* – disse o rapaz com uma mesura. – Venha, vou lhe mostrar tudo que há de mais belo por aqui... se bem que tudo por aqui é muito belo.

Bárbara respirou fundo ao proferir as palavras seguintes:

– Deveria ter ido com as duas...

– Que nada. Você aqui é visita, esqueceu?

Os dois caminharam e foi quando ambos estavam visitando a estufa de flores do pai que Theodore voltou-se para Bárbara e, olhando seriamente para ela, disse:

– Bárbara, eu amo você. Desde a primeira vez em que a vi e você sabe disso.

– Eu sei. Você já me disse.

– Não quero ser repetitivo, mas, por favor, me dê uma chance.

– Estima-me muito saber que você gosta tanto de mim, Theodore, mas eu sou comprometida.

– Desfaça o comprometimento.

– Não posso. Eu amo Anthony.

– Não vê que recusando meu amor está me fazendo sofrer?

– Se eu romper com Anthony, o farei sofrer também por mim. Ele me ama muito. Estamos juntos há seis anos... não quero fazer ninguém sofrer.

Ele ajoelhou-se aos pés dela num gesto exagerado e teatral e implorou em tom de súplica:

---

(1)"Ma foi."(Interjeição de enfado, sem equivalente preciso no português).(2)"Até logo." (3)"Apresse-se." (4)"Minha criança." Em francês no original. (N.A.)

— Dê-me uma chance, por favor.

— Você é jovem e bonito, e encontrará certamente uma moça que corresponda ao seu amor. Deve viver cercado delas... tantas são que pode escolher dentre todas a mais bela.

— Eu quero você. Só você me interessa. Só você vive em meus pensamentos e em meu coração desde que minha irmã nos apresentou. Só você, compreende?

— Por favor, Theodore, não me deixe constrangida.

Ele segurou firme nos ombros dela e disse:

— Olhe para mim, Bárbara. Olhe!

Quando ela atendeu ao pedido, quando ambos estavam face a face, olhos nos olhos, ele puxou-a contra seu peito e roubou-lhe um beijo. Suas mãos foram rápidas: cravaram-lhe na nuca para não permitir que ela recuasse a face da dele. O que ela tratou de fazer imediatamente, a todo custo, enquanto procurava afastá-lo dela com as mãos. Mas Theodore se manteve firme no seu domínio sobre ela.

Capítulo 4

— Theodore! — soou uma voz firme dentro da estufa.

O rapaz recuou esbaforido e assustado. Ao ver o pai, avermelhou-se até a raiz do cabelo.

— O que é isso? — perguntou Lionel Leconte, seriamente.

Theodore soltou um suspiro ofegante, ajeitou os cabelos sem graça enquanto tentava se explicar:

— Eu...

— Peça desculpas à amiga de sua irmã agora mesmo — ordenou o pai. — Onde já se viu agir assim com uma mulher?

O rosto de Theodore estava sombrio quando ele se desculpou:

— Desculpe-me.

Bárbara não respondeu. Ficou ali imóvel, cabisbaixa, respirando ofegante.

Lionel fez sinal então para o filho se retirar. Mas ao seu sinal, Theodore descordou:

— Mas, papai...

O pai repetiu o sinal para que ele deixasse a jovem a sós. O filho obedeceu a contragosto, partindo, pisando duro. Lionel Leconte aproximou-se de Bárbara e perguntou:

— Você está bem?

A jovem balançou a cabeça, sem graça, dirigindo o olhar para Lionel somente quando ele lhe estendeu um lenço para que ela enxugasse suas lágrimas.

— Obrigada — agradeceu ela, evitando olhar nos olhos dele.

— Desculpe a atitude do meu filho. Ele não deveria ter agido assim. Mas você há de compreender que um jovem quando se encanta por uma jovem acaba, muitas vezes, perdendo a compostura.

Ela tornou a concordar com um ligeiro movimento da cabeça.

— Venha, vou levá-la até a casa.

Pelo caminho Lionel Leconte pareceu se sentir cada vez mais à vontade ao lado da jovem amiga de sua filha. A cada passo que davam, mais e mais ele se sentia à vontade para falar de sua vida, de tudo o que viveu desde que se mudou para ali.

— Essa casa — dizia Bárbara —, deve significar muito para o senhor.

— Senhor?... Chame-me apenas de Lionel. Eu me sentirei melhor se me chamar apenas pelo meu primeiro nome: Lionel.

— Se o *senhor* prefere...

Ao perceber o que havia dito, Bárbara achou graça. Os dois riram e o riso pareceu derrubar mais algumas barreiras que geralmente cercam os desconhecidos.

Quando alcançaram a grande porta que ficava na frente da casa, ambos falavam como se fossem dois velhos grandes amigos. Tão descontraidamente saltavam-lhe as palavras de suas bocas que Ludvine se assustou ao encontrá-los conversando daquele jeito. Assim que os dois avistaram a jovem ambos pararam ao mesmo tempo. Talvez Lionel é quem houvesse parado, forçando Bárbara a imitá-lo.

— *Ma chère!* — exclamou Ludvine correndo ao encontro da amiga. — Desculpe os maus modos de Theodore. O pobre coitado está arrependidíssimo pelo que fez. Não se perdoará, se você não desculpá-lo.

— Diga a ele que já o perdoei.

Um sorriso bonito cobriu a face de Ludvine, que agarrando o pai, disse:

— Emma está preparando uma de suas especialidades na cozinha, papai.

— Então teremos um jantar e tanto — sorriu o homem.

— Vou tomar meu banho — disse Bárbara, retirando-se para a escada que levava à parte superior do casarão.

— Vá, meu bem — apoiou Ludvine —, que dentro em breve o jantar será servido.

Pai e filha ficaram olhando para Bárbara subindo a escada até não mais poderem vê-la.

— Ela não é encantadora, papai?

— Sim, Ludvine... ela é encantadora.

Havia mais que admiração na voz de Lionel Leconte; havia encanto.

O jantar estava alegre. Lionel Leconte estava animado e alegre como Emma Belmondo nunca antes o vira. Durante o jantar, Theodore se mostrou o tempo todo quebrantado.

O prato preparado por Emma estava como sempre muito bom. Foi aprovado e elogiado por Bárbara.

— Que bom, querida, que você gostou — comentou Emma estendendo a mão direita até alcançar a de Bárbara.

Bárbara retribuiu o sorriso que a mulher lhe oferecia.

Aquela noite, quando somente Ludvine e Bárbara permaneceram na sala de estar, Ludvine comentou com a amiga:

— Meu pai gostou mesmo de você.

— Eu também o achei uma simpatia.

— Ele gostou muito, eu sei... pude ver em seus olhos.

— Ora, Ludvine, do jeito que fala até parece que...

— Meu pai se interessou por você? — completou Ludvine com certa frieza.

Bárbara exaltou-se diante da sugestão da amiga.

— Não era isso que eu ia dizer — protestou com aparente indignação na voz.

Ludvine estudou o rosto da amiga com um olhar maroto antes de indagar:

— E se isso fosse verdade? E se meu pai realmente tivesse se interessado por você? Como você se sentiria?

— ... — Bárbara não encontrou palavras para responder à pergunta.

— A mim, incomodaria muito, se quer saber. Afinal, você é minha amiga, minha melhor amiga e meu pai, bem, ele é meu pai. Não ficaria bem, não teria cabimento vocês dois juntos, você tem idade para ser filha dele e ele para ser seu pai.

Um riso nervoso interrompeu o que Ludvine falava:

— O que não tem cabimento mesmo é o que estou dizendo. Quanta bobagem, esqueça o que eu disse, passe uma borracha, por favor.

Bárbara assentiu com o olhar e um sorriso, ambos encantadores como sempre. Ludvine desviou o assunto a seguir para aquilo que realmente despertava seu interesse: homens. Em menos de meia hora as duas se recolheram e dormiram assim que pousaram a cabeça no travesseiro. Não era para menos, o dia fora exaustivo.

Além das janelas, a noite caía serena, tranquila, aparentemente em paz.

～ゐ

Na manhã seguinte, logo após tomarem o café da manhã, as duas moças seguiram para o vilarejo de Evergreen. Theodore foi com elas a pedido de Ludvine. Ainda estava embaraçado diante de Bárbara, e Bárbara também se mantinha embaraçada diante dele, o que incomodou muito Ludvine. A certa altura ela explodiu:

— Olhe, eu não vou suportar passar as férias com vocês dois constrangidos assim um de frente para o outro. Podem fazer as pazes agora mesmo. Se você não conseguir mais se sentir à vontade na frente de Bárbara, Theodore, finja que está se sentindo o mais natural possível. E você, Bárbara, se não conseguiu até então perdoar Theodore por ter lhe roubado um beijo, finja que o perdoou.

Os dois acabaram rindo e a paz voltou a reinar entre os três. Foi uma manhã agradável.

No dia seguinte eles foram visitar Blue River, no outro Wastelands, e no outro os arredores de Evergreen. Foram passeios maravilhosos. A tarde do sexto dia das moças em Chére Maison caiu serena. Theodore, por volta das três horas da tarde, foi caçar como era habitual e as duas moças ficaram na varanda da casa jogando conversa fora até cochilarem em suas cadeiras. Ao despertar, Ludvine retirou-se para ir tomar seu banho.

Enquanto aguardava a amiga se banhar, Bárbara resolveu dar uma nova espiada no belíssimo piano de calda que vira no primeiro dia de sua estada em Chére Maison, objeto que a deixara deslumbrada.

Bárbara tomou a liberdade de erguer o tampo do piano e dedilhar algumas notas. Logo se viu invadida pela sensação prazerosa que ecoava em seu interior toda vez que tocava o instrumento.

O dedilhado foi desligando-a de si mesma a ponto de não perceber que no minuto seguinte estava sentada no banquinho e executava com maestria um soneto de Beethoven.*

A melodia quebrou majestosamente o silêncio com que a tarde banhava o lugar. Até os empregados pararam por instantes para apreciar a bela canção que corria pelos corredores da casa e chegava até seus ouvidos.

Os minutos foram se passando e Bárbara pareceu se esquecer de onde estava, o que fazia, e de toda sua timidez. Terminava uma canção, começava outra. Parecia em transe.

Tão em transe estava que nem notou que havia alguém ali parado na soleira da porta admirando seu dom divino.

Lionel Leconte estava estupidamente encantado com o que ouvia. Havia tempos que o instrumento não era tocado com tamanha maestria. Desde a morte da esposa. Fora ali que ele a encontrara, com o rosto pendido sobre as teclas do piano. Morta. Foi de certo modo a maneira menos triste que a vida encontrou para tirar-lhe o último suspiro de vida.

E, agora, depois de anos, uma jovem estava sentada no mesmo lugar, tocando o instrumento tão bem como a esposa o tocava, voltando a dar alegria àquela casa que desde a morte dela só ouvira canções tristes e mal executadas pela filha durante suas lições de piano.

Lionel voltou o olhar para o quadro da esposa pintado a óleo e sentiu o peito incendiar. Era como se a esposa tão adorada estivesse ali, presente novamente, como no passado.

Ele se pôs a admirar os olhos da esposa no quadro, com paixão, até que algo lhe ocorreu. Os olhos dela, tão encantadores, eram iguais aos de Bárbara. Transmitiam a mesma vitalidade e paixão. Incrível como ele não se dera conta do fato até então.

Ele voltou os olhos para a jovem sentada ao piano, de perfil para ele, olhando para ela agora ainda com mais admiração. Era incrível para

---

*Ludwig van Beethoven: compositor alemão, um dos compositores mais respeitados e mais influentes de todos os tempos.(N. do A.)

ele, simplesmente incrível o quanto ela lembrava sua falecida e adorada esposa. Simplesmente surpreendente.

Ao tocar a última nota da canção Bárbara deu uma pausa para respirar, foi só então que notou o dono da casa parado na soleira da porta olhando para ela com um olhar de outro mundo.

— Desculpe-me — disse Lionel —, não quis assustá-la. Continue tocando, por favor. Há tempos que não ouço alguém tocar esse instrumento com tanta emoção e transmitir a mesma emoção por meio da música.

— E-eu... — gaguejou Bárbara —, eu é que peço desculpas, nem me dei conta do que estava fazendo. Ao ver o piano, simplesmente não resisti ao seu encanto e quis apenas tocar algumas notas. Eu juro, juro que nem percebi o que estava fazendo, foi como se o som do piano houvesse me posto em transe.

— Acontece. — Os olhos do dono da casa brilharam. — Não sabia que era pianista.

Bárbara sorriu quebrantada e, com ligeira insegurança na voz, disse:

— Quis aprender piano desde que vi e ouvi um pela primeira vez. Tocá-lo faz-me sentir mais viva, livra-me das turbulências que pesam sobre as minhas costas e o coração... Liberta-me, extravasa-me, reconstrói-me... se é que me entende?

— Compreendo-a perfeitamente.

Ele aproximou-se do instrumento, pousou a mão sobre o piano e tornou a repetir seu pedido, com toda força que lhe vinha da alma:

— Por favor, toque mais um pouco para mim.

Ainda que constrangida, Bárbara decidiu atender ao pedido e assim começou a tocar a *Sonata para Piano nº 23 em Fá menor, Op.57*, intitulada *Appassionata* pelo compositor Beethoven.

Cada nota que os dedos delicados de Bárbara tocavam transportavam Lionel Leconte para outra dimensão. A dimensão do coração. A música pairava agora sobre eles como uma deliciosa sombra projetada por uma encantadora macieira.

Olhar para Bárbara ao piano era o mesmo que olhar para a esposa amada quando se punha a tocar o instrumento, percebia Lionel naquele momento. Ambas tocavam divinamente, parecendo dar um toque pessoal e sobrenatural à canção.

Se Lionel não soubesse que diante dele estava a amiga da filha, ele poderia jurar que era a própria esposa adorada quem estava ali tocando o instrumento. A esposa cuja vida foi levada tão cedo pelas mãos do misterioso e cruel destino.

Os olhos de Bárbara voltaram a se encontrar com os de Lionel provocando em ambos dessa vez um calor intenso em seus corações. A sensação pegou ambos desprevenidos, especialmente Bárbara. Ela nunca sentira aquilo antes, era como se uma fogueira houvesse sido acesa dentro dela, bem dentro do seu coração e as chamas atingissem os quatro cantos do seu ser.

Suas mãos continuavam a percorrer o teclado de notas como que por vontade própria e a canção parecia se propagar pela sala cada vez mais alta e mais tocante, alcançando a alma de ambos, mudando tudo que havia por lá tal como uma chuva que cai numa região depois de muitos meses de seca.

De repente, Bárbara parou de tocar. Sua interrupção assustou Lionel.

— O que foi, por que parou?

— Preciso ir. Ludvine deve estar me esperando.

— Não se preocupe. Ela sabe que você está aqui. Todos da casa sabem, afinal, esse piano não é tocado há muito tempo. Se está sendo tocado, só pode ser pela amiga de minha filha. E eu que pensei que esse instrumento estaria desafinado por ter sido ignorado por tantos anos.

Ela voltou lentamente os olhos para o teclado e depois novamente para ele. A sensação de intimidade que os dois haviam desfrutado dias antes voltou a pairar sobre ambos. Bárbara, sentindo-se agora mais a vontade, disse:

— Adoro a música de Bach.* É como se o espírito dele residisse em sua música.

— Santo Deus! Bach era também o compositor predileto de minha esposa!

Ele voltou os olhos para o quadro da esposa. Bárbara também olhou para ele, por sobre os ombros.

— Ela era muito bonita — comentou.

O dono da casa concordou com a cabeça.

---

*Johann Sebastian Bach: organista e compositor alemão do período barroco. Ele é um dos mais prolíficos compositores da história da música ocidental. (N. do A.)

– Sim – murmurou. – Ela era muito bonita. Como você.

A moça novamente enrubesceu e voltou a se concentrar no piano, no qual tocou a seguir uma das mais encantadoras composições de Bach. Ao término, ela pediu licença para se retirar.

– Obrigado – agradeceu Lionel, comovido. – Muito obrigado por ter atendido ao meu pedido. Não sabe o quanto você me fez feliz hoje tocando esse instrumento. Ressuscitando-o, na verdade.

– Não há de que, meu... – Bárbara ia dizer "meu senhor", mas deixou a frase inacabada.

Num repente, Lionel tomou a mão da moça, curvou-se e a beijou carinhosamente. O gesto ruborizou Bárbara não de constrangimento, mas de encanto. Por nenhum momento em toda a sua vida, ela fora tratada com tanto galanteio.

– Preciso ir agora – mentiu ela. Na verdade ela queria ficar, ficar por mais tempo na companhia daquele homem agradável. Diferentemente agradável.

Foi um brilho no olhar, um tremor entre as vogais e consoantes que fez com que Lionel percebesse que Bárbara não falava o que ditava o seu coração.

– Venha – disse ele, perdendo de vez suas ressalvas e puxando a mão da moça delicadamente.

Ao ver o constrangimento se sobrepujar à sua real vontade, Lionel disse:

– Eu lhe fiz um pedido há pouco e você aceitou. Aceite mais este, por favor.

Um sorriso sem graça iluminou a face rosada de Bárbara. Receando que ela mudasse de idéia, Lionel puxou-a delicadamente para fora da sala. Antes, porém, de deixar o local, voltou o olhar para o retrato da esposa pintado a óleo. Teve a impressão de que aqueles olhos brilharam. Brilharam por vê-lo tão alegre como se encontrava agora. Gozando de uma alegria que havia tempos não gozava. Desde a morte dela.

A tensão de Bárbara diminuiu quando ambos cruzaram a porta que dava acesso à ala oeste da casa.

A mão delicada da moça que Lionel tinha passivamente entre às suas lembrou-lhe por um momento duas plumas de tão leves e tão belas que eram. Mãos que jamais poderiam fazer mal a alguém. Eram, a seu ver, um par de mão divinas.

O tom de voz daquele homem que se revelava cada vez mais interessante fez com que Bárbara se despisse de suas inibições e se sentisse cada vez mais à vontade ao lado dele.

Os dois passearam pelos jardins que ficavam nessa parte da propriedade, Bárbara se mostrava cada vez mais impressionada com tudo que via. Chère Maison, era sem dúvida alguma, uma senhora propriedade e não era sem razão que Lionel Leconte tinha tanto orgulho dela.

– É tudo tão lindo por aqui – comentou Bárbara a certa altura.

– Foi isso que encantou meu pai quando ele pôs os pés aqui pela primeira vez e o fez comprar essas terras no mesmo instante. No que se pode chamar de acesso de loucura – afirmou Lionel com certo orgulho.

– E olhe que só havia mato por aqui. Natureza virgem, sabe como é. Mas, papai era do tipo de homem que vê longe. Viu beleza aqui com uns arranjos aqui e acolá. Viu prosperidade também na região. Por isso aplicou nessas terras todo o dinheiro que havia ganho em trinta e cinco, quarenta anos de trabalho e mais a generosa herança que seu pai havia lhe deixado.

"Minha mãe, quando soube da compra, quase enlouqueceu. Achou que meu pai havia definitivamente perdido o juízo. Arremessado pela janela todo o dinheiro que ganhou e herdou. Mamãe ficou furiosa com ele, mas sua fúria era tão engraçada e tão desproporcional, que nós todos ríamos ao invés de se avexar diante do fato.

"Mas a visão de papai estava certa. Quando outras pessoas descobriram esse lugar, ele loteou as terras que havia comprado, por quase uma ninharia, e vendeu os lotes por um excelente preço. Lotes que hoje formam a pequena Evergreen.

"Somente alguns meses depois de ter se mudado para cá é que mamãe realmente entendeu por que meu pai havia se empolgado tanto com tudo isso aqui e comprado terras e mais terras no que ela chamou de acesso de loucura. Compreendeu também porque papai batizou essa propriedade com o nome de Chère Maison que em *inglês** quer dizer "Querida casa".

---

*Lembrando o leitor que a história se passa na Inglaterra e, consequentemente, todos ali falavam em inglês. (N. do A.)

"Batizá-la com um nome francês foi também uma das formas que papai encontrou para homenagear seus antepassados que eram todos franceses. Ele próprio era francês. Mamãe, sueca."

Lionel tomou ar antes de acrescentar:

— Não condeno esses acessos de loucura. Às vezes eles são necessários, principalmente para os incertos quanto a tudo, quanto a todos, até mesmo quanto a si próprios. É preciso, sim, uma boa dose de loucura para se viver.

Os dois riram como se tivessem ouvido uma boa piada.

Lionel, então, parou, abriu os braços, respirou fundo por diversas vezes e disse:

— Sinta, Bárbara... o perfume que as flores deixam no ar e que são levadas pelo vento. Sinta como é bom... É isso que me encanta nas flores. O poder que elas têm de perfumar o ar.

Bárbara inspirou o ar com grande interesse.

— É bom mesmo. As flores também me encantam. Se bem que... Qual mulher não as aprecia, não é mesmo?

Lionel voltou-se para a roseira e comentou:

— Não sei se você sabe, mas cada flor representa um sentimento.

— Não sabia.

— É sim. A Tulipa, por exemplo, significa: Declaração de amor. O Crisântemo: Estou apaixonado. O Miosótis: Amor verdadeiro e a Rosa simplesmente: Amor.

— Muito interessante.

— A cor de cada rosa também tem um significado. A vermelha simboliza as emoções apaixonadas, as cor-de-rosa os amores sublimes e as brancas o amor puro e incondicional. A amarela, no entanto, para alguns representa o ciúme, para outros, amores afortunados.

"Até a forma de arrumar as rosas num vaso expressam sentimentos: uma única rosa num vaso demonstra elegância e intimidade; várias delas, inspiram alegria e confraternização.

"A maneira como as flores são oferecidas e aceitas pelas pessoas também tem seu significado. Por exemplo: um cavalheiro que oferece a uma dama um botão com espinhos e folhas quer dizer que ele a ama mas tem medo de que seu amor não seja correspondido. Apesar do medo ainda tem esperança de que o seja. Se a dama virar o botão de cabeça para baixo, o gesto quer dizer: 'Não deves temer, nem ter esperança'. Se a dama puser a flor recebida nos cabelos, o gesto significava cautela, mas se ela a colocar sobre o coração, significa que o amor é recíproco. Uma simples rosa vermelha aberta é sinal de admiração pela beleza feminina. Toda essa simbologia vem desde a era vitoriana, por incrível que pareça."

Ele sorriu antes de acrescentar:

— Doces flores sozinhas podem dizer o que a paixão tem medo de se revelar. Será mesmo?

Ela encolheu os ombros como quem diz: "sabe-se lá".

Os dois seguiram pelo gramado. De longe pareciam dois adolescentes, no início da adolescência, comandados pelas mãos do amor.

A certa altura, Bárbara comentou:

— Ludvine sempre me falou da forte cerração que paira por Chère Maison. No entanto, desde que cheguei aqui, tudo o que vejo é sol e luar cobrindo o lugar, iluminando essas lindas flores.

— Mas a cerração existe, e quando vem, vem bem forte. A ponto de não se enxergar quase nada a um palmo diante do nariz. A ponto de nos pregar peças. Ver pessoas onde não há pessoas. Para um novato por aqui receio que seja assustador no começo.

Bárbara fez que sim com a cabeça. Lionel mudou de assunto:

— Você percebeu que apesar de termos sol de verão o ar daqui é frio ao cair da tarde?

— Sim. No entanto, é puro. Ar bom e puro. O melhor que se pode ter para os pulmões.

Ele concordou com um aceno. Voltou-se então novamente para ela, mergulhou fundo nos seus olhos e disse:

— Fale-me de você, menina. Quero saber quem é você, no íntimo.

Bárbara poderia ter ficado novamente encabulada com o pedido se não estivesse se sentindo tão à vontade ao lado daquele homem que se mostrava cada vez mais surpreendente e encantador. Ela disse:

— Minha vida é muito simples... Não há nada de especial.

— Você é quem pensa. Você por si só já é especial.

Quando Ludvine reencontrou a amiga, ela estava voltando para a casa na companhia de Lionel. Ludvine foi logo dizendo:

— Procurei você pela casa toda, *ma chère.* Por onde andou?

— Seu pai me levou para um passeio pela propriedade — respondeu Bárbara com certo orgulho.

— Uma verdadeira via sacra — acrescentou Lionel com bom humor. — Eu não sabia que essa jovem era uma excelente musicista, Ludvine. Toca um piano com a supremacia dos grandes pianistas.

— Assim que ouvi o som do piano ecoando pela casa soube imediatamente que só podia ser você quem tocava o instrumento, *ma chère.* Você sempre me falou da sua afinidade com o piano, mas jamais pensei que essa afinidade fosse tão forte assim.

— Ela toca o instrumento com impressionante maestria, Ludvine. Divinamente encantador.

Ludvine enlaçou a amiga e disse sorrindo:

— Para tirar um elogio desses de papai é porque você realmente toca piano muito bem.

Bárbara sorriu com certo constrangimento.

— Não se sinta constrangida — opinou Lionel. — O que é bom deve ser elogiado. A verdade deve ser dita.

— Acho que é dom — disse Bárbara com modéstia. — Desde menina, logo nas primeiras aulas eu já sentia minhas mãos correndo pelas teclas do piano como que por vontade própria. Com uma intimidade com as teclas, impressionante.

O dia terminou com uma noite serena e todos foram mais uma vez agraciados por um delicioso jantar preparado por Emma Belmondo. Todos se fartaram não só de comida, mas de vinho também. Beberam tanto que foi difícil para todos subirem as escadas que levava até os quartos da casa. Emma precisou ser escorada por uma criada até a carruagem que a levou de volta para sua casa. Todos dormiram pesados e felizes. Uns mais felizes, no entanto.

Capítulo 5

A manhã seguinte correu quase sem que Bárbara percebesse. Passeou pelos jardins, admirando cada flor que por ali era cultivada. Inspirando as inúmeras fragrâncias e perfumes que elas depositavam no ar. Deixando-se invadir mais uma vez pela beleza e a paz que o lugar lhe transmitia. Por toda aquela atmosfera de solidão sumamente agradável... Os jardins de Chère Maison pareciam ter o poder de induzir qualquer um que ali chegasse a um estado de espírito de longitude inimaginável. Quanto mais paz ela procurava por ali, mais paz encontrava. Ah, se ela pudesse ficar ali para sempre! Moraria ali sem ter de fazer sacrifício algum.

Por volta das onze horas da manhã os três, Ludvine, Theodore e Bárbara partiram na carruagem para a casa de Emma Belmondo onde iriam almoçar a convite dela. Era uma casa extremamente modesta, mas cuidada com muito capricho.

— É impossível resistir à tentação de se repetir o prato diante de uma comida tão deliciosa como essa — confessou Bárbara a certa altura do almoço. — Vou acabar engordando, assim.

— Vai mesmo — confirmou Ludvine. — Eu sempre volto de Evergreen com uns quilinhos a mais. E a culpa é toda sua, Emma. Toda sua.

— Minha?! — espantou-se a mulher com um gesto teatral. — O que é bom é para ser provado, não acham?

Bárbara concordou com um aceno de cabeça. Ludvine acrescentou fazendo beicinho:

— Pena que o que é bom sempre engorda, não é?

Após o almoço os três voltaram para Chère Maison. Encontraram Lionel fazendo a sesta e as jovens decidiram fazer o mesmo.

Bárbara, ao despertar de sua sesta, encontrou a casa silenciosa, sem vivalma por perto. Decidiu então sair para passear pelos jardins. A temperatura estava fresca, um tempo ótimo para fazer uma boa caminhada. Não havia ninguém por lá também, senão o silêncio que não demorou muito para ser interrompido pelo estampido de uma espingarda, ao longe. Seria Theodore, perguntou-se a moça?

Ela então seguiu por uma alameda, depois por um outeiro, estava quase chegando ao topo dele quando novamente ouviu um estampido de espingarda. Ela se assustou gravemente, teve a nítida impressão de que o tiro havia sido dado na sua direção, e não a acertara por pouco. Ao pisar no topo do outeiro, avistou um velho banco caindo aos pedaços rente a uma árvore e sobre ele a figura majestosa de Theodore Leconte. Ele empunhava a espingarda na mão, mirando bem na sua direção, quando notou sua chegada.

— Que alvo lindo — sibilou.

Bárbara arrepiou-se diante das suas palavras e parou.

— Desculpe — disse ele. — Não queria assustá-la. Ou melhor, queria sim. Um pouco de susto e medo faz bem, torna a vida mais excitante. Não acha?

Bárbara pareceu não saber o que responder.

— Venha, sente-se — convidou ele, pondo a espingarda de lado. — O banco é velho, mas ainda aguenta duas pessoas sobre ele.

Bárbara pareceu momentaneamente em dúvida se deveria ou não aceitar o convite.

— Venha — insistiu ele, sorrindo. — Prometo que vou me comportar.

A jovem, por fim, sentou-se ao lado do rapaz. Theodore reacendeu o cachimbo que deixara pousado sobre o banco para poder atirar no belo pássaro que divisou por entre as árvores e, enquanto fumava, pôs-se a falar dos tempos de criança que passou por ali.

No meio de tudo isso, uma cotovia veio voando sobre suas cabeças e pousou num galho não muito longe dos dois. Com a agilidade de um furacão, Theodore livrou-se do cachimbo e alçou o rifle, mas antes que pudesse ao menos mirar, o pássaro saiu voando para outra árvore, onde não era possível atingi-lo.

A espingarda caiu das mãos de Theodore em meio a um grunhido de descontentamento. Seu corpo vergou e ele mordeu os lábios, irritado.

— Detesto quando perco um alvo.

54

— Acontece muito, não?

— O quê? Eu perder um alvo? Raramente. Por isso, me irrito quando acontece. Não sei perder, Bárbara; não nasci para perder.

— Nem sempre se pode ganhar tudo na vida, Theodore.

— Será? Sou da opinião que só os tolos sabem perder. Quem não se permite perder sempre ganha, de uma forma ou de outra sempre ganha.

Ele novamente empunhou o rifle com a rapidez de um tufão, mirou e atirou. Soltou um urro de vitória ao ver o corpo do pássaro atingido cair da árvore. Levantou-se num estalo e correu até lá. Bárbara o seguiu.

— Pássaro bobo — zombou ele da ave. — Pensou que podia escapar aqui do papai, é?

Bárbara olhava para a cena sem esconder o desagrado com aquilo.

— O que você faz agora, digo, com o pássaro? — perguntou ela a seguir.

— C-como assim? — espantou-se ele. — Não espera por acaso que eu o enterre e faça uma lápide sobre a sua cova, espera?

— Você não tem dó de matar pássaros inocentes que nasceram para viver e voar livremente? Não tem pena?

— Sou um homem, Bárbara. Meu coração é de homem e não de barata. Homem que é homem de verdade mata sem dó, sem pena, sem remorso. Porque faz parte da natureza dele dominar os mais fracos.

Bárbara retraiu um arrepio. O medo que ela já sentira de Theodore uma vez se fez presente novamente ali. E se agravou ao se perceber só com ele, numa distância considerável da casa e das pessoas que por lá se encontravam.

— Eu já vou indo — disse ela, afastando-se.

— Eu vou com você — respondeu ele seguindo na direção do banco. — Só vou apanhar as minhas coisas.

Ela o aguardou e, então, os dois seguiram lado a lado em direção à casa, com Theodore contando mais uma de suas aventuras de menino em Chère Maison.

Assim que chegarem à casa, Theodore foi direto guardar a arma no seu lugar de resguardo. Depois voltou-se para Bárbara e pediu-lhe licença para ir se banhar. Sem ter ninguém mais por perto, só na companhia do silêncio, Bárbara resolveu ir até a sala onde ficava o grande e virtuoso

55

piano de calda. E se viu mais uma vez diante dele inspirada a tocá-lo com suas mãos lindas e talentosas.

Lionel, que naquele momento se encontrava trancado na biblioteca, mergulhado num livro, despertou da leitura assim que Bárbara tocou os primeiros acordes da canção. Um leve sorriso iluminou sua face, ele imediatamente pôs o livro de lado e seguiu para a sala onde a pianista se encontrava naquele momento. Para poder vê-la, de perto, tocar o instrumento como poucos.

Ali estava ela, Bárbara, tocando piano sobre a proteção de um sopro de luz que entrava pela grande janela retangular. Sua serenata parecia levá-lo à glória. Dessa vez, Bárbara não se assustou ao vê-lo parado na soleira da porta olhando com admiração para ela. Acolheu sua pessoa com um sorriso encantador enquanto suas mãos continuavam a deslizar pelas teclas do piano.

Alguns minutos depois, Lionel entrou e se prostrou ao lado do instrumento. Seus olhos ainda permaneciam focados em Bárbara, mal piscando. A jovem sentada frente ao teclado, com um meio sorriso e a cabeça inclinada, inspirava-lhe uma visão celestial.

Nem ela nem ele notaram quando Theodore chegou à porta. Ele ia entrar no recinto batendo palmas, exaltando um "parabéns" quando avistou o pai debruçado sobre o piano, olhando com ternura para Bárbara. Algo dentro dele se agitou naquele instante. Algo esquisito e preocupante. Uma ideia. Uma hipótese. Ele imediatamente seguiu até o fundo do corredor, atravessou a porta que havia por lá e dava acesso ao jardim, contornou a casa até chegar em frente à porta envidraçada da sala em que ficava o piano e ali parou, numa posição discreta, para que o pai não o visse. Ficou então a observar o semblante de Lionel olhando com encanto para Bárbara ao piano.

Daquele ângulo Theodore não podia ver o rosto de Bárbara, ela se mantinha de costas para ele. Mas mesmo não podendo ver sua face, ele fez uma ideia de como ela olhava para Lionel. Com o mesmo encanto que ele olhava para ela. Theodore estava literalmente boquiaberto com o que via e descobria. Lutando contra as conclusões que se formavam em sua mente.

56

— Não pode ser — murmurou inquieto.

Após mais cinco minutos parado ali, o moço partiu de volta para o seu quarto, onde havia interrompido seu banho para poder descer e ver Bárbara de pertinho tocando com maestria o instrumento. No entanto, teria sido melhor não ter descido, concluiu, aborrecido. Theodore subiu cada degrau da grande escada que levava até o andar superior da casa como se tivesse chumbo preso às pernas.

— Bobão — disse então para si mesmo. — Pare de imaginar coisas, bobagens, besteiras. Você conhece seu pai, sabe muito bem quem ele é. Ele jamais se apaixonaria por uma jovem com idade para ser sua filha. Você conhece também Bárbara, sabe bem quem ela é, portanto...

Ele discordou do que disse para si mesmo no segundo seguinte, ao lembrar-se que ninguém conhece ninguém como pensa. Tudo o que se vê são apenas aparências. Uma máscara, um personagem. Theodore voltou a se sentir inquieto e inquieto ficou desde então.

∽

À noite, após o jantar, Bárbara atendeu ao pedido de Lionel para tocar piano para eles. Todos se deliciaram com o seu talento.

Theodore observava o pai com atenção, atento aos seus olhares para Bárbara. Sentindo o coração se apertar de ciúme. A noite terminou sufocante para ele, tanto que foi o primeiro a se recolher. E sua noite de sono não foi uma das melhores.

∽

No dia seguinte quando o sol já caminhava para o crepúsculo, Theodore estava mais uma vez com a espingarda em punho, mirando um alvo, quando ouviu vozes alegres e descontraídas a uma certa distância. Era o pai que caminhava ao lado de Bárbara pelo jardim. Os dois caminhavam rindo e muito interessados um no outro. Theodore suspirou pesado, perdeu o alvo e perdeu o interesse de caçar. Voltou para a casa, cabisbaixo e angustiado.

O oceano havia perdido inteiramente a coloração enquanto linhas cinzentas se moviam na direção da praia castanho-escura, quando Ludvine encontrou o irmão na sala de estar da mansão.

— O que foi? — perguntou ela, surpresa com o olhar que sombreava a face de Theodore. Seus lábios estavam com uma cor azul, cor de náusea, e ele parecia completamente confuso. — Parece até que viu um fantasma.

— Foi mesmo como se eu tivesse visto — respondeu ele secamente.

A irmã enviesou o cenho voltando o olhar na direção que o irmão mantinha seu olhar sombrio.

— O papai... — disse ele.

— O que tem o nosso pai?

— Ele está diferente, não notou?

— De fato, ele parece mais alegre ou menos triste, sei lá...

— Receio que a razão por trás de sua alegria seja Bárbara.

— Bárbara? Ora...

— Sim. Bárbara... Papai parece-me encantado por ela.

— Quem não se encantaria? Ela é um doce de moça. Você mesmo se encantou por ela desde a primeira vez em que a viu.

— Não é a esse tipo de encantamento que me refiro, Ludvine! — a voz de Theodore soou alta e cortante.

— Você não está insinuando por acaso que...

— Sim, é isso mesmo. O encantamento de papai por Bárbara é paixão...

Ludvine começou a rir e logo sua risada tornou-se uma gargalhada tão forte que a moça se contorceu toda por sobre o sofá onde havia se sentado.

— Você está vendo coisas, Theodore — disse ela, ainda rindo espalhafatosamente.

— Você verá que o que eu digo tem o maior fundamento.

— Papai batendo asinhas para cima da Bárbara, nunca! Não seja ridículo. Até parece que não conhece o nosso pai.

— E desde quando conhecemos alguém realmente, Ludvine? Todos somos caixinhas de surpresa. Quantas e quantas pessoas já não se surpreenderam com amigos, parentes, filhos e cônjuges com quem conviveram por 50, 80 anos, quando essa pessoa teve uma reação totalmente inesperada e inédita que a fez perceber que nunca a conhecera de fato. Quantas, Ludvine?

— Você está delirando, só pode. A bebida e o cigarro danificaram o seu cérebro.

— O que digo é verdade.

— Ainda que papai esteja, como você insiste em dizer, apaixonando-se por Bárbara, Bárbara nunca lhe dará trela, não só por ela amar Anthony, seu noivo, mas porque papai é quase trinta anos mais velho do que ela.

— E desde quando idade impede que duas pessoas se apaixonem?

— Sei lá. Mas conheço Bárbara e sei que ela...

— Você pensa que a conhece, Ludvine. Esse é o seu maior defeito desde garotinha. Sempre interpreta as pessoas pelo que elas se mostram para você, pelo superficial delas.

A voz da moça, subitamente dura, interrompeu a fala dele:

— Papai ama Emma, Theodore, não a trocaria por nada nesse mundo.

— Você me decepciona, Ludvine. Principalmente quando diz coisas tão tolas como essas. Para mim você é tão tola ou, até mais, quanto um mosquito. Já que não pode usar o cérebro, porque não tem, pelo menos use os olhos, ouvidos e nariz, se preciso for, até onde os ditames da honra o permitem. Só assim descobrirá que o que digo é verdade.

— E se for?

— E se for o que?

— E se for verdade, o que podemos fazer?

— Eu, simplesmente, não vou aceitar uma coisa dessas, jamais.

— Eu sei, sentirá seu orgulho ferido, não é?

Ludvine pousou a mão no antebraço de Theodore e disse procurando consolá-lo:

— Não se avexe, meu irmão. Nada do que você pensa está realmente acontecendo. Tudo não passa de um delírio dessa sua mente ciumenta e possessiva.

Ele puxou o braço de forma abrupta, da mesma forma com que se retirou da sala.

Ludvine balançou a cabeça como quem diz "pobre Theodore... Que imaginação fértil".

Naquela noite Theodore manteve-se mais uma vez o tempo todo atento ao olhar do pai para Bárbara e ainda que os dois trocassem apenas olhares ligeiros, habituais, ele se convencia cada vez mais de que o pai estava nutrindo sentimentos por Bárbara e o que era pior, Bárbara também estava nutrindo sentimentos por ele.

Em meio às suas observações, Theodore voltou o olhar para Emma e pensou:

"Sua tonta, boba, estúpida... Será que não está percebendo o que está se passando com o seu querido Lionel? Preste atenção, sua burra, abra os olhos... Ele está se apaixonando por Bárbara...". Seus olhos baixaram, entristecido. "Quem não se apaixonaria?", completou em pensamento.

❧

Theodore dormiu mais aquela noite, sentindo-se muito mal. Acordando por diversas vezes suando frio no meio da noite silenciosa e misteriosa. Quanto mais procurava não pensar em Bárbara e no pai, mais e mais sua mente era invadida pelas cenas que presenciou entre os dois.

Bárbara já era a terceira jovem por quem ele se interessava que não correspondia à sua paixão, ao seu amor, levando-o a se afogar na bebida. No entanto, perder a jovem — que decidira sob qualquer circunstância conquistar — para o pai, um homem quase trinta anos mais velho do que ele, era intolerável.

Para ele, Bárbara tinha de partir dali o mais breve possível. Seria o único modo de pôr fim àquele sentimento que crescia entre ela e o pai, antes que fosse tarde demais. Bárbara era só dele e ele não a perderia por nada desse mundo. Nem que fosse para o pai que amava tanto. Ou ao menos pensava amar.

Capítulo 6

Na manhã do dia seguinte, ainda pelo café da manhã, Ludvine surgiu com a ideia de irem novamente passar o dia em Blue River, a cidade que ficava a cerca de 40 quilômetros de Evergreen. Até Lionel se empolgou com a sugestão e quis, para espanto da filha, tomar parte do passeio.

Theodore, que amanhecera de cara amarrada, parecendo de péssimo humor, recusou-se terminantemente a tomar parte do passeio, apesar da insistência da irmã. Ficou na soleira da porta em frente à suntuosa casa observando a carruagem com os três partir. Mordia os lábios nesse momento, como quem faz para conter a fúria.

O passeio foi muito agradável. Porém, na opinião de Bárbara, não teria sido tão agradável se Lionel não tivesse ido junto com elas. A presença dele deu certamente um toque a mais no passeio. Lionel fez questão de pagar todas as refeições e ainda os souvenires pelos quais as duas moças se interessaram. Já caía a noite quando os três voltaram para Evergreen.

Emma Belmondo não fora convidada para ir com eles por estar trabalhando o dia todo, como de hábito.

O dia seguinte foi tão agitado quanto o dia anterior. Por ter amanhecido ensolarado, Lionel sugeriu às moças que fossem visitar as praias próximas a Evergreen. Sugestão aceita de imediato pelas duas se ele fosse com elas. Por que não?, pensou Lionel.

Durante o jantar daquela noite, Theodore observava todos os presentes com olhos cismados, ziguezagueando pela mesa. Saltando de rosto em rosto.

Emma, ao ver o moço sorvendo sua sopa em silêncio e sem muita vontade, cismou: "Alguma coisa aconteceu com esse rapaz."

Mal sabia ela o quê.

Ao perceber que era observado, Theodore suspirou e baixou os olhos para o prato fundo cheio do líquido fumegante.

Emma espantou-se também quando encontrou Lionel sentado a seu lado, segurando a colher de sopa nas mãos sem ter sequer tocado seu prato de sopa.

— Não vai comer? — questionou ela. — A sopa vai esfriar.

Só então Lionel pareceu cair em si. Ele olhou vagarosamente para ela com um sorriso leve fugindo dos lábios e se pôs a degustar do alimento. Emma sorriu satisfeita.

— Está uma delícia, não está? — elogiou ela.

— Uma delícia — concordaram, Ludvine e Bárbara.

O jantar se estendeu em meio a olhares silenciosos.

Quase na hora de ser servida a sobremesa, Emma pegou Lionel olhando para o cálice de vinho. Correndo o dedo lentamente pela borda do copo como faz quem está muito distante.

— Querido, você está bem? — indagou ela, estranhando o comportamento do noivo.

Lionel pareceu despertar como quem desperta de um sonho bom contra a sua vontade. A típica face de homem do campo tornou-se gradativamente vermelha, mais vermelha do que nunca. Seus olhos argutos e honestos voltaram-se para ela como se a vissem de uma longa distância.

— O que há? — tornou Emma, olhando com espanto para ele. — Você parece tão distante hoje. Aconteceu alguma coisa?

— N-não, nada — gaguejou ele. — Estou apenas um pouco introspectivo hoje, só isso.

Ela levou a mão até a dele, que repousava sobre a mesa, entrelaçou seus dedos e sorriu. Sorriu para todos que assistiam à cena.

Quando os olhares de Emma e Theodore se encontraram, ainda que por mera questão de segundos, ela teve a impressão de que o moço estava querendo lhe dizer alguma coisa por meio dos olhos, preveni-la de algum mal.

Emma teve novamente a desagradável sensação de que algo não estava bem com o rapaz. E esse algo só poderia ser certamente Bárbara. Era tão duro, ela bem sabia, gostar de alguém e esse alguém não gostar de você reciprocamente.

Em seguida, Theodore se levantou e refugiou-se em seu quarto, sem dizer nada.

Ao sinal de Emma a sobremesa foi servida. Um gostoso manjar com calda. No final da refeição, Emma, como sempre, fez questão de retirar os pratos da mesa, um por um, e colocá-los sob os cuidados das criadas.

Ao juntar-se com os demais na sala de estar, Emma se pôs a conversar alegremente com Ludvine e Bárbara. Ao ver o vento ondular as cortinas, Emma comentou:

— Esse ventinho é de chuva.

— Parece.

Voltando-se para a poltrona onde Lionel se encontrava sentado, lendo, ela perguntou:

— Não é mesmo, *dear?**

Mas ele pareceu não ouvi-la. Se ouviu, não fez questão de responder. Baixando a voz, Emma comentou com as duas moças.

— Pai e filho hoje estão completamente ausentes, vocês notaram?

— Você tem razão, Emma — respondeu Ludvine pensativa. — Papai e Theodore estão realmente, como se diz, *longe*.

Voltando-se para Bárbara, Emma perguntou:

— Você também não notou, querida?

— E-eu? Eu o quê? Desculpe-me, o que foi que disse? Estava distraída...

Emma e Ludvine riram.

— Pelo visto não é só pai e filho que estão longe... — comentou Emma, entre risos.

Um sorriso envergonhado salpicou o rosto de Bárbara.

O assunto a seguir foi sobre estudos, os estudos das duas moças e seus planos para o futuro.

— O futuro — comentou Bárbara a certa altura. — O futuro foi uma coisa que sempre me assustou. É tão imprevisível. Você planeja uma coisa e, de repente, quando vê, nada mais é como planejou.

— Você tem razão, querida — concordou Emma, pensativa. — O futuro é mesmo imprevisível.

Quando Emma deu por si, Lionel havia se retirado da grande sala sem que elas notassem, sem que pelo menos ela notasse.

---

*Modo carinhoso de chamar alguém na Inglaterra. (N. do A.)

— Será que seu pai já foi dormir? — indagou ela com o cenho franzido. — Não é típico dele sair assim sem se despedir. Sem desejar pelo menos um "boa-noite".

Ludvine não soube o que responder. Apenas levantou os olhos, como se procurasse algo no ar e procurou desconversar.

❧

Lionel recolhera-se em seu quarto, mas não tinha sono, nem vontade de persegui-lo. Queria apenas ficar só, ordenar os pensamentos. Aproximou-se da janela e debruçou sobre o batente, seus olhos se prenderam então na luz vaporosa que a lua derramava por sobre o mar. Bárbara voltou a ocupar seus pensamentos, ela diante do piano, executando uma linda canção de Bach.

A perspectiva de que no dia seguinte ele voltaria a ver Bárbara o persuadiu a se entregar para o sono com menos resistência. Levantar-se com mais energia. A viver com mais entusiasmo pela vida.

❧

Foi na tarde do dia seguinte que Ludvine mudou seu ponto de vista quanto aos comentários do irmão. Assim que ouviu o som do piano ecoando pelos quatro cantos da casa, ela correu para a sala que costumava chamar de sala de música.

Entrou no local sorrindo, mas o sorriso desmoronou de sua face assim que avistou o pai com os cotovelos apoiados no piano olhando ternamente para Bárbara. Os dois se olhavam tão encantadoramente que nem notaram sua chegada.

Ludvine demorou alguns segundos estudando a face dos dois. "Então Theodore estava certo, o tempo todo ele estava certo", comentou Ludvine consigo, em silêncio. Um ciúme esquisito esquentou-lhe o sangue e, por pouco, ela não gritou de ódio.

Meio minuto depois ela caminhou até o piano e, num repente, segurou a mão direita de Bárbara impedindo que ela continuasse a dedilhar as notas.

Seu gesto pegou Bárbara de surpresa, deixando-a levemente assustada.

— Filha?! — exclamou Lionel.

— Bárbara — disse Ludvine seriamente. — Pode me deixar a sós com meu pai por alguns minutos, por favor?

— Sim! — respondeu Bárbara ligeiramente.

Assim que a moça deixou a sala, Ludvine voltou-se para o pai e perguntou rispidamente:

— O senhor pode me explicar o que está acontecendo?

— Acontecendo?

— Ora, papai, não se faça de desentendido. Sabe muito bem do que estou falando.

— Não sei do que está falando — protestou o homem com certa rispidez.

— O senhor está se apaixonando por Bárbara, não está?

— Ora, filha...

A jovem cortou-lhe as palavras:

— Não vê, papai? Não percebe que só se encantou por ela porque ela lembra minha querida mãe?! É por isso que está assim tão fascinado por Bárbara. Em transe até, eu diria.

— Não é isso.

— É isso, sim. O senhor não percebe porque a paixão nos deixa cegos.

— Você está exagerando, Ludvine.

— Não estou, papai.

O silêncio pesou no ambiente e só foi rompido quando Lionel, de repente, rompeu-se em lágrimas. Sua reação assustou Ludvine profundamente. Ela imediatamente colocou-se ao lado do pai e procurou acalmá-lo com palavras e toques carinhosos. Lionel desabafou:

— Eu sempre vivi só desde que sua mãe se foi, Ludvine... Só, muito só. Liberto da necessidade de amar uma mulher outra vez. Jamais pensei que sentiria meu coração bater mais forte por outra mulher um dia e, no entanto, agora... depois de conhecer Bárbara...

Ludvine estava perplexa com a confissão.

— E quanto a Emma, papai?

— Eu gosto dela, Ludvine. Apenas gosto dela, não é amor. Nunca escondi isso de ninguém. Nem mesmo dela. Só passei a cortejá-la porque você e seu irmão insistiram muito. Porque ela insistiu muito. Só por isso. No íntimo eu não queria.

A filha roubou-lhe as palavras:
— Pois eu vou levar Bárbara embora daqui amanhã mesmo.
— Não vai. Não seria justo para com ela. Você a convidou para passar as férias todas aqui com você e não é por minha causa que você vai estragar seus planos. Eu prometo que vou me afastar dela.
— Papai, por favor, tire Bárbara da cabeça.
— Vou tentar.
Por mais que ele quisesse acreditar que aquilo seria possível, Lionel já sabia, de antemão, que não seria. Ele não estava apaixonado por Bárbara. Amava-a com toda força que lhe vinha da alma. Um amor que explodiu dentro dele como um raio. Num repente, sem ninguém esperar, sem aviso mandar.

Bárbara havia decidido dar uma volta por Chère Maison depois que Ludvine pediu a ela que a deixasse a sós com o pai. Ela caminhou a esmo por cerca de meia hora. Por fim, foi dar naquele outeirozinho onde tinha estado no dia em que encontrou Theodore. No entanto, quem estava ali agora, sentado no mesmo lugar que fora ocupado pelo filho, era Lionel Leconte. Parecia distante, imerso em pensamentos. Só notou sua chegada quando ela estava quase próxima.
— Você está com uma cara muito pensativa. Pensativa e agitada. Algum problema?
Lionel pareceu procurar se acalmar um pouco. Disse com lentidão:
— Estava pensando na vida, nas surpresas que a vida nos trás. Sente-se.
Bárbara aceitou o convite. Ao sentar-se, o banco rangeu. Lionel disse:
— Preciso mandar fazer outro, este banco já deveria ter sido aposentado faz tempo.
Ela sorriu, olhando para ele, e carinhosamente disse:
— Você dizia que a vida é feita de surpresas. Acredita mesmo que sim?
Lionel contou-lhe a seguir sua triste história com sua esposa amada. O que significou para ele perdê-la. A dor que foi perdê-la. A certeza que ele teve após sua morte de que nunca mais voltaria a amar na vida.

Bárbara ouvia tudo calada, prestando profunda atenção.

— No entanto — prosseguia Lionel —, estou eu aqui, quase vinte anos depois de ter perdido minha esposa adorada, sentindo-me como um adolescente outra vez. Um adolescente desabrochando para o amor. Como aconteceu comigo quando me apaixonei por ela.

Ele parou, olhou para Bárbara com profundidade antes de completar:

— E é você, Bárbara. É você quem está me fazendo sentir tudo isso.

As pálpebras dela tremeram ligeiramente. Houve também um espasmo em seu olhar. Ela imediatamente desviou os olhos dos dele para o céu.

— Não tema, por favor... — disse ele em tom de súplica. — Eu precisava desabafar. Confio em você.

Ela levantou-se de onde estava sentada, deu três passos adiante e parou de costas para ele. Sua voz soou trêmula, quando ela disse:

— Mais vale a sinceridade do que a falsidade.

Ele foi até ela, parou a um palmo de distância e disse:

— Aconteceu Bárbara, simplesmente aconteceu. Eu não pedi para acontecer, não esperava por isso. Simplesmente aconteceu. Entende? Já me via muito tentado a expor meus sentimentos por você. Mas, pensei, ela é tão jovem que não seria justo que se juntasse a um homem vinte e quatro anos mais velho do que ela. Ela é tão menina, tão bonita, tão completamente virgem. No entanto, ainda assim meus sentimentos por você falavam mais alto. Gritavam no meu peito.

"Então uma visão otimista tomou-me por inteiro e me fez perceber que quando o amor fala mais alto, pouco importa a diferença de idade. O que conta mesmo é a vontade de cada um de fazer o outro feliz. Percebi também que sou um homem relativamente jovem e ainda bonito fisicamente. Uma pessoa simpática, capaz de fazer qualquer mulher feliz. Qualquer mulher, de qualquer idade."

Ela se voltou para ele. Seus olhos agora estavam cheios d'água. Trêmula, falou:

— Eu também venho me sentindo diferente depois que nós nos aproximamos. Com um desejo imenso de ficar na sua companhia.

— Então você sente o mesmo que eu!

Havia alívio na voz de Lionel, agora.

— Receio que sim — respondeu ela timidamente. — Mas não devemos sentir o que sentimos.

— Por que não?

— Porque não.

— Porque eu sou velho, bem mais velho que você, é por isso?

— Não. Por nenhum momento isso desfigurou o amor que vem se manifestando dentro de mim por você. É por causa de Ludvine e Theodore. Eles certamente não aprovarão a nossa união.

— Eles precisam de tempo para aceitar o que se passa conosco. Com o tempo eles verão tudo diferente. Você verá.

— Por Deus, espero do fundo do meu coração que sim. Não quero em hipótese alguma causar discórdia na família.

— Fique tranquila. Se houver alguma discórdia ela certamente partirá deles dois e não de você. Não pense mais nisso.

— Além do mais, há Emma.

— Eu converso com ela. Pode ficar tranquila. Ela também há de me compreender. Se quer realmente o meu bem, de verdade, há de compreender.

Bárbara parecia mais tranquila agora.

— O importante é não deixar que esse amor que sentimos um pelo outro fique preso dentro de nós em silêncio, só, contido e incompreendido. Deve se manifestar, ganhar o ar como faz o perfume que brota no interior das flores.

Ela novamente se escondeu atrás de um sorriso bonito e acolhedor.

Dezessete minutos depois, os dois voltavam para a casa com ares de adolescentes desabrochando para o amor.

Quando Theodore avistou, pela janela, mais uma vez o pai caminhando ao lado de Bárbara, soltando risos e olhares apaixonados, seu cenho se fechou e seus lábios apertaram-se incomodados. Incomodado com a alegria contagiante que via se emanando daquele casal. Pensamentos nada auspiciosos ocuparam-lhe a mente naquele instante. Pensamentos que nem Theodore um dia pensou existir.

Capítulo 7

Ludvine encontrou o irmão largado na poltrona com o corpo esparramado e ao seu lado um litro de uísque que servia para encher o copo toda vez que ele o esvaziava. O rapaz parecia outra pessoa. A moça foi logo dizendo:

— Você estava certo, Theodore. Totalmente certo. O papai está realmente apaixonado por Bárbara.

Theodore manteve-se calado, sem reação alguma.

— Mas eu vou conversar com Bárbara — continuou Ludvine, agitada.

— Vou pô-la a par do que está se passando com papai. Dos sentimentos dele em relação a ela e...

— Ela sabe, sua querida amiguinha sabe muito bem o que papai está sentindo por ela. Não se assuste se descobrir que é ela que está instigando isso nele. Como disse Molière*: "A grande ambição das mulheres é instigar a paixão nos homens."

Ludvine olhou surpresa para o irmão.

— Conheço Bárbara — afirmou ela categoricamente. — É moça de família, família religiosa, não se permitiria a tal papel.

— Prepare-se para a verdade, minha irmã, pois ela vai doer em você como nunca doeu antes. Por outro lado, vai ser bom, para que você não se iluda mais com as pessoas.

Ludvine preferiu não estender o assunto. Para ela, o irmão estava bêbado e por isso suas palavras não tinham o menor cabimento. Retirou-se do aposento sem dizer mais nenhuma palavra e seguiu imediatamente em busca de Bárbara para ter uma conversa particular com ela a respeito do que se passava. Assim que se trancou com a amiga num dos aposentos da casa, Ludvine foi logo dizendo:

---

*Jean-Baptiste Poquelin, mais conhecido como Molière foi um dramaturgo francês, além de ator e encenador. Teve um papel de destaque na dramaturgia francesa. É considerado o fundador indireto da Comédie-Française. (N. do A.)

— Pensei muito se deveria ou não falar com você a respeito do que vou falar, mas como somos amigas, muito amigas, achei que o mais sensato seria falar a respeito o quanto antes... Receio que meu pai esteja apaixonado por você.

Bárbara voltou-se para ela como um raio:

— Ele lhe disse isso?

— Não literalmente, mas em meias palavras.

Bárbara ia dizer alguma coisa, mas calou-se.

— Meu pai só está encantado por você porque você traz minha mãe à sua memória. A mulher que ele nunca conseguiu esquecer. Nunca conseguiu apagar de seu coração. É por isso, Bárbara...

Mas Bárbara pareceu não ouvi-la. Interrompeu o que ela dizia sem nenhum tato:

— Lembra quando estávamos vindo para cá no trem e você me pôs contra a parede a respeito dos meus sentimentos por Anthony?

— Lembro, é lógico que me lembro.

— Pois bem... Até aquele momento eu estava certa, totalmente certa de que haveria de me casar com Anthony Gilbert, não só por estarmos namorando há mais de seis anos, mas também por nunca ter conhecido um homem que me pusesse em dúvida quanto aos meus sentimentos por Anthony. No entanto, agora, depois de ter conhecido seu pai mais intimamente, bem, eu...

— Aonde você está querendo chegar, Bárbara?!

— Seu pai despertou em mim sensações que me são totalmente inéditas, Ludvine. Em todos esses anos de namoro com Anthony eu nunca senti o que estou sentindo agora por ele.

— Bárbara, perdeu o juízo?! Meu pai tem vinte e tantos anos a mais que você!

— O amor não vê idade, nem credo, nem condição social.

— O que deu em você? Não a estou reconhecendo!

— Eu também estou me desconhecendo, Ludvine. Tudo isso que está acontecendo dentro de mim, despertando tão repentinamente é totalmente novo para mim...

— Meu Deus... Será que não ouviu nada do que lhe disse? Meu pai está vendo em você minha mãe, a esposa que morreu tão jovem e tão repentinamente!

— Não, Ludvine, ele está vendo a mim mesma.
— É o que você está querendo acreditar.
— Não é.

Fez-se um breve silêncio até que uma das duas voltasse a falar alguma coisa e foi Bárbara quem disse:

— Perdoe-me, minha amiga.
— Perdoar? C-como espera que eu a perdoe? Nunca. Nunca hei de perdoá-la se não der um ponto final nessa história agora mesmo.
— Ponha-se no meu lugar.
— Ponha-se você no meu lugar!
— Eu não quero perder a sua amizade.
— Você já perdeu, Bárbara. Você já perdeu.

Quando ela a segurou pelo braço, Ludvine o puxou com força e voracidade.

— Não me toque.
— Ludvine, você está fora de si.
— E você, Bárbara, onde pensa que está? Senão na insanidade, apenas a um passo dela, com certeza. — Ela travou os lábios apertando um contra o outro até ferir. Então disse: — Você traiu a minha confiança, Bárbara, e isso eu nunca irei perdoar.
— Você está nervosa. Quando estiver com a mente mais serena verá tudo com outros olhos e poderá me compreender.
— Você é quem precisa serenar a mente, Bárbara, e eu lhe dou até amanhã de manhã para que isso aconteça. Que você faça uso do seu bom senso e dê um basta nesta situação hedionda. Um basta, compreendeu?! Lembre-se Bárbara, até amanhã de manhã, nem um minuto a mais.

Aquela noite transcorreu de forma desagradável para todos. Assim que Emma chegou à casa, Lionel a levou para o seu gabinete para conversar. De imediato, assim que ela entrou no hall que dava acesso aos aposentos da casa, Emma sentiu alguma coisa diferente no ar. Era como se o tempo houvesse fechado não para desabar uma simples chuva, tampouco uma tempestade, mas para derramar um dilúvio. Sentiu-se arrepiar como havia muito não se arrepiava.

71

– O que há de errado, Lionel? Aconteceu alguma coisa por aqui, não? Posso sentir no ar que sim.

– Você está certa, Emma, de fato aconteceu mesmo algo inesperado nesta casa. Algo que envolve a minha pessoa.

– Diga-me logo, não faça mais mistério. Está me deixando preocupada.

– É melhor se sentar.

Sem tirar os olhos dele, Emma atendeu ao pedido.

– Eu... – procurou ele se explicar fazendo uso das palavras corretas. – Eu... não posso mais me casar com você como havia prometido.

– V-você o quê?

– Não posso mais me casar com você. Eu sinto muito.

– Ou você está sendo acometido de forte delírio ou sou eu.

– Não há delírio algum, Emma. Estou são tanto quanto você. Não posso me casar com você, não seria justo nem para comigo e, especialmente, nem com você. Eu não a amo. Achei que amaria você com o tempo, por meio do convívio, mas...

– E você vem me dizer isso agora, Lionel? Depois de oito anos de namoro, oito longos anos de dedicação? Por que só agora?! O que o fez mudar de idéia assim de uma hora para outra?

Nem bem Lionel Leconte abriu os lábios, uma voz firme e forte atravessou o aposento. A voz de Theodore soou no recinto como o ribombo de um trovão:

– Por quê? Eu lhe digo o porquê, Emma!

– Theodore! – repreendeu o pai num tom de voz metálico.

O filho voltou o olhar com o maior descaso que poderia projetar e arremessou-lhe as palavras como quem arremessa uma flecha:

– Está por acaso com vergonha de contar a Emma a verdade, papai? O verdadeiro motivo por trás da sua mudança repentina de ideia? Está, não está?

– Theodore, não se intrometa na minha vida. Deixe-me conversar a sós com Emma, por favor.

– Está com vergonha – prosseguiu o filho rindo sarcasticamente.

– O que está acontecendo aqui? – trovejou Emma. – Vocês dois nunca se falaram assim antes.

Theodore riu ainda com mais desprezo.

— Prepare-se, Emma! Prepare-se para a grande revelação que meu pai tem a lhe fazer.

— Theodore, retire-se! Não quero pedir outra vez.

O rapaz tornou a rir debochado e após alguns minutos de silêncio afrontando o pai com o olhar, deixou a sala.

— Por favor, Lionel, quer me explicar agora o que está acontecendo? O que fez você mudar...

Ele não esperou ela terminar a pergunta para emitir a resposta:

— Eu me apaixonei por outra mulher, Emma.

— Outra mulher? Quando... Desde quando?

— Aconteceu de repente.

— De repente quando?

— O que importa isso?

— Ora...

— Você é uma grande mulher, merece ser feliz e será ao lado de um outro homem, um homem que a ame de verdade.

— Mas eu amo você, Lionel.

— Mas eu não a amo reciprocamente. Nunca a amei. Aceitei fazer-lhe a corte porque meus filhos insistiam muito para que eu me envolvesse com outra mulher, recomeçasse a vida ao lado dela, por acreditar que eu era jovem demais para viver só.

A voz dela, subitamente dura, interrompeu a fala dele:

— Quem é ela, Lionel?

— Você há de encontrar...

— Quem é ela, Lionel?

— Não torne as coisas difíceis para nós. Podemos continuar amigos...

— Quem é ela, Lionel?

— ...

— Quem? Responda-me!

O medo transpareceu em cada linha da face de Lionel Leconte.

— É...

Por mais que tentasse, ele não conseguia dizer o nome de Bárbara. E por mais que Emma procurasse pelos arquivos de sua mente uma mulher na cidade que pudesse ter despertado aquela paixão em Lionel Leconte, ela não conseguia encontrar uma.

— Só pode ser uma mulher que veio de fora, de muito longe... Não há outra mulher na vizinhança que...

— Você tem razão... Ela veio de fora... Chegou aqui há apenas duas semanas...

Por mais que procurasse por uma mulher com tal descrição, Emma não conseguia encontrar.

— Quem é ela? Diga-me de uma vez.

Ele desviou os olhos. Houve uma certa hesitação no seu tom de voz quando lhe respondeu pela primeira vez, mas a sua segunda confirmação foi bastante firme.

— É Bárbara, a amiga de minha filha.

A mulher olhou para ele, sem reação. Ele tornou a repetir o nome da moça.

— Bárbara? — ecoou ela. — Você só pode estar brincando.

— Por que estaria? Porque ela é jovem? É isso que vai me dizer? Porque eu sou bem mais velho do que ela! Qual das duas observações será dita por você? Qual, Emma?!

Nuanças de fúria deformavam agora a face rosada de Lionel. O rosto de Emma também dava os mesmos sinais. Com descaso, ela disse:

— Você vai se arrepender amargamente de tudo isso, Lionel.

— Está por acaso me rogando uma praga?

— Estou apenas alertando você, Lionel. Apenas alertando-o.

Fez-se um breve silêncio, constrangedor e fúnebre antes que ela desabafasse num lamento:

— Gostaria de ter uma bola de cristal para poder prever o futuro. Evitando assim entrar num *roubada* como a que entrei com você. Jogando anos de minha vida me dedicando à sua pessoa para não dar em nada no final. Agora sou velha.

— Você não é velha! — protestou Lionel, tentando amenizar a enxurrada.

Ela voltou-se para ele, num giro rápido e certeiro. Seus olhos agora derramavam lágrimas, como um oceano de lágrimas. Com tristeza, ela se defendeu:

— Para uma mulher solteira como eu, sou velha, sim. Quantas se casam na minha idade? Quase nenhuma. Temi a vida toda acabar só e fiz de tudo para evitar tal tragédia e, no entanto, estou só.

— Emma, você é ainda muito jovem e linda. Há de aparecer um outro homem que se encante por você.

— Sabe qual é o problema, Lionel? Por mais que eu queira acreditar nisso, não acredito.

Ele caminhou até ela, pegou-lhe a mão e tornou a repetir:

— Por favor, não se volte contra mim como meus filhos se voltaram.

— Você só pode estar enfeitiçado por essa moça para chegar a ponto de ir contra os próprios filhos por causa dela.

— Será que eu não mereço ser feliz, Emma?

Ela respondeu à pergunta com outra pergunta.

— E quanto a Bárbara, ela sente o mesmo por você?

— Sim. O mesmo.

— Curioso. Quando chegou aqui era uma moça que se dizia apaixonada pelo namorado de anos, noivo segundo me lembro, e, de repente, em menos de uma semana esquece-se dele e se apaixona por você. Quem vai compreender? Faço ideia do estado que esse namorado vai ficar quando ela lhe disser que está tudo acabado entre eles.

— Ela também não gostava dele tanto assim.

— Assim como você não gostava de mim...

Emma Belmondo pegou a luva que deixara sobre a mesa, vestiu-as, deu as costas para Lionel e partiu. Ela atravessava a soleira da porta quando ele disse:

— Emma, não se volte contra mim. Eu a quero muito bem, não se esqueça disso. Quero você muito bem.

Ela prosseguiu caminho sem olhar para trás. Alcançava a porta da frente da casa que levava para fora quando avistou Bárbara. Voltou-se para ela com os olhos vermelhos e lacrimejantes e disse no seu tom mais cortante:

— Você não passa de um lobo em pele de cordeiro. Todos haverão de saber quem é um dia. Não só na região como no país, até mesmo no continente... Você pode iludir o coração embriagado de paixão de um velho com facilidade, mas não os das pessoas.

— Lionel não é um velho — protestou Bárbara sem alterar a voz.

— Perto de você será sempre um velho. Todos pensarão isso assim que pousarem os olhos em vocês dois. Pensarão bem mais que isso, acharão que ele é seu pai, ou até mesmo seu avô. Ou pensarão que uma jovem linda como você só pode ter se casado com ele por dinheiro.

— Eu não me importo com o que os outros vão pensar de mim — defendeu-se Bárbara.

Um pequeno sorriso de escárnio atravessou os lábios de Emma, quando ela disse:

— Talvez você tenha razão... Não deveríamos mesmo nos preocupar com o que os outros possam vir a pensar de nós. Eu sempre me preocupei e isso só me causou sofrimento.

Ela retomou seu caminho.

— Emma... — chamou Bárbara com amabilidade.

Ela parou, mas não olhou para trás. Bárbara disse:

— Não quero sua inimizade, Emma, gosto de você.

Emma suspirou pesado antes de dizer:

— Deixe de ser fingida, garota. De se fazer de boa moça. Sua máscara já caiu. Assuma quem é.

Só então ela voltou o rosto para Bárbara, mirou fundo nos olhos dela e perguntou:

— Foi por causa do dinheiro de Lionel, não foi, que você se interessou por ele? Diga, vamos, seja honesta.

— Não diga tolices.

A face de Emma foi da direita para a esquerda enquanto ela dizia:

— A casa, a prataria tudo mais deve ter ofuscado seus olhos. Foi isso, não foi?

— Eu estou apaixonada por Lionel.

— Os bens materiais de uma pessoa fazem com que muitas mulheres e homens acabem acreditando que estão apaixonados por essa pessoa, mas no fundo a paixão é mesmo pelas posses desse individuo.

— Você verá que meu amor por Lionel é sincero.

— Eu... eu amaldiçoo o dia em que você veio parar aqui nesta casa, Bárbara. Amaldiçoo, sim. E toda a contrariedade que você está causando entre o pai e os filhos é merecida por eles, pois foram eles próprios que a trouxeram para cá.

Sem mais nada a dizer, Emma Belmondo atravessou a porta e partiu.

Quando Emma entrou na sua casa ela era, literalmente, uma mulher devastada pela dor. Uma dor jamais provada anteriormente. A impressão que se tinha era de que o encanto pela vida estava sendo arremessado de cima de um penhasco para as rochas pontiagudas que circundavam os seus pés. Desmoronando em pavorosa lentidão.

Emma largou o corpo na poltrona de sua humilde sala e pareceu se desligar de si mesma por horas. A noite caiu, seu estômago roncou de fome, mas nada conseguiu tirá-la daquele transe abissal. Ela passou a noite ali, dormindo sentada. No dia seguinte sua falta no trabalho chamou a atenção de todos. A amiga preocupou-se com sua ausência e foi até sua casa para saber por que ela não havia aparecido por lá, se estava doente... Ao chegar assustou-se com o estado da colega de trabalho e mesmo sob protestos chamou um médico para examiná-la. Logo a notícia se espalhou pela cidade bem como o motivo que a deixou naquele estado.

O fato de Lionel Leconte ter terminado o noivado com Emma Belmondo por causa de uma jovem de vinte e poucos anos mais nova surpreendeu a todos. Revoltou os conservadores, o que no caso era a maioria dos moradores da pequena Evergreen.

Quando Ludvine encontrou o irmão na manhã do dia seguinte, assustou-se com seu estado físico bem como com o fato de estar com a espingarda na mão brincando com ela como se fosse um cãozinho de estimação.

— Theodore, o que está fazendo?

Ele ignorou a pergunta, disse simplesmente:

— Ah, se ela fosse uma lebre ou uma raposa...

— Ela quem? De quem está falando?

— Daquela fingida da Bárbara. Poderia mirar essa espingarda em sua direção e bastava puxar o gatilho para dar-lhe o que merece.

— Theodore, não diga isso nem brincando. Você está bêbado. São apenas dez horas da manhã e você já está bêbado!

— Estou muito são.

— Bêbado. Vá tomar um banho de água fria para se recompor e, principalmente, parar de falar besteiras. Sabe muito bem onde vai parar um assassino, não sabe? É na forca!

— Há assassinos, você bem sabe, que ficam impunes de seus crimes.

— Podem escapar da justiça mas vivem a vida toda sob o medo pavoroso de serem apanhados e presos.
— Ainda assim...
— Ainda assim, você precisa tomar um banho gelado para recobrar seu juízo perfeito.
— Quero ir embora daqui, Ludvine, o quanto antes.
Ela calou-se. Sentou-se na beiradinha do sofá e lamentou:
— Que pena... As férias que eu tanto planejei para serem inesquecíveis tornaram-se um pesadelo.
— Ao menos inesquecível será para todo o sempre — observou ele no seu tom mais irônico.

Aquela manhã, ao reencontrar Bárbara, Ludvine foi logo dizendo:
— Está satisfeita? Conseguiu tumultuar a vida de todos por aqui...
A moça olhou para ela assustada. Ludvine acrescentou em tom furioso.
— E eu a considerava minha melhor amiga.
— Eu ainda sou a sua melhor amiga, Ludvine.
— *A fickle friend,** isso sim.
Nisso Lionel se juntou a elas e repreendeu a filha:
— Deixe Bárbara em paz, Ludvine.
Ludvine não se conteve, voltou-se para Bárbara e explodiu:
— Você virou a cabeça do meu pai. Não sei como, mas eu ainda hei de descobrir como fez isso. Provavelmente alguma poção mágica ou até mesmo bruxaria.
— Ora, Ludvine, você me conhece...
— Conheço? Não, pensei que a conhecesse. Fui precipitada em dizer que a conhecia tão bem. Refletindo melhor, o que sei sobre você, sua família, seu passado? Nada, Bárbara, absolutamente nada, a não ser o que me contou durante o tempo em que estudamos juntas. Nada mais.
— Tudo o que lhe contei foi a mais pura verdade.
— Como vou saber?
— Minha vida é um livro aberto.
— Deve ser mesmo. Para os cegos.
O pai pegou a filha pelo braço e disse:

---
*"Amigo da onça" Em inglês no original. (N. do A.)

— Não admito que fale assim com Bárbara.
— O senhor nunca falou assim comigo.
— Há sempre uma primeira vez.
Dessa vez foi Bárbara quem segurou o braço de Lionel.
— Por favor, Lionel, controle-se.
Ele soltou o braço da filha e Ludvine partiu pisando duro, espumando de raiva.
Bárbara se entristeceu a seguir. Com pesar, disse:
— Talvez Ludvine tenha razão. Minha vinda até essa casa só trouxe problemas para todos. Seria melhor eu partir e você fingir que nunca me conheceu.
Lionel virou-se de chofre para ela e falou num estalo:
— É isso o que você realmente quer, Bárbara? Não ponha palavras na sua boca que não expressem realmente o que se passa em seu coração.
— Será melhor que eu parta, Lionel. Nunca quis fazer mal a ninguém e, no entanto, parece que só estou fazendo mal a todos.
— Se você partir, deixará meu coração em pedaços.
— Você se recuperará.
— Não acredita mesmo nisso.
Ele a puxou contra o peito e beijou ardentemente.
— Oh, Bárbara, eu a amo... Eu a amo tanto...
Os dois ficaram ali como que congelados naquela posição.

Depois desse episódio desagradável, Bárbara decidiu dar uma volta pelos arredores da mansão a fim de espairecer e tranquilizar seu coração agora dividido. Se é que isso seria possível.

Seus passos a levaram até a ponta do penhasco de onde podia se ter, naquele momento, uma belíssima visão do mar sob o sol. A luminosidade era tanta que lhe feria os olhos.

De repente, Bárbara teve uma visão em pensamento desagradável que fez com que ela se arrepiasse inteira. Viu o vulto de uma pessoa caindo do penhasco onde ela se encontrava agora. Parecia ter sido uma mulher e o mais terrível é que ela não caiu dali por acidente; jogara-se propositadamente para acabar com a própria vida.

Um novo arrepio atravessou-lhe todo o corpo de cima abaixo.

Ela estremeceu ao ouvir a voz de Theodore soar a um palmo de sua nuca. Virou-se tão de repente que ficou tonta. Assustada, recuou um passo e se o rapaz não a tivesse agarrado rapidamente pelos braços, ela certamente teria caído penhasco abaixo.

— Não ouvi você chegando — explicou ela, visivelmente aturdida.

— Você podia ter caído — disse ele atravessando os olhos dela com seus olhos acinzentados, profundos.

Ela grunhiu só de pensar na possibilidade.

— Teria sido melhor — acrescentou Theodore a seguir.

A frase dita num tom sombrio fez Bárbara novamente estremecer. Então, num repente, Theodore apertou os braços dela com toda força. Seus dedos pareciam torniquetes no braço da moça. Olhando firme nos olhos dela, ele disse:

— Vá embora daqui, Bárbara! Vá embora de nossas vidas, para sempre! Sua presença me perturba desde que a conheci. Perturba agora meu pai, que eu sei, e perturba também Ludvine e Emma tanto quanto. Vá embora daqui já, agora. Será melhor para você, para todos nós.

Ele segurou tão apertado os braços dela que quando os soltou havia um vergão imenso e vermelho neles. Ele deu-lhe as costas e partiu.

Passou por Ludvine que vinha subindo em direção à ponta do penhasco como se ela fosse invisível. Assim que Ludvine se aproximou de Bárbara, disse:

— Theodore tem razão, Bárbara. É melhor você ir... Antes não tivesse trazido você para cá. Estas estão sendo as minhas piores férias, as piores férias de toda a minha vida.

Ludvine deu as costas para aquela que agora considerava uma inimiga e partiu na direção que levava à casa. Bárbara permaneceu ali, na mesma posição, observando a jovem se afastar. Sua mente parecia estar em torvelinho. E lá embaixo, por entre as rochas aos pés do penhasco, as ondas não paravam de estourar.

Capítulo 8

No dia seguinte, pouco depois do raiar do sol, Ludvine partiu de Chère Maison na companhia do irmão sem se despedirem do pai, nem de Bárbara. Ao tomar conhecimento da atitude dos filhos, Lionel desabou.

— Que ingratidão por parte daqueles dois — lamentou. — Um pai se dedica a vida toda aos filhos e, no final, só recebe ingratidão e incompreensão por parte deles.

Bárbara tentou amenizar a enxurrada:

— Dê-lhes tempo para se acostumarem com a ideia, Lionel. Não há remédio melhor nesse caso do que o tempo.

A moça massageou o trapézio de Lionel na esperança de acalmá-lo. Ele procurou sorrir para ela.

— Eu a amo, Bárbara. Nunca se esqueça disso. Eu a amo e quero me casar com você, se você quiser, é lógico, o mais breve possível.

— Casar?

— Sim.

A proposta pegou a jovem totalmente desprevenida.

— O que você acha? — tornou ele, ansioso.

Ela escondeu-se por trás de um sorriso antes de responder:

— Eu acho uma ideia maravilhosa, Lionel.

— É, não é?

— Não está se precipitando?

— Você acha precipitação da minha parte?

— Não!

A resposta soou alta, rápida, aguda.

— Então...

Uma nuvem de preocupação enviesou o cenho de Bárbara a seguir. Preocupado, Lionel perguntou:

— O que foi?

— Não, nada... É que me lembrei de Ludvine, Theodore... bem, eles certamente não aprovarão nosso casamento.

— Eles não precisam aprovar. Quem dá as diretrizes na minha vida sou eu, mais ninguém.

A resposta dele pareceu deixá-la mais tranquila. Assim, ela disse:

— Preciso falar com meus pais a respeito de tudo...

— Podemos ir amanhã até a casa deles, se você achar conveniente.

— É uma boa ideia.

— Agora devemos comemorar — exclamou Lionel, levantando-se e dirigindo-se para o bar.

Lionel escolheu uma garrafa de vinho dentre as muitas que estavam sobre o lugar, leu cuidadosamente o rótulo, sorriu diante do que leu e disse:

— Este aqui é dos bons. De uma boa safra.

Ele então serviu um pouco de vinho para os dois. O qual beberam em silêncio durante quase um minuto. Nada melhor que o silêncio, acreditava Lionel, para se apreciar a gostosura de um vinho derreter por sua boca.

Por trás do cálice seus olhos brilhavam, um brilho jamais visto, cintilante, iluminado pelo amor. Eles observavam Bárbara, com interesse e afeto. Um interesse de adolescente. Um adolescente apaixonado.

O silêncio serviria também, na opinião de Lionel, para que Bárbara refletisse quanto à sua proposta de casamento, acostumasse à ideia.

Diante dos seus olhos sobre ela, Bárbara, ligeiramente encabulada, baixou os olhos para as mãos.

Sua timidez, seu recolhimento deixou Lionel apreensivo. Teve, de repente, receio do que se passava pela cabeça de sua jovem amada naquele instante. Estaria ela pensando em voltar atrás na sua decisão? Recusar seu pedido. Deus quisesse que não. Nada poderia ser pior que aquilo, nada.

— O que foi? — perguntou ela.

— Temi, por instantes, o que se passa nessa cabecinha.

— Não há o que temer, Lionel. Estava apenas pensando no quanto a vida é cheia de surpresas. Um dia você se encontra procurando por si mesma, perguntando se tomou o rumo certo na sua vida, querendo mais

82

da vida, que a vida lhe dê muito mais e, de repente, de um dia para o outro ela lhe dá. Dá tudo e ainda um pouco mais do que você procurava sem saber ao certo o que estava procurando. Será que pode me compreender, Lionel?

— Sim, Bárbara, eu a compreendo. Pois sinto o mesmo em relação à vida nesse momento.

— O que importa nisso tudo é que estou feliz, feliz como há muito tempo não ficava — explodiu ela, com um leve sorriso bailando nos lábios. — Feliz de uma forma que jamais pensei ser possível tornar-me um dia. E tudo graças a você Lionel, graças a você. Os dois se beijaram a seguir, um beijo demorado e caloroso.

No dia seguinte Bárbara e Lionel partiram de trem para a cidade onde residia a família de Bárbara. A presença dos dois na estação de Evergreen causou furor entre os presentes. Era a primeira vez em que os moradores viam Lionel Leconte ao lado da jovem que lhe despertou tanta paixão.

A reação dos pais de Bárbara à decisão da filha não foi nada diferente da que cercou a casa de Lionel Leconte.

— Papai, eu amo... — ia dizendo Bárbara quando seu pai a cortou bruscamente.

— Cale-se! Não quero ouvir mais nenhuma palavra a respeito. Esse homem tem idade para ser seu pai. O que deu em você, Bárbara? Se quer mesmo se casar com ele, pois se case! Nunca mais, porém, nos procure! Está ouvindo? Esqueça de uma vez por todas que tem pai e mãe. Agora retirem-se da minha casa.

— Se é assim que o senhor quer, meu pai.

O homem deixou a sala pisando duro. A mãe que até então se mantivera calada, deu sua opinião.

— Filha... filha, onde está com a cabeça?

— Mãe...

O irmão de Bárbara, que também estava presente, pegou no braço da irmã e disse:

— Se meu pai e minha mãe passarem mal por sua causa eu não vou perdoá-la jamais. Nunca, está me ouvindo? Que uma maldição caia sobre sua cabeça e a de seu marido se isso acontecer!

Bárbara pareceu aguentar firme a ameaça do irmão e visto que de nada adiantava insistir mais naquilo tudo, achou por bem dar fim àquele encontro que se tornara um pesadelo.

— Posso ao menos pegar as minhas coisas? — perguntou.

— Pegar as suas coisas? — espantou-se a mãe. — Para onde você vai?

Bárbara voltou-se para Lionel como quem diz: "para casa dele. Agora pertenço a ele."

Assim que Lionel e Bárbara atravessaram o portão que separava a casa da família Calandre da calçada, Lionel comentou:

— Jamais pensei que o nosso amor fosse transtornar tanto sua vida.

— O amor exige sacrifícios — admitiu Bárbara, se fazendo de forte.

— Sei que o certo seria eu pedir para você desistir de tudo isso, mas não posso, pelo contrário, quero mais é pedir que você não desista. Por favor, Bárbara. Por mim, por nós, em nome do nosso amor.

Ele abraçou sua jovem amada com fervor.

— Às vezes precisamos enfrentar uma batalha para poder amar — comentou ela, pouco antes de Lionel beijar-lhe carinhosamente a testa.

— Agora preciso falar com Anthony — disse Bárbara a seguir. — Vai ser outro momento difícil. Mas diante de tantos que já enfrentei... O que é mais um? Só que nesse encontro prefiro ir sozinha, Lionel. Será melhor falar com Anthony a sós.

— Se você acha... Eu aguardo você na estação.

— Está bem. Mas talvez minha conversa com Anthony demore um pouco.

— Não tem problema. Gaste o tempo que for preciso para acertar as coisas com o rapaz.

Os dois se despediram e Bárbara Calandre seguiu na direção da casa onde Anthony Gilbert vivia com sua mãe.

Quando ela chegou à casa do noivo foi recebida pela mãe de Anthony. Seu nome era Hermila Gilbert, uma senhora não muito simpática, que não fazia esforço algum para esconder que não se simpatizava nem um pouco com o namoro do filho com Bárbara. Logicamente que desaprovava o namoro por ciúme, total ciúme do filho. Haveria de desaprovar o namoro

84

do rapaz com todas as mulheres que ele viesse a cortejar. Era uma daquelas mães obcecadas pelo filho. Desde o seu nascimento dedicara toda a sua atenção a ele, deixando o marido totalmente de lado. Tão de lado ficou, que o marido acabou arranjando uma amante que lhe dava atenção e carinho que tanto um homem quer de uma mulher, e foi-se embora com ela.

— Preciso falar com Anthony, dona Hermila. Ele está?

A mulher respondeu que sim com a cabeça enquanto abria um pouco mais a porta para dar passagem para Bárbara entrar na casa.

O espanto no rosto de Anthony foi, dentre todos que receberam a notícia, o pior. A dor que transfigurava sua face fez com que Bárbara recuasse um passo, de tão assustada que ficou. Jamais por momento algum pensou que Anthony gostasse tanto dela assim.

Bárbara ia deixando a casa quando a voz aguda e estridente de Hermila Gilbert atravessou a janela entreaberta de sua casa e alcançou seus ouvidos. Ela parou no mesmo instante para ouvir o que a senhora dizia.

— Eu avisei você, Anthony! – dizia Hermila ao filho num tom histérico.
— Desde o início, eu avisei que essa garota não era para você, Anthony. Que por trás daquele rostinho bonitinho se escondia uma alma demoníaca, mas você não quis me ouvir. Agora aguente o tranco. E que ele doa bastante em você para que nunca mais esqueça da lição.

Bárbara respirou fundo e continuou andando. Encontrou Lionel na estação como eles haviam combinado. Estava tão pálida, que Lionel perguntou:

— Você está bem? Aconteceu alguma coisa? O seu ex-noivo a agrediu?

— Não. Anthony não agrediria nem uma mosca. Só fiquei surpresa com a sua reação. Jamais pensei que ele gostasse tanto de mim como demonstrou há pouco. O ser humano é mesmo uma caixinha de surpresas!

Lionel abraçou a amada, procurando confortá-la naquele abraço. Nisso ouviu-se o apito do trem.

— O trem está chegando – disse ele.

— Que bom – suspirou Bárbara. – Quanto mais cedo eu estiver longe dessa cidade, melhor.

Uma semana depois, Lionel e Bárbara se casavam no cartório de Blue River, a cidade que ficava a cerca de quarenta quilômetros de Evergreen.

∽

Jean-Paul, que até então ouvira tudo o que eu, William Kamp, lhe contava, sem fazer uma interrupção sequer, voltou-se para mim e comentou:

— Pensei que não fosse tanto assim...

— O quê?

— O preconceito contra homens que se casam com mulheres bem mais jovens do que eles. Acho isso uma tremenda bobagem.

— Você se envolveria com uma mulher mais jovem do que você, Jean-Paul? Digo, uma mulher bem mais jovem?

— Se houvesse amor...

— Amor?

— Sim. Amor. O que não se faz por amor?!

— Tem razão — concordei com voz partida. — O que não se faz por amor... Até mesmo as coisas mais tolas...

Estendeu-se um longo silêncio até que Jean-Paul me perguntasse:

— Você disse que houve um assassinato. Ou melhor, você suspeita que houve um assassinato, que foi tomado pela polícia como sendo morte natural.

Concordei com a cabeça.

— Afinal, quem foi que morreu nessa história? Bárbara, Lionel, Ludvine, Theodore, Emma... Quem?

— Eu já vou lhe responder a essa pergunta. Logo após eu retomar a história do ponto em que parei.

— Então prossiga. Pois conseguiu me deixar curioso.

Assenti com a cabeça e assim retomei minha narrativa dos fatos.

— Como lhe disse. Lionel Leconte e Bárbara Calandre se casaram. E, como todo casal, casaram-se com o intuito de serem felizes para sempre. Ficaram morando em Chère Maison como Lionel tanto queria. A própria Bárbara amou a ideia de ficar morando ali. A casa era linda, a propriedade fabulosa, não haveria por que se opor a morar lá.

Ludvine e Theodore romperam terminantemente relação com o pai. Nunca mais o procuraram e os moradores da aldeia de Evergreen, gente muito conservadora, como eu já havia mencionado, deram as costas para o casal Leconte. Especialmente para a nova senhora Leconte.

Emma Belmondo perdeu o emprego, passou a beber e a se entregar a qualquer homem que jogasse charme para cima dela. Foi deprimente. Tornou-se uma mulher deprimente.

Bárbara passou a tocar piano pelo menos durante uma hora por dia a pedido de Lionel. Ouvi-la era como se fosse o cântico dos deuses para ele.

A vida ao lado de Bárbara Calandre tornou-se para Lionel o próprio néctar dos deuses. O éden que poucos têm o privilégio de conhecer. A vida do casal era realmente o que muitos chamam de "um mar de rosas".

Haviam-se passado onze meses praticamente desde que Lionel e Bárbara tinham se casado quando o inesperado aconteceu.

O inverno estava prestes a começar. Fazia muito frio nesse dia, o vento era tão cortante que dava a impressão nas pessoas de que suas orelhas e seu nariz haviam sido arrancados do rosto.

Bárbara havia saído para ir até a estufa ver se as plantas estavam protegidas. Já eram dezoito e trinta quando isso aconteceu.

Haviam se passado cerca de trinta e cinco minutos desde que Bárbara seguira à estufa quando duas das criadas avistaram-na cruzando o pátio correndo, na direção da porta da frente do casarão.

A patroa lhes pareceu tão aturdida, o que de fato era verdade, que ambas se perguntaram em silêncio: o que acontecera para deixá-la naquele estado de nervos?

Bárbara estava de fato abalada pois demorou alguns segundos para localizar a maçaneta que abria a porta da frente da casa. Com o coração disparando no peito, cruzou o saguão com as passadas mais largas que pôde. Uma criada que acabava de entrar no aposento também se assustou ao ver a patroa. Ambas na verdade se assustaram.

— Meu marido? Onde ele está? — perguntou ela, tentando fazer com que sua voz e atitude parecessem casuais; de certa forma, normais, porque ser casual parecia impossível.

— Eu não sei, minha senhora. Ele deve estar provavelmente na sala com lareira — respondeu a criada, apontando com a cabeça o corredor.

Bárbara assentiu rapidamente.

— Posso auxiliá-la em alguma coisa?

Bárbara agradeceu, apressou-se naquela direção e assim que alcançou a porta entrou sem bater. Frustração. O aposento estava vazio.

Segundos depois, ela seguia para a sala onde ficava o piano de calda. Foi nesse momento que ela se encontrou com a criada de nome Johanna, a qual notou de imediato que a patroa parecia aflita com algo, seu rosto estava esquisito, seu olhar inquieto, havia algo de errado nela, com certeza.

— A senhora está bem, madame?

Bárbara pareceu hesitar, mas finalmente disse:

— Estou procurando por Lionel, você o viu?

— Não, madame. Não vejo o patrão desde a hora do almoço. Mas ele certamente deve estar em algum aposento da casa, não?

A moça olhava para a patroa com certa desconfiança. Bárbara pareceu não notar, apenas disse:

— Você tem razão. Venha, acompanhe-me.

A criada atendeu prontamente à ordem de sua jovem patroa. Ambas procuraram por Lionel em todos os aposentos da mansão, mas nenhum sinal dele. E a cada minuto que se passava Bárbara parecia mais e mais preocupada.

— Lionel nunca sai de casa sem me avisar — disse ela a certa altura.

— De fato — respondeu a criada, polidamente. — Não é habito do senhor Leconte proceder assim.

— Deve ter acontecido alguma coisa com ele — comentou Bárbara ainda mais aflita. — É melhor sairmos para procurá-lo nos arredores da casa.

— Mas o *fog**, senhora, está muito denso.

— Façam o que lhes peço — ordenou Bárbara, como se estivesse perdendo o fôlego, a mão espalmada sobre o busto para conter as batidas do coração. — Não conseguirei dormir enquanto não encontrá-lo.

*Nevoeiro, cerração, neblina, névoa. 2 obscuridade, sombra. Em Inglês no original.

Uma busca meticulosa foi feita por todo o jardim que cercava a mansão, mas nem um sinal de Lionel Leconte foi achado.

Quando Bárbara se viu sozinha, a ansiedade que fora forçada a esconder pareceu emergir num jato; começou a respirar pela boca, enquanto se movia em torno da mesa da sala como uma leoa enjaulada. Subitamente, uma zonzeira a fez perder o passo e se ela não tivesse se apoiado à mesa teria ido ao chão. Depois de recuperada, pegou o lenço para enxugar o rosto, que apesar de todo o frio, suava em profusão, como numa noite de verão.

Aquela foi sem dúvida uma das piores noites que Bárbara Calandre Leconte havia passado na vida. A primeira de muitas que viriam a seguir.

Bárbara dormiu sozinha aquela noite na grande cama do casal. Demorou para dormir, pois ficou de olhos fixos na porta do quarto, especificamente na maçaneta, querendo desesperadamente que ela girasse e o marido entrasse no aposento. O que não aconteceu.

O dia amanheceu ensolarado, apesar da forte corrente de frio que se propagava pelo lugar. Foi quando o sol estava a pino e a cerração havia dado uma trégua que um dos criados encontrou o patrão. Foi sem querer. Disposto a observar a encosta do penhasco onde batiam as ondas ele avistou o corpo de Lionel caído entre as pedras. O choque foi tanto que por pouco o rapaz não perdeu o equilíbrio e caiu dali também.

A notícia desabou sobre Bárbara como uma tempestade. A vida que ela tanto sonhou viver ao lado de Lionel havia mergulhado no caos.

Capítulo 9

Jean-Paul olhava para mim, agora, perplexo.

— Quer dizer então que foi Lionel Leconte quem foi... — Ele não conseguiu completar a frase.

— Foi — respondi, olhando com pesar para ele.

— Eu cheguei a pensar que havia sido ela. A jovem esposa, Bárbara. Absorvi o comentário em silêncio.

— Que tragédia — comentou Jean-Paul em seguida, abatido.

— Sim, uma tragédia como as descritas por William Shakespeare.

— Sim... como as de William Shakespeare.

Houve uma longa pausa até que Jean-Paul me perguntasse:

— E depois, o que aconteceu?

— Bem — prossegui —, retiraram o corpo de Lionel Leconte do lugar com grande esforço. Pensaram a princípio que seria impossível, mas acabaram conseguindo com a ajuda de vários homens. Para a polícia e para todos que souberam da fatalidade, Lionel, por causa do nevoeiro, pisou em falso e por isso caiu do penhasco.

— Mas para você, ele foi empurrado de lá, certo? — comentou Jean-Paul prestando melhor atenção em mim, agora.

— Sim, Jean-Paul. Para mim, Lionel Leconte foi empurrado. Reflita comigo. Lionel vivera lá desde garoto e, portanto, conhecia a propriedade como ninguém. Sendo assim como poderia ele ter pisado em falso?

— Faz sentido. Todo sentido — respondeu Jean-Paul franzindo ligeiramente a testa. — E os filhos? Como se comportaram diante da tragédia?

— Assim que Ludvine e Theodore receberam a notícia da morte trágica do pai pegaram imediatamente o trem para a cidade onde nasceram. Encontraram a casa num silêncio mortal. Com a atmosfera do lugar pendendo ora para a tristeza ora para o vazio.

Assim que Bárbara soube da chegada dos dois, seguiu imediatamente ao encontro de ambos. Ao vê-la, os rostos desfigurados dos filhos, pela dor que a morte do pai causou em ambos, refletiu também o ódio que eles tanto sentiam pela moça, alcançando proporções assustadoras.

Bárbara estava tão tomada de dor e ansiedade por vê-los que não notou a transformação que ocorreu em ambos com sua chegada.

— Ludvine, Theodore, que bom que vocês chegaram! — exclamou ela. — Vocês não fazem ideia de como...

Só então Bárbara caiu em si. Theodore dirigiu-se a ela num tom cortante:

— Sua petulância nos é repugnante, garota.

— Petulância? Do que estão falando?

— É realmente uma fingida incontestável.

— Theodore, por favor.

— Cale-se! Poupe nossos ouvidos... Sua voz nos irrita.

Voltando-se para Ludvine, que se mantinha calada até então, olhando enigmaticamente para aquela que tivera como melhor amiga, Bárbara disse:

— Ludvine...

Ludvine levou a mão à boca enquanto seus olhos rompiam-se em lágrimas.

— Maldito o dia em que eu trouxe você para esta casa, Bárbara — lamentou a jovem, deveras sentida.

O comentário daquela por quem considerou sua melhor amiga atravessou os tímpanos de Bárbara de forma tão trágica quanto a tragédia em si.

— Ludvine, por favor — suplicou Bárbara num fio de voz.

— Você só nos causou desagrados desde que aqui chegou — prosseguiu Ludvine, sem dó. — Mudou totalmente o rumo de nossas vidas, sem consideração alguma por nós. Você só pensa no seu umbigo, Bárbara. Esse é seu defeito. Está satisfeita agora que destruiu a todos nós?

— Foi um acidente.

— Papai morreu porque você o enfeitiçou. Ele jamais teria caído de lá se estivesse com a sanidade perfeita.

Theodore arrematou:

— A sanidade que você roubou dele com sua lábia.

— Eu nunca fiz nada disso — defendeu-se Bárbara, trêmula agora da cabeça aos pés. — Se fiz foi inconscientemente; eu jamais faria mal a alguém. Juro, vocês têm de acreditar em mim.

— Não acredito em nada do que fala — exaltou-se Theodore, indo de repente para cima da madrasta, disposto a agredi-la. Se Ludvine não tivesse sido rápida e segurado o braço do irmão, Theodore teria acertado o rosto de Bárbara com toda a força.

O silêncio caiu a seguir, no ambiente, rompido somente pela respiração ofegante dos presentes.

— Você vai sair disso tudo exatamente como entrou — vociferou Theodore, a seguir, dirigindo-se a Bárbara. — Vai sair com uma mão na frente e a outra atrás.

— Eu não quero nada — defendeu-se Bárbara. — Não quero absolutamente nada de vocês! A única coisa que eu queria disso tudo era o amor de Lionel. Apenas isso. Nada mais.

Ela calou-se, pousou os olhos no nada, enquanto eles enchiam-se mais e mais de lágrimas sentidas.

— Fora desta casa! — berrou Theodore, repentinamente.

O grito do rapaz soou no recinto como o ribombo de um trovão. Ludvine pousou a mão no ombro do irmão, que passou a tremer como se estivesse sido contagiado pela forte febre da malária.

Bárbara achou melhor acatar a exigência do rapaz. Com a ajuda das criadas, fez suas malas e deixou a casa. Não havia outro lugar para ir senão para a casa dos pais; eles certamente haveriam de compreender sua situação e ampará-la num momento tão difícil como aquele. Assim, Bárbara partiu no primeiro trem que teve acesso.

Já era crepúsculo quando ela chegou à sua cidade natal. Demorou cerca de oito minutos até que alguém da casa dos pais de Bárbara decidisse ir ver quem batia à porta. Quando a mãe viu a filha parada ali em frente à porta da casa, cercada de malas, a voz da mulher se perdeu na garganta. O pai, estranhando o silêncio da esposa, levantou-se da poltrona e foi ver o que se passava.

— O que quer aqui? — ralhou ele assim que viu Bárbara com as malas.

Ainda que trêmula, Bárbara resumiu os últimos acontecimentos. Ao final da narrativa, perguntou:

— Será que eu posso voltar para casa, papai?

A resposta do homem foi precisa:

— Aqui não é mais sua casa, deixou de ser no dia em que você decidiu se casar com aquele homem.

— Papai...

— Não me chame de pai, porque eu não tenho mais filha. E, agora, retire-se desta casa, o quanto antes.

Bárbara mal podia acreditar na reação do pai. Ao voltar os olhos para a mãe, olhos de súplica, a mãe fugiu do seu olhar, baixando a cabeça. Submissa como era ao marido, o que poderia ela fazer pela filha? Nada. Simplesmente nada, percebeu Bárbara.

Pelo caminho de volta à estação de trem, Bárbara avistou a casa de Anthony Gilbert, seu ex-noivo e chegou a pensar em pedir-lhe abrigo, mas a ideia foi descartada quase que no mesmo instante em que surgiu em sua mente.

Anthony até que poderia ajudá-la naquele momento tão difícil; sua mãe, porém, não. Ela que nunca se simpatizara com ela, depois de ter terminado o noivado com o filho, deveria na certa, odiá-la, com toda a força que alguém pode odiar um semelhante.

Por isso, de nada adiantaria pedir-lhe abrigo naquele instante, seria não só uma tremenda humilhação para Bárbara como também inútil, a mãe de Antony lhe negaria terminantemente abrigo e impediria o filho de prestar-lhe qualquer ajuda.

Com isso, Bárbara continuou caminhando para a estação, sendo cada vez mais consumida pelo caos mental em que se encontrava agora. Restava-lhe apenas voltar para Evergreen e bater humildemente à porta daquela que até poucos dias fora sua morada na esperança de fazer com que Theodore e Ludvine compreendessem a situação delicada em que ela se encontrava agora e fossem mais humanos com ela, permitindo assim que ela continuasse morando na casa até que tivesse condições de se mudar de lá. Assim ela tomou o trem de volta para a cidadezinha.

Já passava das vinte e duas horas quando Bárbara chegou a Chère Maison e pediu à criada que lhe atendeu a porta que chamasse Theodore e Ludvine. A moça, que sempre gostara muito de Bárbara pediu a ela que aguardasse, por favor. Um minuto depois ela retornava ao local para dizer a Bárbara que sentia muito informar que os dois não queriam recebê-la. E baixando a voz disse:

— Dona Bárbara, se a senhora não tiver para onde ir, e não se importar, pode dormir no quarto dos empregados, conosco. Ninguém se importará, tenho certeza, todos a querem muito bem, não diremos nada aos jovens patrões.

Bárbara ficou emocionada ao perceber que ainda tinha alguém que lhe queria bem em todo aquele caos.

— Eu lhe agradeço muito, Hilary, vocês são muito gentis, mas receio que se Theodore e Ludvine descobrirem o que fizeram por mim os demitam por justa causa. Eu vou dar um jeito, procurar uma pensão em Evergreen, alguém que me aceite com a promessa de lhe pagar depois.

Arrastando suas malas, Bárbara caminhou de volta para o vilarejo. Chegou ao lugar exausta, pois havia caminhado grandes percursos ao longo do dia, sem descanso. Além do mais estava faminta; em meio à correria esquecera de se alimentar. Ela chegava à rua principal de Evergreen quando foi vista por alguém de quem não se lembrava bem. Emma Belmondo.

Assim que as duas mulheres se viram frente à frente, o mundo pareceu parar e prosseguir lentamente para ambas.

Emma ficou olhando para Bárbara com crescente interesse, parecendo saborear intimamente aquele encontro com a moça que havia estragado seu romance e mudado o rumo de sua vida.

— Ora, ora, ora — falou Emma Belmondo com pouco caso. — Quem diria que eu, um dia, fosse encontrar a mais nova senhora Leconte em condições tão humilhantes quanto a que fiquei após ter levado um fora do homem a quem dediquei oito longos anos de minha vida, aguardando dia após dia, pacientemente, que ele me tomasse como sua esposa.

Bárbara olhava para a mulher com o queixo tremendo e o nariz tremelicando de frio.

— A vida dá voltas, não, meu bem? Como dá voltas. Quem está por cima um dia cai e quem está por baixo um dia sobe. É espantoso.

Então, subitamente, Emma pareceu cair em si. Toda aquela ironia e pouco caso com que falava e expressava em seu olhar, desapareceu. Ela pousou a mão no ombro de Bárbara e num tom preocupado disse:

— Você está tremendo de frio. Desse jeito vai pegar uma pneumonia. É melhor se abrigar o quanto antes, vá.

Assim que a mulher deu passagem, Bárbara retomou seu caminho, mas nem bem ela completou o quinto passo, a voz de Emma ecoou até seus ouvidos:

— Para onde vai?

Bárbara voltou o olhar por sobre o ombro. Ia responder quando Emma respondeu por ela:

— Você não tem para onde ir, não é mesmo?

Não foi preciso emitir uma resposta labial, os olhos de Bárbara responderam por si. Emma, parecendo penalizada, disse:

— Acho melhor você passar essa noite em minha casa. É um lugar simples, modesto, você sabe, não tem luxo algum, mas vai abrigá-la dessa noite gelada.

— Eu...

— É melhor você aceitar, não tem escolha.

Aquilo era mais do que verdade, observou Bárbara em silêncio.

— Vamos — acrescentou Emma tomando uma das malas das mãos da moça. — Deixe-me carregá-la, você mal está conseguindo se manter em pé.

E foi assim que Bárbara Calandre Leconte encontrou um lugar para passar a noite, na casa daquela que considerava sua pior inimiga. Como a própria Emma havia dito: "como a vida dá voltas."

Na manhã seguinte, assim que Bárbara deixou o humilde quarto onde ela havia passado a noite, encontrou Emma coando café para tomarem com pão.

— Obrigada — disse Bárbara com a voz para dentro. — Obrigada imensamente pelo que fez por mim.

A mulher olhou fundo nos olhos dela e disse:

— Qualquer outra pessoa teria feito o mesmo.

— Não. Não teria, não. As pessoas me odeiam, parece que todas me odeiam... Como você certamente me odiou.

— Certamente que a odiei. O que esperava que eu sentisse por você depois de ter estragado o meu sonho de casamento? Desfeito-o da noite para o dia? Ódio, senti ódio sim, muito ódio, mas eu lhe pergunto agora, o mesmo que já me perguntei outrora: aonde o ódio pode nos levar? A um lugar bonito e cheio de paz? Certamente que não. Só pode nos levar a um lugar tão escuro e doloroso como a essência do próprio ódio. E quem quer viver num lugar assim? Ninguém, a não ser um sadomasoquista, um louco, um sádico.

A mulher balançou a cabeça e, num tom judicioso, acrescentou:

— Não sei se sou capaz de perdoá-la pelo que me fez, talvez não seja jamais, mas isso não quer dizer que não possa estender a mão para você quando mais precisa.

— Eu só queria que compreendesse que não me envolvi com Lionel para afrontá-la, foi algo que aconteceu naturalmente. Eu jamais pensei que um dia me apaixonaria por outro homem que não fosse Anthony. Ainda mais um homem mais velho do que eu. Jamais. Foi uma surpresa para mim descobrir que estava me interessando por ele, amando Lionel de verdade.

— Você sabe, não sabe? Que Lionel não via você exatamente. Quem ele via em você era, na verdade, a esposa que ele tanto amou, cuja morte os privou de viver todo aquele grande amor que um sentia pelo outro.

Bárbara baixou os olhos, lacrimosa. Emma prosseguiu:

— Eu sei que deve doer fundo na sua alma se ver diante de tal fato, afinal, ninguém gosta de descobrir que a pessoa com quem se casou só o fez porque ela lembra sua antiga paixão, o grande amor de sua vida. Deve ser duro, horrível até, saber que a pessoa amada não vive com você por sua causa realmente e, sim, porque você lembra alguém que ela tanto amou.

"Mas eu admiro você, Bárbara, por ter se casado com Lionel, mesmo sabendo que ele só se interessara por você porque lembrava a esposa amada dele. Você sabia, não sabia, desde o início, o que se passava no coração de Lionel?"

A chaleira apitou e quebrou o assunto. Emma foi até o fogão, tirou a chaleira do fogo, coou o café e disse:

— Agora sente-se e vamos tomar o café.

As duas mulheres tomaram café em silêncio. Só depois de saborear o último gole do liquido é que Emma comentou:

— Mal posso acreditar que Lionel esteja morto. Que sua vida acabou assim de forma tão estúpida.

Bárbara tentou reprimir o choro mais uma vez, mas não conseguiu. Emma pousou a mão sobre a dela para confortá-la.

Assim que eu, William Kamp, dei uma pausa, Jean-Paul voltou-se para mim e comentou:

— Como a vida dá voltas, não?

Concordei com a cabeça. Ele acrescentou:

— Jamais pensei que Emma fosse capaz de acolher Bárbara em sua própria casa.

— Acho que nem a própria Emma pensou que seria capaz de um gesto tão solidário como esse. Ainda mais para com a mulher por quem nutria tanto ódio.

— As pessoas são realmente uma caixinha de surpresas.

— Se são. Até mesmo quando elas passam para o lado de cá. Voltam a ser apenas espíritos.

Jean-Paul deu sinais de estar revirando tudo aquilo na cabeça; então sua voz saltou sobre mim, tomada de ansiedade:

— O que houve desde então? Onde está Bárbara?

— Ela continua hospedada na casa de Emma Belmondo para total revelia de Theodore e Ludvine. Ela pretende ficar lá até que seja feito o inventário.

— Pobre moça... Tudo me fazia crer que era ela quem seria a vítima.

— Entendo.

Fez-se uma nova pausa até que Jean-Paul me perguntasse:

— Quer dizer então que para você a morte de Lionel Leconte não foi acidental. Foi na verdade um crime cometido a sangue frio e que o assassino escapou ileso desse assassinato.

Minha resposta foi precisa:

— Estou cem por cento certo disso. Para mim o assassino conseguiu atrair Lionel até a ponta do penhasco com algum pretexto e o empurrou num momento oportuno.

— Se isso realmente ocorreu, quem teria feito uma coisa dessas?

— É aí que entra o melhor detetive da Europa: você! Só você, Jean-Paul, com a sua perspicácia, seus anos de experiência, é capaz de descobrir quem cometeu um crime hediondo como esse. Só você é capaz de impedir que mais um assassino escape impune do crime que cometeu.

Só você pode fazer justiça ao morto, Jean-Paul! Só você! O maior detetive da Europa.

Jean-Paul suspirou pesadamente. Eu acrescentei:

— Você precisa apanhar esse assassino, Jean-Paul, antes que ele faça mais vítimas. Quem já matou uma vez não se intimida de matar uma segunda vez.

"Entende agora por que vim atrás de você? Como poderia eu, desencarnado, chamar a atenção da polícia para o acidente. Fazê-los compreender que não foi acidente e sim um assassinato. Como? Nem todos são capazes de me ver e me ouvir como você. Encarnados dotados desse dom são poucos. Por isso eu preciso de você para apurar os fatos. Preciso da sua competência no assunto. Do seu status na polícia."

Jean-Paul deu novamente sinais de que estava revirando todas aquelas informações na cabeça. Por fim, disse:

— O motivo mais comum que leva uma pessoa a cometer um assassinato é dinheiro. Nesse caso, temos três suspeitos: a filha, o filho e a nova esposa da vítima. Por outro lado não podemos descartar os outros motivos muito comuns que fazem com que uma pessoa assassine a outra. Tal como a inveja e o sentimento de rancor e revolta por algo que a vítima lhe fez. E nesse caso há alguém que ficou muito revoltado com Lionel: Emma Belmondo. Por ele ter se decidido casar com Bárbara. Rompendo assim o namoro de oito anos dos dois. Um namoro ao que tudo indica que Emma se dedicou de corpo e alma.

— Se fosse comigo — opinei — eu enlouqueceria.

— Seria até mesmo capaz de assassinar quem roubou sua amada, não? — brincou ele.

Concordei com um olhar matreiro.

— Eu também enlouqueceria... — confessou-me Jean-Paul no minuto seguinte.

Tive a impressão de que havia algum significado mais profundo por trás das palavras do detetive do que percebia.

— Com isso — continuou Jean-Paul — temos quatro suspeitos: Theodore, Ludvine e Bárbara Leconte e Emma Belmondo. Os quatro com bons motivos para cometer o assassinato.

Jean-Paul pareceu no segundo seguinte entrar num estado de inconsciência. Depois da introspecção, perguntou:

— Como é mesmo o nome do vilarejo onde tudo isso aconteceu?

— Evergreen.

— Curioso. Já ouvi falar desse lugar, só não me lembro onde e quando. Talvez já tenha estado lá de passagem.

— Talvez... — Jean-Paul então se encolheu todo, arrepiando-se de uma forma esquisita. E um gemido escapou de seus lábios. Diante de sua reação, perguntei:

— O que foi?

— Uma sensação estranha... — respondeu-me ele, trépido. — Senti minha intuição formigar. Dizendo-me que tudo isso não é tão simples quanto parece. Que na verdade é bem mais complexo do que parece. Ouvi de novo aquela voz me dizendo para eu não dar-lhe ouvidos. Ignorá-lo por completo.

— É a voz dos espíritos obsessores dispostos a promover a discórdia e a injustiça entre os encarnados e desencarnados — tornei a explicar. — Quando sentir isso outra vez, respire fundo e não abra espaço, sob hipótese alguma, para que esses espíritos obsessores se comuniquem com você e façam a sua cabeça.

Jean-Paul assentiu, pensativo.

— Como iremos nos comunicar? — perguntou-me a seguir.

— Não se preocupe, vou procurar estar ao seu lado o maior tempo possível. Como faz um bom anjo da guarda.

— Anjo da guarda — repetiu Jean-Paul, reflexivo.

— Sim. Anjo da guarda — reforcei. — Um anjo guardião. É o que sou. Ou se ainda não, em breve serei.

— É uma bela posição, não?

— Uma dádiva.

Jean-Paul mal dormiu aquela noite. Por mais que tentasse, não conseguia acreditar em tudo que se passou entre eu e ele. Estava certo de que se ele ousasse contar para alguém a respeito de seu encontro comigo, as pessoas ririam dele e se ele insistisse em fazê-los acreditar, o internariam numa clínica para doentes mentais. Tal como aconteceu com Callaham Foster após tentar convencer as autoridades que os espíritos dos mortos têm o poder de induzir os vivos a cometer atos hediondos contra si mesmo e o próximo.

Ao se lembrar do velho Foster, Jean-Paul sentiu vontade de saber como estaria ele vivendo dentro do manicômio, se teria tido melhoras... se já teria morrido.

Capítulo 10

Na manhã do dia seguinte Jean-Paul Godard partiu para o vilarejo chamado Evergreen. Permaneceu por quase durante todo o trajeto aparentemente alheio a tudo mais que se passava à sua volta. Sua reclusão só foi interrompida quando a locomotiva parou na pequenina estação de Evergreen.

Sua chegada à cidadezinha surpreendeu o próprio detetive. Sabia que era conhecido mas nem tanto. Logo que desceu do trem, ainda quando seguia pela plataforma da estação, foi reconhecido por um dos policiais.

— Monsieur Godard? O senhor por aqui? Que honra. O que o traz a pequena Evergreen?

— Vim visitar um velho amigo. O delegado Barnaby Hall — mentiu Jean-Paul. — Será que poderia me indicar o caminho da delegacia?

— Farei mais do que isso, monsieur. Levarei o senhor pessoalmente até lá.

Jean-Paul bateu de leve na aba da cartola em sinal de agradecimento. Durante o percurso até a delegacia, Jean-Paul observou a cidade com muita atenção. Era um daqueles lugares onde se tem a impressão de que o tempo passou sem parar por ali. Onde a evolução dos tempos parece não ter tocado sequer um dedo. Um daqueles lugares em que se parece ter retornado aos tempos antigos.

O delegado, que estava sentado em uma poltrona quadrada atrás de uma escrivaninha de mogno, levantou-se assim que foi informado pelo guarda da presença de Jean-Paul.

— Monsieur Godard! — exclamou o delegado efusivamente. — Mas que surpresa agradável. É uma honra recebê-lo aqui! — O homem cumprimentou Jean-Paul apertando-lhe a mão calorosamente.

O delegado Barnaby Hall era um senhor alto, esquálido, de rosto alongado e cabelos grisalhos. Era chamado por todos, desde menino, pelo apelido de Skip*. Por andar sem encostar o calcanhar no chão.

— Queira se sentar, por favor — disse Barnaby Hall indicando uma cadeira para o recém-chegado.

Jean-Paul farejou no ar um forte odor de naftalina e concluiu rapidamente que vinha do sobretudo do delegado.

Assim que o detetive se sentou o delegado comentou com grande orgulho:

— Tenho acompanhado os seus casos pelos jornais.

Jean-Paul ergueu a sobrancelha como quem diz: é mesmo?

— O senhor é admirável.

— Bondade sua.

O delegado estudou o rosto tipicamente francês de Jean-Paul, por instantes. Seu rosto bonito, com as duas longas costeletas, bem aparadas, contrastando belamente com seu cavanhaque. Seus olhos que pareciam, em vão, tentar esconder a presença da tristeza no fundo deles. Por fim, perguntou:

— O que o traz a Evergreen?

A resposta de Jean-Paul foi imediata:

— Lionel Leconte.

As sobrancelhas do delegado arquearam-se de forma bastante curiosa.

— Lionel Leconte — repetiu o homem com cautela. — Não sei se soube, mas o pobre Lionel faleceu há menos de três semanas. O coitado morreu de uma forma muito estúpida, Monsieur Godard. Um passo em falso, à beira do penhasco, numa noite de profundo nevoeiro. A queda foi fatal.

— Eu estou a par. Um conhecido do senhor Leconte me contou tudo em Paris.

— Lastimável, não?

— Sim. Lastimável.

— O caso abalou a pequena Evergreen, sabe? A maioria das pessoas que moram aqui são muito conservadoras, não aceitam nada que fuja às regras que elas adotaram. Lionel Leconte fugiu a essa regra e, por isso,

---

*"Apelido comum nos países de língua inglesa dado as pessoas que andam sem encostar a sola do calcanhar no chão" (N. do A.).

101

ganhou um bando de inimizades. A cidade toda praticamente o condenou por ter se casado com uma moça com idade para ser sua filha. Muitos desses moradores acreditam que a tragédia foi um castigo, um castigo enviado por Deus por ele ter feito o que fez.

— O senhor acredita nisso?

— Não, é lógico que não. No entanto...

— No entanto...

— Não posso deixar de admitir que foi estranho o modo como ele morreu. Assim, tão de repente, poucos meses depois de desposar a jovem. Para ser sincero, às vezes sou levado a crer que o acidente foi realmente um castigo de Deus por ele ter se casado com a moçoila. O senhor acredita que ela era amiga, a melhor amiga, digamos de passagem, da filha dele?

As sobrancelhas de Jean-Paul arquearam-se novamente como quem diz: é mesmo?

Barnaby Hall prosseguiu.

— O senhor disse que veio até Evergreen por causa de Lionel Leconte. Para que exatamente?

— Vim saber mais detalhes a respeito de sua morte.

— Mais detalhes, para quê?

— Para dissipar da minha mente uma vozinha que afirma, desde o momento em que eu soube do acidente, que este não foi um acidente.

O homem prensou as costas contra o espaldar da cadeira.

— O senhor está querendo dizer que...

— Isso mesmo, minha intuição me diz que Lionel Leconte não morreu de morte natural. Não escorregou, foi empurrado.

O homem soltou um assovio agudo e disse:

— Monsieur não vai acreditar, mas essa hipótese passou pela minha cabeça. Ocorreu-me alguns dias depois da tragédia. Havia algo martelando na minha cabeça, querendo me fazer ver algo que eu não me permitia ver, até que então vi. Lionel Leconte conhecia a sua propriedade como a palma da mão. Sendo assim, ele saberia se locomover por ela sem levar sequer um tropeção, não só num dia de forte nevoeiro, como num dia escuro, completamente sem luar. No entanto, naquela noite ele pisou em falso... Por quê? perguntei-me. Ele sabia que era perigoso ir até a ponta do penhasco, ainda mais num dia nevoento como aquele, onde não se podia enxergar quase nada a um palmo do nariz e, no entanto, foi... e pisou onde sabia que não devia pisar.

"Se o senhor pensar bem, não faz sentido. Por que também ele haveria de ir àquela hora, ainda mais em meio a um nevoeiro tão espesso? Sua atitude não foi lógica e Lionel Leconte era o que se poderia chamar de um homem lógico.

"Cheguei a comentar a respeito com minha esposa e ela me disse: 'Ninguém é perfeito. Quantas e quantas vezes não cometemos o mesmo erro que juramos nunca mais cometer, não é verdade? São coisas da alma humana, creio eu.' Suas palavras me deixaram mais tranqüilizado."

— As palavras de sua esposa são pertinentes.

— Deodora é sempre muito pertinente. Um...

Jean-Paul o interrompeu:

— Mas o senhor não se deixou ficar convencido com essa explicação, certo?

— Bem, se eu disser que sim, estarei mentindo. Eu acolhi a explicação de minha esposa por ser prática; no entanto, algo permaneceu na minha cabeça duvidando que essa fosse a explicação real para o caso. Uma vozinha falante, sabe como é...

— Sei. Pois bem, aqui estou eu para apurar o caso. Investigar. Se houve realmente um assassinato, há um assassino à solta e quem matou uma vez pode matar outra, daí a importância, a meu ver, de apurar esse caso e qualquer outro semelhante.

— O senhor tem toda razão, Monsieur. Toda razão. Estou pronto para lhe ajudar no que for preciso. É uma honra tomar parte numa investigação comandada pelo famoso detetive.

O homem suspirou extasiado antes de acrescentar:

— É uma honra para todos nós. Por onde começamos?

— Sugiro o local onde Lionel Leconte sofreu a queda fatídica.

Barnaby Hall levantou-se rapidamente, apanhou o chapéu e disse com muito entusiasmo:

— O local fica dentro da propriedade dos Leconte. Vou levá-lo até lá. Acompanhe-me.

Tudo o que o delegado contou para Jean-Paul durante o trajeto até a propriedade da família Leconte não foi novidade. O relato batia em número, gênero e grau com o que eu havia lhe contado.

Não podia ler os pensamentos de Jean-Paul, mas sabia, pela expressão do seu rosto, que ele finalmente estava me dando cem por cento de crédito.

— Acredita em mim, agora? — perguntei ao pé do seu ouvido. Não esperei pela resposta, sabia que ele não daria, orgulhoso como era.

Para mim, Jean-Paul até aquele momento não descartara a hipótese de ter sonhado tudo aquilo que viveu comigo, de ter sido alvo de um delírio repugnante, uma mera quimera. Agora, no entanto, depois de tudo que ouvira da boca do delegado não restava mais dúvidas para ele de que havia realmente tido contato com um espírito: Eu. E que tudo que eu havia lhe dito era procedente.

Os dois homens logo chegaram ao portão de Chère Maison. A carruagem cruzou o portão da propriedade sem problema algum. Assim que o carro dobrou uma curva, a suntuosa casa surgiu no topo de uma colina cercada por um gramado verdejante e lindos jardins de flores. Jean-Paul deu um longo e agudo assovio de admiração.

Fazia tempo que não via uma construção tão suntuosa, de invejável beleza. Uma cópia fiel da casa que ele um dia quis comprar para viver ao lado da mulher que tanto amou.

Pouco antes deles descerem da carruagem o delegado fez uma sugestão.

— Não seria melhor termos uma palavra com os donos da casa antes de...

— Depois. Primeiro quero ver o local onde ocorreu o acidente.

Ao chegarem à ponta do penhasco, o detetive tomou alguns minutos para admirar o sol que naquele momento irradiava uma coloração difusa e amarelada.

— Bonita vista, não? — indagou Barnaby Hall.

— Sim — respondeu Jean-Paul, alisando carinhosamente o seu cavanhaque.

Voltando os olhos para o local, passeando com eles de ponta a ponta, Jean-Paul comentou:

— Então foi daqui que Lionel Leconte caiu?

104

— Sim. É uma queda e tanto, não? Se Monsieur não tiver vertigem curve-se um pouco, aqui deste ponto, e poderá ver as pedras que ficam ao pé do penhasco onde o corpo foi encontrado.

Jean-Paul tentou curvar-se, mas ao primeiro sinal de vertigem voltou à posição ereta e afastou um passo.

— Brrr! – arrepiou-se.

— É vertiginoso, eu sei – observou o delegado. – Por isso o preveni.

Jean-Paul tornou a se arrepiar e dar mais um passo para trás.

Barnaby Hall soltou um risinho debochado e falou:

— Observe a névoa, Monsieur, como ela já está espessa a essa hora do dia. A noite fica dez vezes pior do que está agora. No inverno, piora.

Jean-Paul observou o fato. O delegado acrescentou:

— E por falar em inverno, pelo frio que já está fazendo, Monsieur, já pode fazer uma idéia do quanto o inverno por essas bandas é gelado.

A seguir Jean-Paul voltou-se para trás e, perguntou, olhando na direção de uma espécie de barracão pintado de branco:

— O que é aquilo?

— É uma estufa de flores. Lionel tinha o hábito de cultivar flores.

A seguir os dois homens examinaram a ponta do penhasco minuciosamente por algum tempo. Então Jean-Paul voltou os olhos na direção da casa da família e disse:

— Falarei agora com os donos da casa.

Assim, os dois homens se dirigiram à suntuosa mansão.

Foram recebidos à porta do grande casarão em estilo georgiano por uma moça de aparência estrangeira. Ela olhou para os dois homens com grande curiosidade antes de dizer:

— Pois não?

O delegado apresentou-se e disse que queria falar com os donos da casa.

— Eu sinto muito, meu senhor – respondeu a moça com um leve sotaque estrangeiro. – Mas Monsieur Theodore e mademoiselle Ludvine não se encontram. Devem voltar para cá somente no próximo fim de semana.

Barnaby Hall voltou-se para Jean-Paul com ares de quem diz: "O que se há de fazer? Eu sinto muito". A seguir o delegado deixou um recado para que os moradores da casa, assim que chegassem, mandassem chamá-lo na delegacia. Agradeceu à jovem e partiu em direção à carruagem que os aguardava.

Jean-Paul se dirigiu até o veículo andando de costas. Com os olhos pregados na fachada da casa, admirando cada detalhe, encantando-se com cada traço.

— Esta casa deve ter sido construída por volta de 1780 — comentou.

— E construída por alguém de muito bom gosto.

Barnaby Hall olhou para a mansão com um sorriso amarelo nos lábios. Era apegado a detalhes, mas não àquele ponto.

Assim que Jean-Paul se aconchegou na carruagem uma pergunta saltou-lhe à boca:

— E agora?

— Bem, ou monsieur aguarda a vinda dos filhos de Lionel a Evergreen ou vai até Londres, onde eles residem e trabalham, fazer-lhes uma visita.

— Irei até Londres amanhã mesmo pelo trem da manhã. Não posso ficar aqui, parado, esperando por eles por quase uma semana. É tempo demais.

— Eu compreendo.

Houve uma breve pausa até que Jean-Paul tornasse a perguntar:

— E agora?

— Por que não conversa com a viúva, a jovem viúva de Lionel? — sugeriu o delegado.

Jean-Paul deu sinais de que havia gostado da ideia.

— O nome dela é Bárbara — explicou Barnaby Hall com notável presteza. — Levarei o senhor até onde ela está hospedada. E o senhor não faz ideia de quem a hospedou.

A seguir o velho delegado contou a Jean-Paul tudo aquilo que eu, William Kamp, já havia lhe contado a respeito de Emma ter abrigado Bárbara em sua casa, no momento em que ela mais precisou da ajuda de alguém. No entanto, Jean-Paul fingiu-se de surpreso o tempo todo durante a narrativa de Barnaby Hall.

Capítulo 11

A carruagem já estava quase parando na frente da casa de Emma Belmondo quando um policial atravessou a rua fazendo sinal para o cocheiro parar o veículo. Aproximou-se da cabine e informou o delegado que estavam precisando dele, urgentemente, na delegacia. Sendo assim, Jean-Paul seguiu sozinho à casa de Emma, para conversar com Bárbara Calandre Leconte.

Assim que o veículo parou em frente à humilde casa, o cocheiro, muito prestativo, foi até seu passageiro e disse:

— Chegamos, monsieur.

O homem, dotado de tamanha gentileza, abriu a porta do carro para o detetive e acrescentou:

— Essa é a casa da senhora Belmondo.

Jean-Paul observou a casa por alguns minutos. Era de fato muito humilde. Enquanto olhava, surgiu por um portão lateral da casa uma jovem carregando uma cesta de vime com algumas tulipas. A moça deveria ter certamente colhido as flores num jardim localizado no fundo da humilde casa, uma vez que no jardim em frente a ela, não havia nenhum canteiro com flores. Só gramado, observou Jean-Paul.

Jean-Paul Godard ficou tão encantado com a graça e leveza da moça que acabou se esquecendo de suas obrigações. Já havia tido a oportunidade de conhecer mulheres encantadoras, mas igual àquela, poucas. A jovem parecia ser dotada de um encanto sobrenatural.

A moça, ao vê-lo, mudou de rumo e seguiu na sua direção. Ele aproximou-se do portão. Parecia que ambos aproximavam-se um do outro com a lentidão de um sonho.

— Como vai? — perguntou Jean-Paul fazendo-lhe uma mesura com a cartola.

A atraente jovem devolveu sua mesura com um sorriso de "seja bem-vindo."

— Pois não, em que posso ajudá-lo? — perguntou ela com voz doce.

Jean-Paul sorriu antes de responder:

— Procuro uma jovem chamada Bárbara...

Ele voltou os olhos para o bloco de anotações antes de completar o nome:

— Bárbara Calandre Leconte.

Um sorriso iluminou a face bonita da moça.

— Bárbara Calandre Leconte sou eu.

— Você?

Ela confirmou com um leve sorriso.

— Em que posso lhe ajudar?

— Bem, eu...

Jean-Paul se atrapalhou com as palavras diante dos olhos grandes e viçosos de Bárbara. Olhos que pareciam ter o poder de privá-lo dos sentidos.

— Meu nome é Jean-Paul Godard. Eu queria falar com madame a respeito da morte de seu marido.

— Pois não, queira entrar.

Ela abriu o portão de madeira para ele entrar. Segundos depois, ambos se ajeitaram nas duas pequenas e gastas poltronas que havia na humilde sala de estar de Emma Belmondo. Jean-Paul estava prestes a dar início ao seu pequeno e particular interrogatório quando Bárbara dirigiu-lhe uma pergunta:

— O senhor, por acaso, é o testamenteiro?

— N-não — gaguejou ele. — Sou um detetive.

— Detetive...

Ele concordou com um sorriso.

— A profissão de detetive deve ser um trabalho muito difícil, não?

— Sem dúvida — respondeu Jean-Paul. — É um trabalho arriscado, pois estamos sempre lidando com assassinos. Assassinos capazes de fazer qualquer coisa para escaparem das autoridades, até mesmo matar novamente, a sangue frio.

Os olhos dela mostraram um ligeiro sinal de perturbação.

— Alguns assassinos, porém — disse ela —, conseguem escapar impunes de seus crimes, não? Sem precisarem, necessariamente, sujar as mãos de novo.

Ele observou-a por instantes antes de responder:

— Sim, acontece. E acontece porque alguns assassinatos tornam-se cada vez mais misteriosos. Com isso torna-se difícil identificar o verdadeiro culpado. A cada camada removida, surge outra logo abaixo. São semelhantes aos mistérios que cobrem a vida: assim que se descobre um, outros surgem.

Ela pareceu gostar da comparação.

Houve uma breve pausa até que ele voltasse a falar. Nessa pausa, Jean-Paul estudou um pouco mais o rosto de Bárbara Calandre Leconte. Era realmente um rosto bonito, bem feito. O nariz, os lábios, os cílios — tudo feito na proporção exata.

Ela desviou os olhos quando percebeu o grande interesse com que ele a olhava. Jean-Paul deu sequência ao assunto.

— A polícia resolveu averiguar uma hipótese que surgiu em torno da morte de seu marido. A hipótese de que sua morte não foi acidental. A hipótese dele ter sido empurrado de cima do penhasco por alguém que tinha a intenção de matá-lo.

— Matar Lionel? — espantou-se Bárbara, agora agarrando firmemente os braços da poltrona. — Quem faria uma coisa horrível dessas? Só se fosse um louco, pois inimigos, ah, inimigos Lionel não tinha. Disso tenho certeza. O senhor mesmo, se tivesse conhecido-o pessoalmente, em pouco tempo descartaria essa hipótese. Ele era a bondade em pessoa.

Ela soltou um suspiro agoniado antes de acrescentar:

— O senhor vai me desculpar, mas essa hipótese não faz o menor sentido. Lionel não pode ter sido assassinado. Foi um acidente, todos sabem, todos concordam. Por que isso, agora? Deixe Lionel descansar em paz.

— Ele descansará assim que apurarmos o caso.

Ela tornou a suspirar, tensa. Jean-Paul retomou a palavra:

— Importa-se de me responder a algumas perguntas sobre o dia e a hora em que a tragédia se deu?

Ela olhou vivamente para ele e, em questão de segundos, voltou a ser a moça simpática e equilibrada que o recebera há pouco. Disse:

— De forma alguma. Estou ao seu dispor.

Jean-Paul deu início ao seu pequeno e particular interrogatório.

— No dia da tragédia, as criadas relataram à polícia que a senhora voltou da estufa por volta das dezenove horas e trinta minutos, correndo, com o olhar assustado como se houvesse visto um fantasma. É verdade?

Bárbara respondeu prontamente:

— Sim.

— O que a deixou tão assustada?

— Um grito! Um grito pavoroso! Eu havia ido até a estufa de flores não só para ver se estava tudo certo por lá, mas também na esperança de encontrar Lionel, que não vira mais desde o entardecer, mas ele não estava lá. Encontrei o local vazio com uma atmosfera sinistra, como fica tudo por lá quando o nevoeiro se intensifica.

"Não sei se o senhor sabe, mas o outono deixa a cerração típica da região mais densa. Torna-se quase impossível enxergar alguma coisa que esteja além de um palmo diante do nariz. A névoa chega a ser tão forte que chega a pregar peças nas pessoas. Faz com que as pessoas vejam pessoas que não estão nos lugares onde pensam que estão. Faz vê-las num segundo e, no segundo seguinte, não. Quando me contaram a respeito, confesso que achei que era um pouco de exagero, mas depois de ver com os meus próprios olhos...

"Os mais supersticiosos dizem que essas visões não são ilusões provocadas pelo denso nevoeiro e sim a visão dos espíritos dos mortos. Sabe-se lá, o fato é que realmente nós vemos, volta e meia, vultos em meio ao nevoeiro e quando perguntamos "Quem está aí?" ouvimos como resposta apenas o som do silêncio.

— Espíritos? — murmurou Jean-Paul sem se dar conta do que dizia.

Bárbara olhou para ele com mais atenção. A seguir perguntou:

— Acredita que isso seja realmente possível, monsieur?

Ao perceber que ele não havia compreendido sua pergunta, Bárbara tratou logo de explicar:

— Digo, que os espíritos dos mortos sobrevivem mesmo à morte e rondam os vivos?

Creio que Jean-Paul me viu em pensamento naquele mesmo instante. Com toda cautela que podia ter para se expressar, ele disse:

110

— Duvidei que isso fosse possível até bem pouco tempo atrás, madame; no entanto, algo, ou melhor alguém me fez mudar de ideia.

— Interessante. Gostaria que me falasse mais a respeito qualquer dia desses.

— Sim, com certeza. Bem, e quanto ao grito que madame ouviu naquela noite, de quem era?

— Eu não sei.

— Era um grito de homem ou de mulher?

— A princípio pensei tratar-se de um grito de mulher, mas depois de saber o que havia acontecido a Lionel, deduzi que o grito partiu dele na hora em que ele...

Ela não conseguiu terminar a frase, voltou os olhos para a janela na direção do céu e lamentou:

— Ainda não consigo acreditar que aquilo tenha lhe acontecido.

Havia lágrimas em seus olhos agora.

— Eu deduziria a mesma coisa — disse Jean-Paul quando achou conveniente. Ao perceber que ela havia se controlado um pouco, prosseguiu: — A senhora não encontrou ninguém nas imediações da estufa nesse dia, àquela hora?

— N-não — ela se interrompeu. — Sim, encontrei sim, uma das criadas, seu nome é Johanna, ela seguia de volta para a casa.

— Havia mais alguém com ela?

— Não. Estava só. Cumprimentou-me cordialmente como sempre fazia e continuou seu caminho.

— O grito que madame ouviu se deu antes ou depois desse encontro?

— Depois. Logo após ter me encontrado com Johanna, fui até a estufa, dei uma olhada em tudo por lá e só quando estava saindo do local é que ouvi o grito.

— Compreendo.

— Cheguei a pensar a princípio que o grito tivesse sido dado por um lunático que entrara na propriedade sem permissão. Alguém disposto a pregar um susto nos moradores. Pensei até em Theodore. O filho de Lionel, meu enteado. Tive a impressão de tê-lo visto por entre as árvores que ladeiam o caminho que leva à estufa quando me dirigia para lá, mas logo descartei a hipótese; afinal, o que haveria ele de estar fazendo ali na propriedade àquela hora, escondido por entre a cadeia de árvores? O que vi e pensei ser ele deve ter sido, na verdade, algum arbusto balançando em meio ao nevoeiro. Como lhe disse, o nevoeiro nos prega peças...

— A que horas a senhora teve essa impressão?

— Deixe-me ver, se saí de casa as 18h30, sei disso, pois consultei o relógio antes de deixar a casa. Devo ter tido a impressão de vê-lo por volta das 18h35, 18h40.

Jean-Paul assentiu, enquanto alisava seu bonito cavanhaque. Bárbara continuou falando:

— Juro que não sei onde estava com a cabeça quando decidi sair naquele dia àquela hora. Fazia tanto frio, mas tanto frio, que me arrependi amargamente de ter posto os pés fora de casa. Se não tivesse dado trela para aquela vozinha mental infernal e latejante dizendo: "Vá até a estufa ver como estão as plantas. Com esse vento gelado, elas podem estar precisando de algo. Vá, vá, vá... Além do mais é bom que saia um pouco, o ar lá fora lhe fará bem. Ficou enfurnada nessa casa o dia todo", certamente não teria saído.

"É incrível como a gente às vezes se vê dominado por essas vozinhas da mente, não? Nos instigando a fazer isso e aquilo. A se comportar dessa ou daquela forma. A odiar alguém. A interpretar o que alguém nos disse de forma totalmente deturpada, não? Essas vozinhas mentais são um horror.

"Elas me lembram Iago, personagem de Otelo*, de Shakespeare."

— Otelo?

— Sim. De Shakespeare. O Senhor certamente já ouviu falar, não?

— Sim, sim, vi uma apresentação teatral alguns anos atrás.

— É uma história fascinante. Bem real, a meu ver.

— Sim, se bem que não estou bem certo se foi Otelo ou Hamlet que vi.

— Otelo conta a história de Iago, um homem venenoso, disposto a levar a discórdia à vida de Otelo, que ele odeia. E para isso, ele o incita a acreditar em coisas que na verdade não existem, mas do modo que fala parece que as coisas aconteceram realmente daquele jeito.

---

*Otelo, o Mouro de Veneza é uma obra de William Shakespeare escrita por volta do ano 1603. Por causa dos seus temas variados — racismo, amor, ciúme e traição — continua a desempenhar relevante papel para os dias atuais, e ainda é muito popular.

Enquanto Bárbara detalhava a história de Otelo, Jean-Paul tornou-se demasiado absorto pela visão da moça; pela graciosidade de seus movimentos e pela musicalidade com que falava. Que voz... Tem som de harpa, comentou consigo, maravilhado.

Levou pelo menos uns trinta segundos até que Jean-Paul percebesse que Bárbara havia se calado e que o olhava de forma curiosa.

— Desculpe-me — disse ele, avermelhando-se. — Desliguei-me por instantes.

Ela emitiu um sorriso de compreensão. Antes não tivesse feito, pois o sorriso deslumbrou Jean-Paul mais uma vez. Mas ele reagiu rápido dessa vez e disse:

— Não, não foi Otelo que vi. Agora estou certo. Foi Hamlet.

— Que também é muito bonito.

Ele concordou com a cabeça, deixando seus olhos mergulharem novamente nos olhos da moça. Levou pelo menos um minuto até que Jean-Paul se desse conta do que fazia e tratasse de se recompor, endireitando inclusive o corpo, que, sem perceber, havia se esparramado pela poltrona. Ele deu uma tossidela, como que para limpar a garganta, mas no seu caso foi mesmo para tirar-lhe o embaraço diante dos seus modos. Só então retomou o assunto:

— Se seu marido foi realmente assassinado, quem, na opinião da senhora, teria feito uma coisa dessas, madame?

— Bem, a meu ver, ninguém. Os filhos estavam brigados com o pai, mas que filho mataria o pai por causa de uma briga boba como aquela que certamente se dissolveria com o passar do tempo?

— E quanto à ex-noiva de seu marido?

— Emma? Emma é incapaz de fazer mal a uma mosca. É lógico que eu só vim a descobrir isso depois que vim parar aqui, na sua humilde casa.

"Ela foi à única pessoa que me estendeu a mão quando mais precisei. Nunca vi tamanha bondade e humanitarismo. Certamente que ela me odiou por eu ter, indiretamente, estragado o relacionamento que ela mantinha há anos com Lionel, ela mesma me confessou isso assim que me abrigou aqui, na primeira noite, mas seu ódio não seria capaz de matar alguém a sangue frio. Eu seria capaz de pôr minha mão no fogo por ela."

– Entendo. Portanto, em sua opinião, não há suspeito algum que poderia ter empurrado Lionel Leconte do penhasco?

– Sim, no entanto...

– No entanto...

– Não faz sentido que ele tenha caído de lá, sabe? Conhecia a propriedade como a palma da sua mão. Sabia onde pôr os pés até mesmo em meio a um nevoeiro pesado como o daquela noite, e se sabia, por que haveria de pisar em falso? Além do mais, o que estava ele fazendo ali, naquele lugar, àquela hora, se não dava para enxergar praticamente nada a um palmo diante do nariz?

"Não estou dizendo que ele tenha sido empurrado, deliberadamente assassinado, estou apenas querendo entender o por quê de estar ali àquela hora em meio àquela neblina horrível."

Jean-Paul absorveu o comentário, acariciando seu cavanhaque. A seguir perguntou:

– Em que condições a senhora se casou com o senhor Leconte, digo, em termos financeiros?

– Fizemos um contrato de casamento.

Houve uma ligeira hesitação antes dela responder. Jean-Paul teve a impressão e eu também de que ela pretendia dizer mais alguma coisa, mas mudou de idéia.

O detetive endireitou novamente o corpo sobre a cadeira antes de perguntar:

– Os filhos do senhor Leconte já estão a par desse contrato?

– Creio que não, uma vez que nunca mais tiveram contato conosco, digo, comigo e com Lionel desde que nos casamos.

– Mas eles logo saberão...

– Sim, sem dúvida. Segundo soube, o testamenteiro está aguardando a vinda deles para cá para tratar do assunto. Acontece que ambos, pelo que soube, tiveram de voltar, urgente, após o funeral, para a cidade onde residem. Por motivos de trabalho. No entanto, soube que eles pretendem regressar para cá para dirimir esse assunto no próximo fim de semana. Por isso pensei que o senhor fosse o tal testamenteiro.

114

Jean-Paul fez um gesto de compreensão. Bárbara acrescentou:

— As pessoas podem pensar que eu me casei com Lionel por causa do dinheiro dele, monsieur. Mas isso não é verdade, nunca foi. Para mim pouco importa o dinheiro. Eu daria tudo o que me cabe para ter Lionel de volta monsieur. Pois eu o amava loucamente.

Ela esticou o pescoço para a frente, aprofundando o olhar sobre o detetive e perguntou:

— O senhor certamente já amou muito alguém, não? Se amou, pode me compreender.

A cor desapareceu do rosto de Jean-Paul no mesmo instante que a pergunta atravessou seus ouvidos. Seus lábios roxearam e tremeram quando ele percebeu que a moça aguardava uma resposta.

Jean-Paul suspirou aliviado ao ver Emma Belmondo abrindo a porta da sua casa e dispersando o assunto que se desenrolava ali. Jean-Paul pôs-se de pé assim que ela entrou e a cumprimentou com uma mesura.

— Madame.

— Monsieur.

Ele tomou a mão da mulher e a beijou. A seguir apresentou-se e disse porque viera. A explicação mexeu visivelmente com a dona da casa. Emma tornou-se visivelmente diferente do que quando chegou ali. Bárbara levantou-se de onde estava sentada e disse:

— Vou deixá-los a sós para que possam conversar à vontade.

Com a mesma delicadeza que impôs na voz, a moça retirou-se do local.

Os olhos de Emma moveram-se ligeiramente aflitos quando ela se sentou na poltrona.

Jean-Paul observou Emma Belmondo por alguns segundos antes de dar início ao seu pequeno interrogatório. Era ainda uma mulher relativamente jovem. E além do mais, era muito bonita. Era na realidade uma pessoa encantadora e simpática, capaz de fazer qualquer homem feliz.

— Gostaria que me falasse um pouco da senhora, madame, do senhor Leconte, da vida que vocês dois levaram juntos até...

Ela assentiu com o olhar e sem delongas se pôs a descrever em minúcias tudo o que viveu ao lado de Lionel. Exprimindo-se como sempre com seu leve sotaque italiano.

Quando percebeu que a mulher já tinha dito tudo o que achava necessário, ele perguntou:

— Se Lionel foi realmente empurrado daquele penhasco, quem, na opinião da senhora, teria feito uma coisa dessas?

— Bem, eu... — Emma Belmondo interrompeu-se quando voltou o olhar para a porta que dava para a cozinha. Seus olhos ficaram atentos e severos. Pelo visto não queria que Bárbara ouvisse o que ela tinha a dizer.

— Ninguém — disse ela, por fim.

— Ninguém?

— Ninguém. Essa hipótese é, na minha mais sincera opinião, absurda. Fora de cabimento. Totalmente fora de propósito. *Non sense.*

A voz de Emma agora soava mais forte e mais segura. Completamente diferente daquela que usara até então para expor os fatos.

— Acha então...

Ela completou a frase por ele, de forma ríspida:

— Que o senhor está perdendo o seu tempo com tudo isso.

As sobrancelhas do detetive arquearam-se diante da resposta e do tom ríspido que a mulher usou para dá-la.

— Gostaria muito que a senhora estivesse certa — comentou ele alisando de leve o cavanhaque —; mas minha intuição continua afirmando que há algo errado em torno da morte de Lionel Leconte.

— Pode investigar, monsieur; pode investigar à vontade, mas suas investigações o levarão a nada, nada que seja deste mundo.

A expressão final soou engraçada aos ouvidos de Jean-Paul e ele, de repente, se ouviu repetindo: "não levarão a nada que seja deste mundo".

— Só mais uma pergunta — continuou o detetive. — Onde estava madame na hora em que a tragédia aconteceu?

Emma tomou alguns minutos como quem faz para recuperar a memória e só então, disse:

— Deveria estar por aí, caminhando...

— Num dia frio como aquele?

— Sim, monsieur. Porém não tão frio quanto o meu interior.

Um sorriso lúgubre surgiu em seus lábios.

Quando Jean-Paul fez menção de partir, Emma voltou-se na direção da cozinha e chamou por sua hóspede.

— Bárbara, o senhor Godard já está indo.

Bárbara voltou para a sala trazendo consigo seu sorriso delicado de sempre.

— Foi um prazer conversar com o senhor — disse ela. — Se precisar de mim para mais alguma coisa, não hesite em me procurar.

Jean-Paul ajeitou a cartola sobre a cabeça, o casaco e partiu. As duas mulheres permaneceram em frente à casa acompanhando com o olhar sua partida.

— Só gostaria de saber — murmurou Bárbara quando teve certeza de que o detetive não poderia lhe ouvir.

— Saber, o quê? — perguntou Emma voltando o olhar para ela.

— Se ele amou uma mulher de verdade, amou uma, profundamente...

Emma voltou o olhar na direção da carruagem que partia levando Jean-Paul antes de responder:

— Amou sim, mas algo saiu errado. Pois seus olhos são tristes, tristes como daqueles que amaram e não puderam viver ao lado de seu grande amor.

Aqueles olhos Emma conhecia muito bem, pois se encontrava com eles toda vez que se via diante do espelho.

Jean-Paul parou um instante para admirar o sol descendo no oeste e a luz de um dourado forte, destacando os tons de verde das copas das árvores, fazendo um efeito maravilhoso sobre a vegetação, tudo, enfim, que havia por ali. Era um começo de noite, calmo e parado, bem inglês, do qual, uma vez provado, se leva saudade aonde quer que se vá. Era bom estar de volta à Inglaterra, com sua garoa fina e seu *fog* tão tradicional, pensou Jean-Paul.

— E então — perguntei a ele, assim que o momento tornou-se apropriado. — O que achou das duas mulheres?

— É muito cedo para falar — respondeu-me Jean-Paul um tanto quanto seco. — No entanto... Tenho quase certeza absoluta de que Emma Belmondo mentiu para mim quando lhe perguntei onde estava naquela noite na hora do acidente com Lionel.

— Mentiu? Tem certeza?!

—Tenho. Minha intuição é forte. Raramente se engana. Vou apurar melhor os fatos e você verá, meu caro William, que minha intuição estava certa desde o início.

— E agora, para onde? — perguntei com certa ansiedade.

— Para a delegacia. Preciso contar ao delegado o que foi apurado.

— E depois?

— Procurar uma pensão para eu dormir. E algum lugar que me sirva um bom jantar. Estou começando a ficar com fome.

Durante o percurso até a delegacia, Jean-Paul tirou de dentro do seu casaco um caderninho e uma caneta-tinteiro onde tentou anotar o que havia apurado. Tentativa em vão. O galope dos cavalos tornavam impossível qualquer anotação sem que a letra saísse um garrancho. E garrancho era uma das coisas que Jean-Paul mais abominava.

A conversa com o delegado Barnaby Hall terminou com o homem indicando uma pensão, a única da cidade, para o detetive passar a noite. Nela ele também poderia jantar. A cidade não dispunha de restaurantes, senão o da pequena pensão. Diante da falta de opção, bateu em Jean-Paul, uma saudade de Paris, Milão, Londres, da variedade de restaurantes, bistrôs, padarias, até mesmo botequins que essas cidades ofereciam aos seus moradores.

Trinta minutos depois Jean-Paul havia finalmente se instalado na modesta pensão. Um casarão situado numa sossegada praça de Evergreen que havia sido transformado em pensão pela dona da casa, mais por necessidade financeira do que por amor ao trabalho.

O quarto pelo menos era limpo, imaculadamente limpo, forrado com uma fazenda estampada muito alegre. A dona do lugar, pouco antes de deixá-lo a sós no aposento, certificou-se se estava tudo em ordem, e do agrado dele. Jean-Paul teve a impressão de que se ele não demonstrasse cansaço ela não partiria tão cedo, ficaria ali trazendo à baila qualquer assunto só para jogar conversa fora. Depois de avisá-lo que dentro de vinte e seis minutos, precisamente, o jantar seria servido, a dona da pensão finalmente partiu, deixando-o entregue aos seus próprios pensamentos.

A refeição foi servida com pontualidade britânica. Uma refeição bem inglesa no que tinha de pior. Batatas mal cozidas, empedradas, um horror. Para Jean-Paul, que estava acostumado com o requinte da cozinha francesa e italiana, aquilo foi definitivamente o que se pode chamar de uma prova de sobrevivência.

Depois do jantar, Jean-Paul voltou para o seu quarto onde ficou debruçado na janela olhando a pequena praça que ficava do outro lado da rua. Pensando na vez em que viu sua amada pela primeira vez, uma jovem de cabelos cor de avelã, correndo por um gramado bonito e esverdeado. Belíssima num longo vestido branco e esvoaçante. Provocando-lhe aquela sensação gostosa de alegria e admiração.

— No que está pensando? — perguntei.

Ele respondeu-me sem movimentar um músculo.

— Estava pensando no passado, na mulher que tanto amei.

— Quem foi ela, Jean-Paul?

— Alguém que não vale a pena nem sequer mencionar seu nome, meu caro William. Alguém que faz parte do passado. E do passado devemos esquecer.

Capítulo 12

Encontrei Jean-Paul na manhã seguinte com uma cara boa. Tomando o café da manhã com entusiasmo. Sem fazer reclamações e observações quanto ao atendimento e o que lhe era servido.

— Pelo visto você teve uma excelente noite de sono, hein?

Ele consultou os arredores para ver se não havia ninguém por perto e só então me respondeu, num quase sussurro:

— Tive mesmo.

— E o que pretende fazer hoje?

— Pretendo tirar o dia de folga.

— Você?

— Sim. Quero passear pelos arredores de Evergreen. Relaxar um pouco o corpo e a mente. Gostei do lugar. Apesar de simples, é aconchegante, bonito.

— E quanto à entrevista com os filhos de Lionel?

— Decidi entrevistá-los aqui mesmo em Evergreen quando eles chegarem no fim de semana. Não estou com um pingo de vontade de ir a Londres no momento. Faz tempo que estou precisando dar uma parada para descansar e acho que Evergreen é o lugar ideal para isso. Você não acha?

— Sim, não... sei lá. Quer dizer que você vai ficar a semana toda por aqui descansando?

— Vou. Não é surpreendente?

— Isso não está me cheirando nada bem.

— Ora, por que não, meu caro William? Sou um ser humano, não sou um homem de ferro. Sabe quanto tempo não tiro umas férias, bem, deixe-me ver...

Foi só nesse momento que Jean-Paul percebeu que a dona da pensão estava parada há poucos metros dele olhando para ele com grande espanto. Ele avermelhou-se até a raiz do cabelo, limpou mais uma vez a

120

boca no guardanapo, sorriu, um sorriso amarelo como nunca, levantou-se e disse:

— Tenho o hábito às vezes de falar sozinho.

A mulher soltou um sorriso esquisito. Um grunhido propriamente dito.

Antes de Jean-Paul se retirar achou por bem fazer um elogio:

— O café da manhã, madame, estava *magnifique! Mes compliments! Mes félicitations.*

Sem mais, Jean-Paul deixou a sala.

— Está vendo o que você me fez passar? — disse-me Jean-Paul, entre dentes. — Nunca mais converso com você em local público. Daqui há pouco, de tanto me verem falando sozinho, vão pensar que eu enlouqueci.

— Desculpe-me, mas... Vamos lá, diga-me, o que fez você tomar essa decisão repentina? Duvido que tenha sido somente a beleza de Evergreen ou a necessidade de descansar um pouco. Para mim, tem dente de coelho nessa história.

Jean-Paul não me dirigiu mais a palavra, apenas deu de ombros e continuou andando, assoviando agora uma famosa canção francesa. Dali partiu para a delegacia, com o intuito de deixar o delegado a par da sua decisão, e depois saiu para caminhar pela cidade. Sem destino certo, meramente ao acaso.

Passava pela avenida quando seus olhos avistaram Bárbara Calandre carregando um bonito cesto de flores. Ao vê-la, Jean-Paul bateu de leve na aba da cartola e fez uma mesura.

— Monsieur Godard?

— Como vai?

— Bem, e monsieur?

— Bem também.

Ele voltou os olhos bonitos para a cesta de vime cheia de tulipas e comentou:

— É a segunda vez que a vejo carregando flores.

— É, digamos, o meu trabalho. Venho vendendo flores para ganhar algum trocado. Foi a própria Emma quem me deu a ideia e eu gostei. Não posso ficar parada, monsieur. As coisas custam dinheiro e do jeito que eu me encontro agora, sem nenhum centavo, não dava para ficar parada. Tenho pelo menos que pagar pela minha comida. Não seria justo sobrecarregar Emma com minhas despesas. O que ela ganha mal dá para ela pagar as dela.

— Espero que a sua situação melhore.

— Eu também.

— Vai melhorar, com certeza, assim que madame receber sua parte na herança.

— Provavelmente.

Os lábios de Jean-Paul moveram-se, mas nada foi dito. Parecia em dúvida se deveria ou não dizer o que estava prestes a dizer.

— Eu, bem... — gaguejou e no segundo seguinte engasgou, avermelhando-se todo.

A voz de Bárbara, linda e musical penetrou o embaraço de Jean-Paul e dissipou-o.

— O senhor não ia a Londres falar com os filhos de Lionel?

— Ia, mas...

Jean-Paul explicou por que mudara de ideia.

— Fez muito bem, monsieur. Ninguém pode viver só de trabalho.

Jean-Paul manteve-se em silêncio por um longo tempo e depois voltou a falar como se não tivesse ocorrido qualquer intervalo:

— Se importaria de... — ele se atrapalhou com as palavras. Sorriu tão sem graça que sentiu vergonha de si mesmo por tamanho embaraço. Desviou os olhos, sentindo dificuldade para encará-la novamente. Quando finalmente recuperou a voz, ela soou embotada e vazia:

— Se importaria de jantar comigo essa noite?

— Jantar?

— É... se não se importar, é lógico. É um convite.

— Está bem. A que horas?

— Às vinte horas em ponto. O que acha, está bom?

— Está.

— Eu mando uma carruagem ir buscá-la.

— Estarei esperando.

Confesso que fiquei surpreso com o convite de Jean-Paul. Jamais pensei que ele suspeitasse da moça a ponto de querer ter uma nova conversa com ela, a sós, a respeito do caso e assim tão rápido.

Às vinte horas e quinze minutos Jean-Paul e Bárbara estavam sentados a uma mesa junto à lareira na pequena sala da pensão reservada para a refeição dos hóspedes. Eu, William Kamp, também estava ali, observando os dois, invisível a seus olhos como de hábito.

– *Merci d'être venu(1)* – disse ele assim que os dois se assentaram à mesa.

Ele estava prestes a traduzir, quando Bárbara disse:

– *De rien je vous en prie(2).*

– Fala francês?

– Sim. Desde meninota. Foi sempre minha língua preferida.

Um sorriso enviesou os lábios do francês, novamente.

A seguir Bárbara perguntou ao detetive o que estava ansiosa por saber:

– Monsieur, trouxe-me aqui esta noite para saber mais sobre a morte de Lionel, não foi? O que quer saber?

– Não, em absoluto. Hoje estou de folga. Quero falar de tudo menos a respeito de investigações.

Ela sorriu. E se ateve a olhar para ele com profundidade.

– O que foi? – perguntou ele, encabulado.

– Estava admirando seus olhos. São muito bonitos.

– *Merci beaucoup(3).*

– Os olhos são a janela da alma, sabia?

– Acredita mesmo nisso?

– Sim. Por meio deles pode se ver o que se passa no coração de um indivíduo. Nos seus, por exemplo, posso ver uma grande tristeza, pois seus olhos são inundados de tristeza.

– Nunca alguém havia...

– Observado o fato?

– Sim.

– Todos pensam que ninguém vai se dar conta do que revelam nossos olhos, mas há sempre alguém que percebe...

– Alguém como madame?

Ela sorriu.

– Será que toda tristeza que inunda seus olhos brotou de um amor impossível?

Jean-Paul baixou os olhos. Bárbara acrescentou:

– Em cada amor impossível há sempre uma grande lição para nós, sabia?

---

(1)"Obrigado por ter vindo." (2)"Não há de que." (3)"Obrigado." Em francês. (N. A.)

— Acredita mesmo?

— Sim. Creio piamente que a vida é feita de lições. De tudo na vida se tira algum aprendizado que serve para engrandecer a sua pessoa, o seu caráter, a sua alma. Se é que me entende.

— Madame diz coisas profundas.

— A vida é feita de coisas profundas, Monsieur Godard.

Ele se afundou na cadeira e balançou a cabeça com uma expressão meio cômica. Ela prosseguiu:

— Quando percebi que gostava de Lionel acreditei que o meu amor por ele seria impossível de acontecer, sabe? Creio que Lionel pensou o mesmo quando se descobriu apaixonado por mim e, no entanto, provamos que um amor impossível pode ser possível.

A voz dela ressoava linda e profunda agora.

— O amor está sempre disposto a nos surpreender, não é incrível? Eu, desde que comecei a namorar com Anthony, meu único namorado antes de Lionel, jamais pensei que haveria um dia de me separar dele. Acreditei piamente que nos casaríamos e viveríamos juntos até o final das nossas vidas, ainda que...

Ela parou, Jean-Paul perguntou:

— Ainda que...?

— Ainda que não o amasse tanto quanto ele me amava. Eu gostava dele, o que é bem diferente de amar, pelo menos penso assim. Era um bom sujeito. Mas não para me casar, compreende? Para nos casarmos com alguém tem de haver amor, encanto, uma tremenda admiração... E isso tudo eu só encontrei em Lionel.

"Pobre Anthony, deve ter sofrido muito com a nossa separação. Não é fácil amar alguém e, de repente, esse alguém, lhe dizer que acabou. Que foi um equívoco, uma precipitação da sua parte."

Seu olhar tornou-se vago, perdido no nada, assim que ela pronunciou a última palavra.

— Amar é quase uma dor — balbuciou ela.

— Sim, é quase uma dor.

Ele voltou novamente à atenção para a mão esquerda dela, onde a aliança de casamento permanecia em seu dedo anelar. Ao perceber que ele olhava para lá, Bárbara disse:

— Essa aliança foi tudo o que restou do nosso amor. Em termos materiais, é lógico.

— Madame vai continuar usando-a?

— Sim. Não vejo por que não. Bater os olhos nela é mais um bom motivo para me lembrar de Lionel.

Jean-Paul aguardou alguns segundos antes de fazer a pergunta que formigava agora na ponta de sua língua:

— Como foi para madame descobrir que estava amando um homem bem mais velho que você?

— Chocante a princípio, depois... tão tranquilo quanto uma tarde de primavera.

"Pergunte a ela", sugeri, baixinho, no ouvido de Jean-Paul, "como foi para ela abrir mão da maternidade?" Jean-Paul não compreendeu de imediato minha pergunta, mas a fez mesmo assim.

— Como assim? — perguntou Bárbara, procurando compreender aonde o detetive queria chegar.

Jean-Paul se viu perdido, sem saber o que responder. Soprei então em seus ouvidos a pergunta seguinte a qual ele passou adiante:

— Lionel, certamente, pela idade, não estava mais disposto a ter filhos, e isso deve ter deixado madame muito deprimida. Afinal, o sonho de toda mulher é gerar seus filhos, pelo menos um, não?

Ela encarou o detetive com ares de espanto.

— Quem lhe disse isso? — perguntou, franzindo o cenho.

Jean-Paul estremeceu por baixo de suas vestes. Teria Bárbara ouvido a voz de William, perguntou-se. Poderia, por que não? Se ele podia ouvir o espírito de William, Bárbara também poderia. Segundo os estudiosos sobre a vida dos desencarnados muitos podiam ouvir, ver e sentir a presença dos espíritos.

A voz de Bárbara atravessou seus pensamentos, dizendo:

— Lionel jamais se opôs a ter um filho comigo, Monsieur Godard. Se alguém lhe disse isso, é a mais pura mentira. Ele sabia o quanto um filho seria importante para mim, o quanto isso me faria feliz e, por isso, estava disposto a me dar não somente um filho, mas quantos pudéssemos conceber em vida.

Vi Jean-Paul fuzilar-me com os olhos por tê-lo incitado a fazer tal pergunta.

Nisso os pratos pedidos chegaram à mesa e o assunto se dispersou. Enquanto esperava a sobremesa, Jean-Paul quis saber:

— E a venda de flores, como vai?

— Razoavelmente bem. Não dá para lucrar muito, mas pelo menos consigo pagar minhas refeições com o pouco que ganho.

— Estimo. Eu estava pensando aqui com os meus botões e, bem, já que madame está precisando ganhar algum dinheiro, pensei em contratá-la para me mostrar a vizinhança. Ser um tipo de guia turístico meu, particular. Creio que você está bem a par de tudo que há na região que possa interessar um visitante assim como eu, não?

— Estou. Lionel fez questão de me levar a todos os lugares que, na sua opinião, valia a pena eu conhecer. Levou-me para ver não só paisagens como cidades vizinhas de Evergreen.

— O que acha da minha proposta, aceita?

— Mas eu não posso cobrar por isso, monsieur.

— Como não? Madame está precisando de dinheiro e eu estou disposto a pagar a alguém para isso.

— Se monsieur acha uma boa ideia, está bem, aceito ser sua guia turística. Só há um porém, chame-me de você, de Bárbara, simplesmente, por favor.

Ele assentiu, sorrindo.

— Por onde devemos começar? — perguntou ele, a seguir, coberto de empolgação.

— Já sei. Pela praia que vai dar no penhasco onde fica a casa da família Leconte.

— Ótima ideia. A que horas daremos início ao nosso tour?

— Que tal a partir das nove e meia da manhã?

— Nove e meia? Ótimo. Está combinado.

— Assim teremos tempo de visitar outros lugares no período da tarde.

— Fechado.

A conversa a seguir girou em torno de banalidades enquanto eles degustavam de um insosso pudim de pão com calda de caramelo. Insosso na opinião de Jean-Paul obviamente.

Ao término do jantar, o detetive se prontificou a acompanhar Bárbara até sua casa. Ela aceitou, desde que fossem a pé. Era da opinião que não havia nada melhor para fazer a digestão do que uma boa caminhada após as refeições. Os dois seguiram pelas ruas de Evergreen jogando conversa fora, parecendo amigos de velhos tempos. Antes dela entrar na casa, Jean-Paul disse:

— Não se esqueça. Estarei aqui amanhã às 9h30 como combinado.

— Estarei esperando pelo senhor, Monsieur.

Ele sorriu, disse "boa-noite" e partiu a pé de volta para a pensão.

Ao entrar na casa, após se despedir de Jean-Paul, Bárbara encontrou Emma sentada na sala, parecendo que a esperava.

— Emma? Você acordada até essa hora?

— Estava curiosa para saber como foi a noite.

— Foi ótima. Monsieur Godard é uma excelente companhia.

— Que bom...

Emma suspirou e disse:

— Ah, se eu pudesse ter minha juventude de volta! — Havia uma certa nostalgia em sua voz agora. — Faria tudo diferente do que fiz. Infelizmente percebemos muito tarde as besteiras que cometemos. Tarde demais para repará-las.

Emma reclinou-se, balançando a cabeça, pensando ainda no que acabara de dizer.

— É tão difícil vivermos sem arrependimentos — acrescentou ela, segundos depois.

— Eu não me arrependo de nada do que fiz — afirmou Bárbara, ocupando a outra poltrona da humilde sala.

— Então considere-se uma privilegiada, Bárbara. Uma privilegiada — elogiou a dona da casa levantando-se para ir para a cama. As duas trocaram um "boa noite" e antes de Emma se recolher em seu quarto, ela olhou tristemente para a sua hóspede. Como se sentisse imensa pena dela. Dó, lamento.

Jean-Paul Godard chegou à pensão aquela noite assoviando alegremente. O mesmo assobio que levou consigo desde que deixara Bárbara Calandre em casa.

Foi só nesse momento que eu entendi o que se passava com Jean-Paul, ou melhor, com o coração de Jean-Paul.

— Você por acaso está arrastando asinhas para cima da viúva?

— Bobagem. Quis ser gentil apenas com ela. Ela é tão agradável, tão...

— Bonita?!

Jean-Paul ficou rubro.

— Bonita, sim, não resta dúvida. Mas não a convidei para jantar por causa da sua beleza, tampouco por causa da sua simpatia. Mas porque senti, quando a encontrei na rua esta tarde, que ela precisava de um pouco de companhia, precisava de alguém para desabafar.

Soltei um risinho cínico antes de falar em tom de deboche:

— Não sabia que era tão solidário assim para com as pessoas. Especialmente para com as moças.

Ele voltou-se para mim, fez uma careta e voltou a assoviar alegremente. Debruçou-se no parapeito da janela do quarto e deixou os olhos se perderem na imensidão do céu. Que tolo havia sido eu para não perceber quais eram as reais intenções de Jean-Paul por trás de sua repentina amabilidade com a moça. Vi, então, algo que até aquele momento me passara totalmente despercebido.

— É por causa dela, não é, que você decidiu ficar em Evergreen? — perguntei, a seguir.

Jean-Paul não me respondeu à pergunta, como eu já esperava.

— Mas que danado — sibilei, tomado de indignação e certa revolta comigo mesmo. — Eu achei mesmo que você tinha se encantado por ela, mas não pensei que fosse tanto.

A voz dele se sobrepôs à minha:

— Não vou negar que Bárbara despertou algo dentro de mim, William. Algo que há muito não sinto por uma mulher.

Num segundo ele soltou um suspiro e, no outro, endireitou o corpo, limpou a garganta e disse:

— Mas fique tranquilo, meu caro William, fique bem tranquilo, pois jurei para mim mesmo que jamais viria a me apaixonar outra vez. No caso de Bárbara, só estou querendo ser gentil com ela, só isso. Pode ficar tranquilo.

É obvio que Jean-Paul estava dizendo aquilo mais para si mesmo do que para mim.

— Foi tão doloroso assim o seu último relacionamento com uma mulher? — perguntei a seguir.

— Foi... se foi... Na época eu não sabia, mas agora sei que a paixão quer corações arruinados. Para se divertir depois por ter nos feito tanto estrago.

— Quem foi ela, Jean-Paul? Quem foi essa mulher por quem você se apaixonou a ponto de nunca mais querer se apaixonar outra vez?

— Eu já lhe disse, William, ela faz parte do passado. E do passado devemos esquecer.

No dia seguinte, como combinado, lá estava Jean-Paul em frente à casa de Emma Belmondo para apanhar Bárbara Calandre.

Bárbara usava um belíssimo vestido em tom lilás e um gracioso chapéu para se proteger do sol. Jean-Paul perguntou assim que a moça chegou ao portão:

— Devemos pegar uma carruagem ou...

— Podemos ir a pé, se quiser — opinou ela. — Caminhar faz bem e o caminho é bastante aprazível. Monsieur vai apreciar muito melhor o caminho indo a pé do que de carro.

— Sugestão aceita.

O passeio foi agradabilíssimo. Não poderia ter sido melhor. Em nenhum momento Jean-Paul falou sobre a morte de Lionel com Bárbara, tampouco ela citou o assunto. O assunto foi puramente sem vínculo algum com o caso ou com a profissão de Jean-Paul.

Quando os dois chegaram de volta à casa de Emma, Jean-Paul agradeceu imensamente pelo passeio e pagou Bárbara por seus préstimos. Os dois combinaram de ir no dia seguinte visitar Blue River. Combinaram até mesmo a hora que deveriam se encontrar na estação para não perderem o trem que os levaria até a cidade.

Na manhã do dia seguinte, exatamente na hora marcada pelos dois, ambos se encontraram na estação de trem. Bárbara Calandre parecia-me bem mais alegre e vivaz do que o normal.

Foi também um dia cheio de atividades e muita diversão. Um dia como poucos. Para se guardar para sempre na memória.

Jean-Paul voltou à pensão aquela noite sem conseguir tirar Bárbara da cabeça. Relembrando cada palavra que ela havia dito durante o passeio, cada trejeito seu, cada momento em que seus olhos lindos se encontraram com os dele.

Minha voz atravessou seus pensamentos.

— Você está se apaixonando por Bárbara, não é mesmo, Jean-Paul? Ou melhor, já está apaixonado.

— Ora!

— Admita. Para que esconder?

– Eu...

– E se ela for uma assassina? Não se esqueça que ela é uma das suspeitas de ter cometido o crime.

– Não! – a negação saiu quase que num berro. – Não, de novo, não.

– Então foi por uma assassina que você se apaixonou no passado, por isso abomina tanto o amor, não é mesmo?

– ... – os lábios dele se entreabriram, mas nenhuma palavra conseguiu atravessá-los.

– Quem essa mulher que você tanto amou assassinou, Jean-Paul?

– Ela assassinou o amor que eu sentia por ela, assassinou sem dó nem piedade.

– O que houve com ela?

– Casou-se com outro.

– Eu faço idéia o quanto você deve tê-la odiado depois do que ela lhe fez.

– Recusei-me a odiá-la, mas foi em vão, o ódio me venceu.

– Eu compreendo, acredite-me. A dor foi tanta que você desde então fez o possível e o impossível para nunca mais se deixar encantar por uma mulher, não é mesmo? Por isso que desde então só procura prostitutas, porque elas jamais podem partir o seu coração, não é isso?

Ele fechou o cenho. Eu ri. Acrescentei:

– Engraçado, não é que mesmo depois de termos sofrido por amor ainda assim somos fracos diante dele? A dor não é suficiente para o repelirmos de nós novamente. Um dia o amor sempre volta. Um dia o amor sempre vence. Triunfa no final. No eterno remoçar da vida.

"Essa mulher que você tanto amou, Jean-Paul, teve filhos?"

– Sim. Dois. Um menino e uma menina.

– Vocês nunca mais se viram?

– Não.

– Não bate em você, vez ou outra, a saudade, o desejo louco de querer revê-la?

– No passado, sim, hoje não mais.

– O que aconteceria se você cruzasse com ela hoje? Como reagiria?

– Isso seria impossível.

– Ora, por quê?

– Por que ela está morta, William. Por que ela está morta.

Capítulo 13

No quinto dia de estada de Jean-Paul em Evergreen, Bárbara levou o detetive para conhecer Wastelands, outra das cidades que ficava próximo a Evergreen. Foi também um dia agradável e memorável.

O sexto dia de Jean-Paul em Evergreen foi de todos o mais calmo. Bárbara não pôde levá-lo a lugar algum, uma vez que nesse dia a moça trabalhava como diarista na casa de uma senhora em Blue River. Não podia faltar do seu compromisso, não só porque seria um desrespeito para com a gentil senhora que lhe dera o emprego, mas também porque o dinheiro que ganhava lá era, pelo menos, dinheiro certo. Ficou combinado então que os dois jantariam à noite. Sugestão que partiu obviamente de Jean-Paul Godard.

Visto que não tinha nenhum compromisso para o dia, Jean-Paul decidiu ir à praia caminhar um pouco. Estava tão romântico que pela primeira vez lembrou-se de me convidar para ir junto com ele.

Caminhávamos pela praia que terminava nos pés do penhasco onde ficava a residência dos Leconte, quando avistamos Emma Belmondo caminhando descalça pela areia, em nossa direção.

Tive a impressão por instantes de que ela havia me visto, mas no momento seguinte descartei tal hipótese, fora apenas impressão da minha parte. Se bem que muitas pessoas veem os espíritos, mas fingem para si mesmos não estarem vendo nada para não pensarem que estão tendo alucinações ou ficando fraco das ideias.

— Bom dia, monsieur.

— Bom dia, madame.

— Como vão as investigações? Algum progresso?

— Até então, nada relevante — respondeu Jean-Paul em meio a uma careta.

— Fez muito bem em ter convidado Bárbara para jantar outro dia e servir-lhe de guia turístico. A pobrezinha, desde a tragédia, nunca mais saiu de casa para nada. Nunca mais recebeu a atenção de ninguém como o senhor vem lhe dando desde que aqui chegou. O calor humano, a atenção, é muito importante para uma jovem nas condições dela.

— A senhora se preocupa muito com ela, não?

— Sim, de fato. Como lhe disse, passei a ver Bárbara com outros olhos depois que a abriguei em minha casa.

Ela sorriu, ligeiramente, e se despediu.

— Até logo.

Ele correu atrás dela e disse:

— Importa-se se eu caminhar com a senhora?

— Será uma boa companhia.

Os dois seguiram lado a lado. Após Jean-Paul enxugar o leve suor de sua testa com um lenço bonito, ele disse:

— Já que estamos aqui a sós, quero aproveitar para esclarecer algumas dúvidas que me surgiram na cabeça depois que conversamos aquele dia.

— Pois não, monsieur. Sou toda ouvidos.

— A senhora me disse que no dia da tragédia, no exato momento em que ela ocorreu, estava passeando por aí. Poderia ser mais precisa, contar-me com detalhes, por onde andou?

Emma ponderou por instantes, por fim confessou com tenacidade:

— A resposta à sua pergunta naquele dia foi totalmente mentirosa da minha parte, Monsieur Godard.

O detetive arregalou os olhos ligeiramente.

— Eu tive de mentir, monsieur, e o senhor logo compreenderá por quê.

Jean-Paul avalizou sua coragem de se expor.

— Aquela noite eu estava acompanhada, acompanhada de um homem com quem venho me relacionando recentemente. Não quis dizer nada porque ele é casado e essa revelação poderia trazer-lhe muitos problemas. Ponho o senhor a par agora de toda a verdade porque consultei meu amante e ele permitiu que eu lhe contasse. Prontificou-se até mesmo a falar com o senhor, desde que mantenha sigilo absoluto sobre sua pessoa e o nosso caso. O que me diz, monsieur?

132

Ela colocou uma pequena ênfase na palavra "caso".

— Vou querer falar com ele, sim. E posso garantir-lhe que manterei sigilo absoluto de sua pessoa e do caso que vocês estão tendo.

Ela sorriu, satisfeita.

Jean-Paul afrouxou um pouco o colarinho com cuidado para não desfazer a gravata em laço antes de voltar a falar:

— Aquele dia em que conversamos, a senhora se exaltou diante da possibilidade de Lionel ter sido assassinado. E tive a impressão de que iria me contar alguma coisa, mas mudou de idéia. Teve receio de que Bárbara a ouvisse, não foi?

— Oh! — A cor voltou à face de Emma Belmondo e só então percebi como ele estava pálida antes. Ela falou, devagar, tropeçando nas palavras, como uma mulher velha, muito velha:

— O senhor tem razão. Achei que seria muito chato se ela me ouvisse opinar. O senhor me perguntara quem, na minha opinião, poderia ter matado Lionel e me ocorreu somente uma pessoa nesse caso: Bárbara Calandre. Sei que não foi ela. Estou certa disso como dois e dois são quatro, mas é que... bem, ela seria a única que teria um motivo realmente plausível para cometer o assassinato.

— E que motivo seria este, se me permite perguntar?

— Um motivo que só uma alma feminina pode compreender, monsieur. Quando uma mulher ama um homem, entrega-se a ele por inteiro, de corpo e alma. No entanto, quando ela descobre que ele não a ama reciprocamente, que ama outra, ainda que essa outra esteja morta, essa mulher é capaz de...

— Matar?

— Talvez...

— Então a senhora também acredita que Lionel...

— Ainda amava a esposa que perdeu logo no início de casado e que se casou com Bárbara por ela lembrar muito sua esposa falecida? Sim. Acredito piamente. Bárbara pode não ter percebido isso no começo. Por mais que alguém lhe tenha avisado, não quis acreditar, mas quando soube que era verdade, deve ter se revoltado muito. Nenhuma mulher gosta de saber que não é amada pelo que ela é, por suas qualidades. Que na verdade nem é vista pelos olhos do homem amado.

133

— Então, para madame, Bárbara tinha um bom motivo para matar Lionel Leconte?
— Sim, de todos, o motivo mais plausível para isso. Mas depois de abrigar Bárbara Calandre em minha casa e conhecê-la mais de perto, sei que ela é incapaz de matar um mosquito. É totalmente inocente. As suspeitas podem até cair sobre ela, mas trata-se apenas de uma coincidência. Bárbara não matou Lionel, disto estou certa, tão certa quanto do fato de que Lionel não foi assassinado.
— Continua acreditando nisso?
— Piamente. Para mim Lionel caiu do penhasco por descuido, um passo em falso como foi concluído por todos, desde o início.

Jean-Paul refletiu por um momento e depois disse:
— Acredito na senhora quando afirma que Bárbara é inocente; afinal, ninguém abrigaria em sua própria casa uma pessoa que julgasse ser um assassino.
— A não ser — ponderou Emma Belmondo num tom de voz diferente. — A não ser que essa pessoa fosse louca, monsieur.

Ele ergueu as sobrancelhas, surpreso. Ela riu de forma curiosa.

Naquela noite, Jean-Paul estava impossível. Nunca o havia encontrado tão elétrico. Parecia uma jovem ansiosa para ir ao seu primeiro baile.
— Pronto — falou dando os últimos retoques na gravata.

Antes de deixar o quarto, Jean-Paul parou em frente ao espelho para ajustar a gola, a gravata e certificar-se de que o cabelo estava devidamente penteado.

Tudo no seu devido lugar, simetricamente no devido lugar, constatou em meio a um sorriso largo e bonito. Como sempre, seu coração envaideceu-se de aprovação diante de seu requinte. Ele tinha orgulho de sua aparência, do modo apurado que se vestia e se cuidava.

Jean-Paul deixou o pequeno hotel, ou melhor, a pensão, para ser mais exato, onde estava hospedado, com um sorriso de adolescente nos lábios. Era a própria expressão do adolescente que vai ao seu primeiro encontro com a namorada.

Levantou a gola do sobretudo, pois a noite estava fria.

Ao chegar em frente à casa de Emma Belmondo, puxou o lenço do bolso e deu uns tapinhas na opulenta face para tirar qualquer gota de suor que por acaso estivesse ali.

— Agora sim — murmurou e só então bateu a porta.

O rosto bonito e bem escanhoado de Jean-Paul abriu-se num sorriso assim que Bárbara Leconte foi ao seu encontro.

— Olá, Monsieur Godard.

Jean-Paul tomou-lhe a mão e a beijou efusivamente.

Enquanto Bárbara atravessava o portão e dizia algumas palavras, uma recordação voltou à mente de Jean-Paul. Era como se ele já tivesse visto aquela cena antes, um *déjà vu.* *Só que ao invés de Bárbara era a mulher por quem ele se apaixonou pela segunda vez na vida, a mulher que por trás de seu rosto meigo e angelical escondia-se uma assassina de sangue frio, capaz de tudo para alcançar seus objetivos. Até mesmo manipular os sentimentos de um homem para pô-lo a seu favor.

— Monsier Godard — chamou Bárbara notando sua ausência.

Ele sorriu constrangido.

— Sim, vamos — respondeu sem perceber que sua resposta nada tinha a ver com o que ela falara até então.

Enquanto caminhavam Jean-Paul lançou um olhar furtivo para a jovem, para ver se ela tinha percebido seu nervosismo, mas para a sua tranquilidade ela parecia indiferente àquele pequeno detalhe.

Os dois falavam baixinho um com o outro, como se estivessem cochichando. Foi mantido o mesmo tom durante o jantar na pensão. Enquanto Bárbara falava, Jean-Paul olhava para ela com a típica face de um adolescente que se vê diante do primeiro encontro com o sexo oposto.

A timidez de Jean-Paul se fazia presente, assim como eu, William Kamp. Invisível, logicamente, aos olhos do casal. Ainda que Jean-Paul pudesse me ver ele não me veria, não com os olhos tomados de interesse e encantamento por sua acompanhante, Bárbara Calandre.

Mantinha-me invisível também aos olhos da dona da pensão que naquele momento voltava-se para a cozinheira e dizia em tom confidencial:

— Já vi tudo — a voz soou como um resmungo. — Essa aí é rápida.

---

*Déjà vu é uma reação psicológica fazendo com que sejam transmitidas ideias de que já se esteve naquele lugar antes, já foram vistas aquelas pessoas, ou outro elemento externo.

Ela certamente se referia a Bárbara.

– O corpo do marido nem esfriou e ela já está jogando charme para outro. Quer saber de uma coisa? Certa é ela. Eu fiquei enclausurada dentro dessa pensão, com olhos voltados só para o trabalho depois que meu marido morreu e o que ganhei em troca em termos afetivos? Nada! Podia ter sido diferente, aberto os olhos para um novo amor, jogado todo o meu charme para conquistá-lo. Viver um novo casamento.

A empregada olhou para a patroa com cara de quem se pergunta: "que charme?"

Eu mesmo me fiz a mesma pergunta. A mulher era grandalhona, com gestos bruscos, não tinha um pingo de feminilidade. Se não fosse o cabelo armado, a pintura sobre o rosto, o colar, os anéis e as pulseiras exageradas ela passaria por um homem sem sombra de dúvida. Na minha opinião, ela teria de se esforçar muito para conseguir um segundo marido.

Enquanto isso a intimidade entre Bárbara e Jean-Paul crescia. Era mútuo o interesse que um tinha pelo outro, ao menos foi essa a minha impressão.

Só me pergunto como reagiria Bárbara se soubesse que ela estava sendo observada por um espírito. Poucos devem parar na vida para se atentar ao fato. Eu mesmo, quando encarnado, nunca parei para pensar, refletir se por acaso não estaria naquele momento sendo visto por um espírito. Invisível aos meus olhos. Observando-me com grande interesse.

Mas a verdade é que todos os encarnados estão sempre cercados de espíritos desencarnados, espíritos bons (que se mantêm ao seu lado por amor, saudade, solidariedade, etc) e espíritos maus. Rancorosos e vingativos. Revoltados com a vida, revoltados com Deus.

Incrível, como eu nunca me ativera ao fato de que se os espíritos dos bons e dos maus sobrevivem à morte, haveria de ter espíritos maus no lado de lá da vida (no mundo espiritual). Daí a importância de se proteger deles...

Refleti por alguns instantes a respeito, antes de voltar a atenção para Bárbara e Jean-Paul.

A conversa dos dois era interrompida naquele exato momento pela chegada da dona da pensão à mesa. A mulher assediou seus fregueses oferecendo um delicioso licor.

– O licor é por conta da casa – disse ela naquele tom efusivo que todo dono de comércio usa para cativar fregueses.

O rosto grande e avermelhado da mulher abriu-se num sorriso enquanto ela servia dois minúsculos cálices de *Chartreuse**para o casal. Jean-Paul e Bárbara agradeceram a delicadeza.

Depois do jantar, Bárbara manifestou a vontade de dar uma volta. Jean-Paul apreciou a ideia mesmo estando uma noite fria. Os dois caminharam sem pressa nenhuma pelas calçadas de Evergreen. Calçadas que aquela hora estavam totalmente despojadas de pessoas, certamente por ser uma noite fria. Bastante fria. Mas Bárbara parecia não se importar com isso, tampouco Jean-Paul. Nada parecia perturbá-lo estando ao lado da jovem.

Dezessete minutos depois Bárbara parou e seus olhos convergiram-se precisamente para a igreja. Jean-Paul também dirigiu seus olhos para o local.

– Nunca fui muito de ir à igreja, sabe? – comentou ela.

– Nem eu – observou ele.

– Mas sempre fui adepta da leitura do evangelho – acrescentou Bárbara, olhando ainda com vívido interesse para a igreja.

– Eu nem isso – respondeu Jean-Paul com certo embaraço.

– No entanto – prosseguiu ela –, perdi o hábito de ler o evangelho no lar ao longo dos anos. Pensei que depois de casada tornaria-me uma mulher religiosa, mas Lionel não era nada religioso. Não que uma pessoa precise frequentar a igreja para ser religiosa, ela pode ser religiosa orando em sua casa, lendo o evangelho no seu próprio lar, pensando em Deus, falando com Deus, se permitindo ouvi-lo falar com você. No entanto, Lionel nem isso fazia e eu, pelo visto, imitaria seu jeito de tratar a espiritualidade até o fim de nossas vidas.

Jean-Paul limpou a garganta.

– Faz falta para você? Digo, espiritualizar-se? Ler o evangelho?

– Faz. Para você, não?

– Sinceramente, não.

Um lampejo de seriedade surgiu em seu olhar quando ela lhe disse:

---

*Chartreuse: Licor muito famoso, criado em 1607 na cidade de Grenoble na França. Sua fórmula é um segredo, e contém mais de 130 tipos de plantas. (N. do A.)

— Então você é um ser raro. Porque não acho que o ser humano consiga viver bem sem cuidar do seu lado espiritual. Sem ter uma religião ou doutrina.

— Talvez... O problema é que eu não acredito muito nisso que chamam de espiritualidade. Não consigo ver Deus, nem Cristo com tanto poder assim como as religiões pregam. Certas pessoas, muitas na verdade, já me disseram que encontraram equilíbrio lendo o evangelho, mas eu realmente não acredito que isso seja verdade, ou que sirva para mim.

Ela o interrompeu com delicadeza:

— Você já leu o evangelho alguma vez?

Ele riu. Avermelhou-se até a raiz do cabelo antes de responder:

— Não!

Bárbara fez uma careta gozada e voltou a andar. O assunto a seguir desviou para outros temas até ir de encontro ao silêncio. Os dois chegaram a caminhar por quase um quarteirão inteiro em profundo silêncio. Ele então se pôs a observar o perfil da jovem discretamente, pelo rabo do olho. Bárbara estava com o ar mais inocente do mundo e tinha o olhar perdido na distância.

— No que está pensando? — perguntou Jean-Paul.

— Estava pensando na vida. Como ela é engraçada. Num dia você tem tudo, noutro você não tem mais nada. Quando cheguei a esta cidadezinha jamais imaginei que haveria de me apaixonar por um homem, um homem mais velho e, além do mais, pai de minha melhor amiga. Estava tão certa de que iria me casar com Anthony... Anthony Gilbert, meu noivo antes de Lionel e, no entanto...

Volvendo os olhos ao passado a jovem acrescentou:

— Ainda sabendo o quanto Anthony sofreria com o término do nosso noivado, ainda sabendo que meus pais se oporiam terminantemente ao meu romance com Lionel, eu decidi seguir o que ditava o meu coração. Mesmo perdendo a amizade da minha melhor amiga, mesmo tendo ela, o irmão e a ex-noiva de Lionel contra mim, segui em frente, ouvindo o que ditava o meu coração. Fiz tudo isso por amor, detetive. Por um amor que me arrebatou da cabeça aos pés.

Bárbara Leconte fez um gesto para acentuar ainda mais as palavras que acabava de pronunciar.

– Jamais pensei que o amor fosse me fazer sofrer tanto quanto estou sofrendo agora.

Jean-Paul pousou a mão nos ombros dela para confortá-la. A moça disse a seguir:

– É melhor eu voltar para casa. Já está tarde e agora o frio começou a me incomodar.

Pelo caminho havia um canteiro de rosas. Um canteiro tão lindo que fez com que Jean-Paul parasse diante dele para admirá-lo.

– São lindas, não são? – comentou com certa magia na voz.

– Se são – respondeu Bárbara, curvando-se sobre o local para colher uma flor.

Mas Jean-Paul foi mais rápido que ela.

– Pode deixar que eu apanho uma para você.

Assim ele fez. Bárbara levou a rosa até o nariz para sentir seu perfume e admirar suas pétalas aveludadas e lindamente avermelhadas.

O que impressionou os dois e inclusive a mim foi o tom de vermelho das rosas e o aveludado das pétalas. Eu particularmente jamais havia visto rosas num tom de vermelho tão lindo como aquelas. Tampouco naquele tipo de veludo.

Os dois retomaram o caminho. Bárbara havia voltado a falar sobre a vida e os rumos inesperados que ela dá a todos quando Jean-Paul se surpreendeu ao ver as pétalas da flor caindo ao chão. Bárbara tirava uma a uma de forma aleatória e inconsciente.

Jean-Paul surpreendeu-se ainda mais e se assustou também ao ver o sangue escorrendo pela mão que segurava o caule da flor. Bárbara havia ferido a mão com o espinho da rosa. Mas ela pareceu nem se dar conta, continuava apertando o cabo da flor com toda força, como se dependesse dele para não cair no abismo.

Jean-Paul tirou imediatamente o lenço do bolso e passou para ela.

– Você se cortou – disse, pegando em sua mão.

– Cortei-me? – espantou-se ela. – Distraída que sou, nem me dei conta.

– Deixe-me estancar o sangue – prontificou-se ele de modo cortês.

Ele tirou o que restou da rosa de sua mão e a pôs sobre um muro próximo. Pôs em seguida o lenço sobre a mão dela e o pressionou. Bárbara mostrou um sorriso amarelo a Jean-Paul e falou com voz sumida:

— Como pode, não? Uma flor tão bonita ferir alguém dessa forma, hein? Mas elas ferem. Se você não souber segurá-las, elas ferem, assim como as pessoas. E são capazes de deixar cicatrizes em você, detetive. Profundas cicatrizes.

Gostaria de ter lido o que se passou no pensamento de Jean-Paul naquele instante. Mas algo se passou, pude perceber, uma ideia, algo desagradável e preocupante se manifestando na sua mente.

Jean-Paul teve a impressão, de repente, de que Bárbara Calandre estava na eminência de ter um sério esgotamento nervoso.

— O que foi? — perguntou, preocupado.

— Uma voz... — respondeu ela, com olhos pensativos.

— Uma voz?

— Sim, uma voz chegou aos meus ouvidos trazida pelo vento.

Ele girou o pescoço ao redor procurando ouvi-la.

— Não ouço nada.

— Às vezes eu ouço vozes, sabe? — disse ela. — Não que isso acontecesse antes, começou a acontecer de um tempo para cá.

— Deve ser por causa do abalo que sofreu com a morte de seu marido.

— Eu também acho.

Ela suspirou aliviada. Disse a seguir:

— As vozes morreram à distância. Agora estou ouvindo um rosnado.

— Eu também.

— É o cão da dona Alícia — explicou ela indo na direção da casa da mulher. — É um dinamarquês lindo. Venha ver.

— Já é tarde — argumentou Jean-Paul seguindo a jovem —, o cão pode não gostar. Se latir, vai acordar não só a moradora da casa como os vizinhos.

— Que nada. Ele me adora.

Os dois pararam em frente à casa. Ainda que sob a luz do luar Jean-Paul pôde ver o cão, um cachorrão enorme de ar meigo e, ao mesmo tempo, feroz.

– Olá, amigão, como vai? – perguntou Bárbara baixando a mão um pouco abaixo da altura do focinho do animal.

O cão pareceu contente por vê-la. Ela apontou para Jean-Paul e disse:

– Esse é o meu amigo Jean-Paul, amigão.

– Como se o cão pudesse entender – ironizou o detetive.

– Eles entendem sim – respondeu Bárbara com severidade – e bem mais do que o senhor pensa. Diga "olá" para Monsieur Godard, Jonas.

Quando o cão voltou a cabeça na direção de Jean-Paul, soltou um rosnado esquisito, recuou o corpo, arrepiando-se todo.

– O que foi, amigão? – estranhou Bárbara. – Não gostou de Monsieur Godard? Está enciumado, é isso?

O cão foi se afastando até voltar para a sua casinha que ficava no lado direito do pequeno gramado em frente à casa de dona Alícia. Ele agora chorava baixinho, assustado.

– Alguma coisa o assustou – comentou Bárbara. – Ele nunca se comportou assim antes.

– Não foi com a minha cara.

– Foi sim. Só ficou enciumado por vê-lo ao meu lado.

Os dois retomaram o caminho.

Eu, William Kamp, não os segui de imediato. Fiquei ali por instantes refletindo sobre o comportamento do cão. Para mim, o cão se assustou mesmo foi comigo, que estava nesse momento prostrado a poucos metros de Jean-Paul. Foi uma grande descoberta para mim saber que os cães, pelo menos alguns deles, conseguiam ver ou pressentir, sei lá, a presença dos espíritos desencarnados entre os encarnados. Jamais pensei que fossem dotados de tamanha percepção. Essa foi sem dúvida mais uma grande descoberta que fiz depois de ter me mudado para o plano espiritual.

✎

O sétimo dia de Jean-Paul em Evergreen amanheceu tranquilo. Já passava do meio dia quando o encontrei andando de um lado para o outro em seu quarto na pensão.

– O que foi? Você está agitado. Parece uma galinha que não sabe onde botar o ovo. O que foi? Ah! Já sei. Está pensando em Bárbara, não está?

Seus olhos disseram-me que sim.

– Isso porque você me disse alto e em bom tom que nunca mais haveria de se apaixonar, hein? Imagino se não tivesse feito tal promessa.

Ele cortou minhas palavras:

– É bom estar apaixonado.

– Bom estar apaixonado? Estarei ouvindo direito?

– Ouviu sim, meu caro William. Passei hoje, boa parte da manhã, refletindo a respeito da paixão, do amor em si e cheguei à conclusão que não devo mais me privar de me apaixonar só porque vivi desagrados com a paixão no passado. Afinal, cada pessoa é uma pessoa, cada união é uma união, uma história, uma vivência, uma experiência diferente. Não é porque não tive sorte no amor no passado, que vou continuar não tendo. Posso ter agora, a partir de agora, por que não? Quem vai me impedir?

– O cupido realmente flechou você, *mon ami* – murmurei, boquiaberto.

Ele me deu um "chega pra lá" com a mão. Então, chamei sua atenção para um fato, a meu ver, muito importante:

– Mas você conhece Bárbara há apenas uma semana. Não acha que está se precipitando?

– Engana-se, *mon ami*.

Fiz ar de espanto. Ele acrescentou seriamente:

– Conheço Bárbara ha muito tempo.

– Como assim?

– Quando digo que a conheço de longa data quero dizer que a conheço de outra vida. Você não se lembra? Aquela noite, pouco antes da sessão de mesas girantes começar na casa da senhora Plainemaison, eles falaram a respeito de outras vidas. Havia um homem comentando sobre o assunto.

– Sim, é verdade, agora me lembro. Recordo-me até do nome do sujeito. Hippolyte Rivail.*

---

*Hippolyte Léon Denizard Rivail, mais conhecido como Rivail, que depois adotou o pseudônimo de Allan Kardec. E que frequentava a casa da senhora Plainemaison a convite do Sr. Pâtier para estudar o fenômeno das mesas girantes. (N. do A.)

— Esse mesmo.

Ficamos em silêncio por instantes. Então Jean-Paul me perguntou:

— Você que agora está desencarnado pode me responder se isso é verdade, digo, se existe mesmo o processo de reencarnações que esse sujeito mencionou aquela noite.

— Responderei sua pergunta, mas não agora — disse eu, seriamente.

— Você não tem cabeça no momento para ouvir nada que não seja a respeito de Bárbara.

— É exagero seu, *mon ami.*

— Sei...

Jean-Paul deu um sorriso distante e aquietou-se. Estava de volta ao mundo onde era o rei e Bárbara era sua rainha. E o amor era o castelo que os abrigava do sol forte e das tempestades.

Eu estava literalmente impressionado com Jean-Paul, com o estado em que Bárbara deixou o pobre detetive. Jamais, em momento algum fiz ideia de que aquilo fosse acontecer. A vida era realmente imprevisível. Uma caixinha de surpresas.

De repente, Jean-Paul ressurgiu para a vida. Saltou de onde estava sentado, voltou-se para o espelho, ajeitou a gravata, os cabelos e partiu apressado, ansioso como um bom adolescente que quer desesperadamente rever sua jovem amada.

— Posso lhe perguntar aonde monsieur está indo?

— À casa de Bárbara — respondeu-me, todo alegre.

— Só podia ser, que pergunta estúpida a minha.

— Emma convidou-me para almoçar hoje na casa dela. Bárbara disse-me que ela tem uma mão divina para cozinha. Estou ansioso por provar.

Eu já havia dito aquilo a Jean-Paul, mas a paixão havia como sempre privado-lhe de certa memória, como de certos sentidos.

Bárbara e Emma receberam o detetive com grande alegria e a tarde se estendeu com uma conversa bastante agradável como havia muito Jean-Paul não tinha. A certa altura da conversa, Emma perguntou ao detetive se ele já havia ouvido Bárbara tocar piano. Diante da negativa, a mulher disse:

— Mas o senhor precisa ouvi-la. Bárbara é uma exímia pianista.

— Quero ouvir, sim — disse ele, agora empolgado com a idéia.

143

— E será já — acrescentou Emma pondo-se de pé. —Tenho um colega que tem piano na casa dele, tenho a certeza de que ele não se importará em cedê-lo para que Bárbara nos encante com seu dom virtuoso.

Bárbara ia protestar, mas Emma não permitiu. Um minuto depois os três partiam para a casa do colega de Emma, que os recebeu com grande alegria e se maravilhou, tanto quanto Jean-Paul, com Bárbara tocando magistralmente aquele instrumento de inigualável beleza.

Jean-Paul voltou para a pensão aquela noite sentindo-se nas nuvens.

Capítulo 14

Chegara sábado finalmente. Não que Jean-Paul tivesse pressa que chegasse; não tinha. Na verdade não havia mais por que se preocupar com a chegada de nenhum dia, desde que ele pudesse estar com Bárbara Calandre. Que os dias viessem quando tivessem de vir, sem ansiedade, sem tensão.

Assim que Theodore e Ludvine foram informados de que a polícia havia estado na casa à procura dos dois, Theodore mandou imediatamente avisar o delegado que eles haviam chegado.

Jean-Paul ainda estava deglutindo os últimos fragmentos de torrada com geléia com um gole de café, quando o delegado Barnaby Hall passou na pensão para lhe dar a notícia e apanhá-lo para irem até Chère Maison conversar com os filhos de Lionel Leconte.

A mesma moça estrangeira que havia atendido a Jean-Paul e ao delegado na semana anterior atendeu-lhes novamente à porta. Antes que um deles falasse, ela prontamente disse:

— Um minuto, por favor.

E exatamente um minuto depois a moça reapareceu e disse:

— Queiram entrar, por favor. Acompanhem-me.

Os dois homens foram levados a uma sala decorada no melhor estilo georgiano. A criada pediu a eles que aguardassem ali, por gentileza. Assim foi feito. Cada um dos dois sentou-se numa das gigantescas cadeiras que havia no recinto, objetos de notável beleza. Nunca em toda a sua vida, até onde se lembrava, Jean-Paul vira uma cadeira tão gigantesca como aquelas. O espaldar terminava muito acima de sua cabeça. Lembrava e muito um trono.

Tão bela e tão notável quanto as cadeiras era o cômodo em si. Jean-Paul ficou atento aos detalhes do lugar. Havia uma grande mesa de canto em mogno com dois enormes candelabros de aspecto magistral. Sobre o parapeito da lareira havia diversas peças de prata, objetos finos e caros. Lembravam souvenires e poderiam realmente ser souvenires. As paredes pareciam ter sido forradas de veludo. Um veludo rosa e delicado, repousante para os olhos. As janelas eram altas, estreitas e arejadas.

— *Très chique!* — comentou Jean-Paul.

O delegado voltou-se para ele no mesmo instante e perguntou:

— O senhor disse alguma coisa?

Ri diante da cara sem graça e do sorriso amarelo que apareceu no rosto de Jean-Paul.

— Estava apenas pensando alto — respondeu ele amarelando. — Pensando na beleza dessa sala, na decoração; em tudo, afinal. Há tantos detalhes... Pergunto-me: Por que será que desde pequeno eu me atenho a detalhes? Todos os tipos de detalhes? Desde que me lembro por gente sou fascinado por eles. O que me leva a crer que eu, desde muito cedo, já vinha sendo preparado para ser um detetive. Ninguém será um bom detetive se não for um bom observador, um incansável e exagerado apaixonado por detalhes.

— Se o senhor diz — comentou Barnaby Hall sem muito interesse. — Nem que eu ganhe cinco vezes mais o meu salário sou capaz de transformar a humilde sala de estar da minha casa numa sala como esta.

— Não é só uma questão de dinheiro, monsieur. É uma questão de bom gosto.

Barnaby Hall franziu a testa esforçando-se para compreender as palavras do detetive.

Meio minuto depois, os dois homens eram atendidos pelo casal de irmãos.

— Bom dia, cavalheiros — cumprimentou Theodore. Em seguida voltou-se para a irmã e a apresentou: — Esta é minha irmã Ludvine.

— Bom dia, cavalheiros — cumprimentou Ludvine com uma timidez que não era do seu feitio.

— Como vai, mademoiselle? — Jean-Paul saudou a moça com uma mesura.

— Bem, na medida do possível — respondeu Ludvine observando o detetive com grande interesse.

Jean-Paul admirou por instantes a jovem cuja beleza o encantou desde o primeiro instante em que seus olhos pousaram nela. Ludvine estava usando um vestido de algodão na cor azul marinho. Seus sapatos eram do mesmo tom do vestido. Uma combinação perfeita, observou o detetive. Sobre o pescoço viam-se dois colares de pérolas muito bonitos e reluzentes. Por sobre o cabelo uma presilha de pérola tão reluzente quanto o colar. Usava ainda um anel de brilhante de considerável tamanho no terceiro dedo da mão direta.

Todos se sentaram.

— Desculpe a minha indelicadeza — disse Theodore batendo de leve com a ponta dos dedos na testa. — Mas qual é mesmo o nome do senhor?

— Jean-Paul Godard — respondeu Jean-Paul, prontamente.

— Francês?

— Com muito orgulho. Mas radicado na Inglaterra.

Jean-Paul limitou-se a oferecer o seu sorriso hermético.

O dono da casa estudou o cavalheiro sentado à sua frente por instantes, antes de perguntar:

— Confesso que estou curioso para saber o que o delegado da cidade e um detetive francês, radicado na Inglaterra, querem conosco. Não demos motivo algum, segundo me recordo, para as autoridades nos procurarem.

O detetive fitou o rapaz de modo significativo e explicou sem floreios:

— É bem simples, monsieur. Vou ser bem claro. Estou investigando a morte do pai de vocês, Monsieur Lionel Leconte.

As sobrancelhas expressivas de Ludvine levantaram-se uma polegada e depois se abaixaram.

— Investigando? — espantou-se Theodore. — Mas a polícia já fez isso, não?

Dessa vez foi Barnaby Hall quem deu a resposta:

— Fez, sem dúvida, mas restou uma dúvida quanto ao acidente. Uma dúvida que precisa ser dirimida. Por isso Monsieur Godard está aqui.

— Dúvida?

Ludvine intrometeu-se na conversa:

— O senhor está querendo dizer que a polícia suspeita que a morte do papai não tenha sido acidental, é isso?

— Sim, senhorita.

— O senhor está, por acaso, insinuando que papai tenha sido...

Theodore completou a frase por ela.

— Assassinado, monsieur?

— É uma possibilidade.

A jovem tomou a palavra mais uma vez:

— O senhor está sugerindo, por acaso, que o papai foi empurrado de cima do penhasco, é isso?!

Ela arrepiou-se inteira. O irmão pousou a mão sobre o braço da irmã com o intuito de acalmá-la.

— É melhor você tomar alguma coisa, minha irmã — disse ele levantando-se e se dirigindo para uma espécie de bar que ficava no canto esquerdo da sala onde havia garrafas e mais garrafas de licores, uísque, vinho, entre outros tipos de bebida alcoólica.

— Aceita uma bebida, monsieur?

— Obrigado. Estou tentando parar de beber.

— Ora, por quê? As bebidas são um dos maiores prazeres da vida, monsieur.

— Um prazer, assim como os demais, que pode matar, não?

— Sim. Se extrapolar na bebida, sim. Um pouquinho só não mata ninguém. Nem torna alguém dependente.

Era por causa dessa regra que muitos não conseguiam deixar o alcoolismo de lado, pensou Jean-Paul.

Theodore serviu a taça cheia de vinho a cada um dos presentes e, só então, voltou a se sentar.

Uma taça de vinho num dia frio como aquele caiu muito bem para todos, observou Jean-Paul, deliciando-se com o prazer da bebida descendo borbulhante por sua garganta.

Foi Theodore que reiniciou a conversa.

— De onde a polícia pressupõe que o acidente de papai não foi um acidente?

Jean-Paul retomou sua postura antes de responder:

— Do simples fato de que seu pai conhecia a propriedade como a palma da mão, mesmo sob forte nevoeiro e, se conhecia, por que pisou em falso naquele dia? Por quê? Ele deveria saber que era perigoso ir até a ponta do penhasco, ainda mais num dia nevoento como aquele, quando não se podia enxergar quase nada na frente do nariz e, no entanto, foi e pisou onde sabia que não devia pisar. Se o senhor pensar bem, não faz sentido.

O delegado completou:

— Por que também ele haveria de ir lá àquela hora, ainda mais em meio a um nevoeiro tão espesso como daquela noite? Sua atitude não foi lógica e Lionel Leconte, segundo me recordo, era o que se poderia chamar de um homem lógico.

Theodore soltou um assovio curto e agudo antes de dizer:

— Não havia pensado nisso. Mas agora que os senhores mencionaram, faz todo sentido.

Os irmãos se entreolharam. E Jean-Paul teve a impressão de que ambos se disseram alguma coisa por meio daquela troca de olhar.

Jean-Paul limpou a garganta para chamar a atenção dos dois de volta para ele. Assim que conseguiu, ele perguntou:

— Onde estavam vocês na noite do acidente?

— Bem... — a voz de Theodore falhou, foi preciso limpar a garganta para que a voz voltasse a ficar firme novamente. Então respondeu:

— Estávamos em Londres. Eu e Ludvine estávamos em Londres.

— Há como provarem?

Theodore soltou um riso injuriado antes de responder:

— É lógico que sim. Moramos no mesmo apartamento em Londres. Eu estava ao lado de minha irmã, bem como ela estava ao meu lado, o tempo todo, durante aquela noite. Isso basta como comprovação, não? O senhor, por acaso, não está pensando que eu ou minha irmã teríamos feito uma barbaridade dessas com nosso pai, está? Não ouse pensar tamanho absurdo, monsieur. Ele era o nosso pai. Acima de tudo, o nosso pai.

— Soube que vocês dois estavam brigados com ele desde que ele havia decidido se casar com Bárbara Calandre.

— Estávamos sim, bastante contrariados com o fato e isso bem antes de papai se decidir a casar com ela. Nos desentendemos a partir do momento em que ele se mostrou interessado por ela e ela por ele. Mas isso não é motivo algum para empurrar nosso pai de cima de um penhasco...

Ele cortou a frase com um arrepio. Ludvine levou os dedos à fronte e baixou a cabeça. Parecia desconsolada. Fez-se um breve silêncio, um silêncio bastante constrangedor, antes que Jean-Paul dissesse:

149

— Desculpe-me pelas perguntas, mas é que todas as hipóteses têm de ser averiguadas numa investigação.

— E-eu compreendo — gaguejou Theodore, voltando-se na direção da irmã e pousando novamente, carinhosamente, a mão direita sobre o punho esquerdo dela.

Ludvine suspirou fundo assim que o irmão a tocou e voltou a encarar Jean-Paul. Aparentava estar mais nervosa agora do que antes. Fazia pequenos e involuntários movimentos descontrolados, e seus olhos brilhavam demais, inquietos. Estava atenta... alerta... incapaz de relaxar.

Barnaby Hall assistia a tudo, quieto, concentrado e excitado. Assim como eu, William Kamp, presente ali, mas invisível aos olhos de todos.

— Para quem fica a herança de seu pai, monsieur? — foi a próxima pergunta de Jean-Paul.

A resposta de Theodore foi precisa:

— O grosso mesmo fica para mim e minha irmã. A segunda esposa de meu pai deve receber algum trocado, logicamente, de acordo com o contrato que fizeram ao se casarem.

A conversa foi interrompida mais uma vez, dessa vez por causa da criada estrangeira que entrou no recinto pedindo licença para falar.

— Com licença, monsieur. Mas tem um policial procurando o delegado Barnaby Hall. Pede que ele vá a delegacia agora mesmo, pois há um probleminha por lá precisando dele para ser dirimido.

O delegado levantou-se no mesmo instante.

— Eles não me dão sossego. Nunca! — lamentou, irritado.

Voltou-se para Jean-Paul e disse:

— Deixarei minha carruagem para o senhor, Monsieur Godard.

— Não se preocupe — adiantou-se Theodore. — Eu pediria ao meu cocheiro que leve monsieur depois para a delegacia ou para qualquer outro lugar que ele precise ir.

O delegado agradeceu com um sorriso. Já ia atravessando a porta quando parou de supetão. Voltou-se para todos com uma cara de "coitadinho", dirigiu-se até a mesinha onde havia deixado sua taça de vinho e entornou o líquido que restava ali numa golada só. Despediu-se de todos novamente com um aceno e partiu.

Jean-Paul retomou o assunto a seguir.

— Vocês já conversaram com o advogado do seu pai a respeito de herança, da divisão dos bens?

– Por enquanto, não. Tivemos de partir para Londres, por motivos de trabalho, logo após o funeral do papai. Voltamos para cá, neste fim de semana, justamente para tratarmos do assunto. Fazer o inventário e tudo mais.

– Vou querer conversar com o advogado do seu pai a respeito da partilha. Se o senhor puder me passar o nome dele, seu endereço, eu agradeço muito.

– Posso sim. O nome dele é Andrew Chamberlain. Reside na cidade de Blue River a menos de 40 quilômetros daqui. É um homem muito íntegro, uma excelente pessoa e um excelente profissional. Parece-me que andou doente, acamado, espero que já esteja em melhores condições de saúde.

– Amanhã, pela manhã, irei fazer-lhe uma visita.

– Diga a ele, por favor, monsieur, que já chegamos para tratar do assunto da partilha.

– Sim, senhor.

A seguir Jean-Paul quis saber detalhes sobre a vida dos dois. Sobre o envolvimento de ambos com Bárbara Calandre e também sobre o depoimento que as criadas deram a respeito da patroa no dia da morte de Lionel. Ambos pareciam surpresos diante dessas informações, parecendo realmente desconhecê-las até então.

– Gostaria de falar com a criadagem, por favor.

– S-sim, sim... – respondeu Ludvine ligeiramente perturbada. – Vou chamá-los.

Ela se pôs de pé e antes de partir perguntou:

– Devo chamar todos de uma vez ou um de cada vez, meu senhor?

– Um de cada vez seria o mais sensato.

Ela assentiu com a cabeça e depois partiu. Theodore pareceu se sentir sem graça só na presença do detetive, levantou-se e dirigiu-se novamente ao bar, onde serviu-se de mais uma boa taça de vinho.

– Aceita mais uma, monsieur?

– Não, obrigado – respondeu Jean-Paul contra a sua vontade. Por ele beberia mais, o que não podia acontecer, estava proibido pelo médico, não só porque a bebida o deixava transformado, irritadiço e muitas vezes agressivo, como também dependente dela.

A primeira criada a ser entrevistada por Jean-Paul foi Arliss Lav-Robles, a cozinheira. Seu depoimento serviu para confirmar o que eu já havia contado a Jean-Paul a respeito dos passos de Bárbara durante aquela noite fatídica.

— Eu e Hilary Jean, a copeira, avistamos dona Bárbara voltando para a casa por volta das dezenove horas e cinco minutos. Ela nos pareceu aturdida com alguma coisa, nervosa, fora do seu equilíbrio habitual — explicou a mulher.

Hilary Jean, a copeira foi a segunda a conversar com Jean-Paul. Confirmou o que a cozinheira havia dito havia pouco.

Kevin Drapkin, o cocheiro, foi chamado a seguir. Confirmou o que Bárbara havia contado a Jean-Paul a respeito daquela noite. Ele, juntamente com as criadas, a pedido da patroa, ficou por quase duas horas procurado pelo patrão pelos jardins de Chère Maison.

Por último foi a vez de Johanna Godin, a criada.

Ela confirmou aquilo que eu já havia contado a Jean-Paul. Não havia uma vírgula a mais, nem a menos em sua narrativa. Por volta das dezoito horas e trinta minutos ela encontrou a patroa seguindo na direção da estufa de flores. Depois reencontrou a mesma dentro da casa procurando pelo marido. Estava aturdida, com voz e movimentos que não condiziam com a sua pessoa.

Durante o tempo todo das entrevistas tanto Theodore como Ludvine estiveram presentes sob o consentimento de Jean-Paul. Eu, William Kamp, também estava presente, ouvindo tudo com atenção e certa empolgação, afinal, era sempre excitante tomar parte de uma investigação. Ainda mais uma conduzida por um detetive tão conceituado como Jean-Paul Godard.

Jean-Paul agradeceu pela colaboração de todos e se preparou para partir. Ludvine prontificou-se a acompanhá-lo até a carruagem.

Assim que os dois se viram fora da casa, Jean-Paul comentou:

— Gostaria muito de dar uma olhada na estufa de flores. Se não se importar.

— Em absoluto. Se quiser, eu acompanho.

— Por favor, será um prazer.

Os dois seguiram para o local.

— É uma belíssima casa — comentou o detetive.

— Foi construída pelo pai do papai por volta de 1780.

— Achei que tivesse sido mesmo.

– É uma pena que não se veja mais por aqui aquele encanto que circundava a casa quando papai estava vivo. Como sempre acontece numa casa onde ocorre uma morte trágica como a de papai, o passado está mais presente que o próprio presente, como um imenso e coletivo fantasma a nos assombrar, um fantasma sem qualquer possibilidade de exorcismo.

– O mesmo acontece nas casas onde ocorrem um assassinato – observou Jean-Paul, despertando um espasmo no olhar da moça. Ela então parou de andar. Pegou de súbito no braço do detetive e perguntou, mirando fundo nos seus olhos:

– O senhor acredita mesmo que o papai tenha sido assassinado?

– Como lhes disse há pouco, estou aqui para averiguar.

Os olhos dela piscaram pausadamente. Jean-Paul perguntou a seguir:

– A senhora ficou muito aborrecida com o casamento de seu pai com a jovem Bárbara, não?

– Fiquei sim. Enciumada e ao mesmo tempo revoltada. Inclusive com pena de Bárbara.

– Pena?

– Sim, pois eu sabia que papai só havia se apaixonado por ela por que ela lembrava muito a minha mãe. Papai não se apaixonou por Bárbara exatamente, compreende? Ele via a mamãe em Bárbara. Temi que a hora em que ela percebesse isso, finalmente percebesse o fato, apesar de tê-la alertado a respeito, se arrependesse amargamente de ter se casado com papai. Temi o mesmo em relação ao papai, temi que ele assim que percebesse que Bárbara era Bárbara, apenas Bárbara, e não mamãe, terminasse tudo com ela. Que lhe pedisse o divórcio.

– Compreendo. E mademoiselle acha que isso chegou a acontecer, digo, que Bárbara confirmou o que a senhorita tentou alertá-la ou que seu pai percebeu que ele se casara com ela somente por ela lhe lembrar a mulher que ele tanto amou, sua mãe?

– Às vezes penso que sim. É uma voz que me diz isso, sabe, uma voz intuitiva.

– Sei.

Jean-Paul pareceu ter arquivado a informação pensando em referências futuras.

– E quanto ao seu irmão, o que achou ele do casamento de seu pai com Bárbara?

— Ele abominou a ideia.

Ela ponderou antes de completar a frase:

— Sabe, meu irmão estava apaixonado por Bárbara na época. Literalmente apaixonado por ela. Foi um baque tremendo para ele, como é para todos aqueles que não são correspondidos no amor.

Ela baixou os olhos antes de completar:

— A paixão é muito boa, monsieur; no entanto, é também muito perigosa. Fere, queima, mata quem não souber lidar com ela, e, nesse caso, é a maioria dos seres humanos.

Jean-Paul sabia, como muitos, o quanto aquilo era verdade.

Cinco minutos depois os dois chegavam à estufa de flores. O detetive admirou o lugar com grande interesse. Era a primeira vez que punha os pés num lugar daqueles. Comentou:

— O cultivo de flores é um trabalho que requer muita paciência.

Ludvine concordou com a cabeça:

— Papai era um homem de muita paciência.

Ao deixarem o local Ludvine arrepiou-se ao avistar a ponta do penhasco que ficava a apenas cem metros de distância dali.

— É tão difícil para mim ir lá — confessou. — Desde o acidente nunca mais pus os pés ali. E acho que nunca mais os porei. Ainda que seja o meu lugar favorito de toda a propriedade.

Ludvine acompanhou Jean-Paul até a carruagem. E ficou ali acompanhando com o olhar até o veículo atravessar os imensos portões que cercavam a propriedade. Havia uma ruga barrando-lhe a testa nesse momento. Era o rosto de uma mulher preocupada, muito preocupada com algo. O que seria?

Assim que tive a oportunidade, perguntei a Jean-Paul:

— E, então, o que achou dos dois?

— Ambos mentiram. Senão os dois, propriamente, um deles está mentindo. Ou omitindo algo. Vou ter de apurar seus álibis. No entanto, algo me diz que Theodore Leconte é capaz de matar. O domínio que mostra ter sobre sua pessoa é característica marcante de muitos assassinos que conheci ao longo desses vinte anos de investigação. E digo mais, é capaz de matar e não deixar que sua consciência o aborreça pelo crime que cometeu quando for dormir.

Confesso que fiquei preocupado com os rumos que a investigação estava tomando.

154

Capítulo 15

O relógio já marcava cinco horas da tarde quando Theodore regressou para a sua casa naquele dia. O sol já havia desaparecido no horizonte como acontece nessa época do ano naquela região. Assim que o moço entrou na casa, Ludvine foi ao seu encontro.

— Que demora! — disse ela, ansiosa. — Onde esteve? Estou ansiosa para lhe falar.

— Estava cuidando de alguns negócios pessoais — respondeu o irmão, de forma bastante seca. — O que há? Você parece nervosa. Aconteceu alguma coisa? O quê, dessa vez?

— Estou preocupada, só isso.

— Preocupada com o quê?

Ludvine girou o pescoço ao redor para se certificar que não estava sendo ouvida. Então pegou no braço do irmão e o arrastou para a sala com lareira. Fê-lo sentar-se numa poltrona enquanto ela ocupava a outra, uma que ficava bem de frente à que ele se sentara.

— Eu estive pensando — disse ela —, pensando cá com os meus botões e cheguei à conclusão de que foi melhor você não ter dito nada a respeito de sua vinda até aqui no dia em que aquela fatalidade aconteceu com papai.

— Vinda?!

— Eu sei que esteve aqui no dia em que papai caiu do penhasco, Theodore. Eu sei, não adianta negar.

— Como soube?

— Eu o segui. Você estava tão revoltado com papai aquele dia, lembra-se? Nós discutimos a respeito. Você saiu de casa tão transtornado naquele dia que tive receio de que cometesse uma tolice.

Theodore Leconte ficou temporariamente sem palavras. Por fim, disse:

155

— É isso que está cozinhando os meus miolos, Ludvine. Não sei se agi certo em mentir. Esse detetive é famoso, já colhi informações a respeito dele, é capaz de encontrar uma agulha num palheiro. Pode, cedo ou tarde, descobrir que mentimos e aí a coisa vai engrossar para o nosso lado.

— Seria um desastre para nós — murmurou Ludvine aflita.

— Seria. Por isso eu preciso lhe contar a verdade. Não só por isso, mas também para lhe contar o que vi naquela noite enquanto estive aqui.

— E o que foi que você viu, Theodore?

— Eu vi Bárbara.

— Bárbara?

— Sim. Junto do papai, pouco antes de...

Theodore comeu a última palavra e foi com muita dificuldade que conseguiu pronunciá-la, segundos depois:

— Pouco antes de empurrá-lo penhasco abaixo.

Ludvine olhou para o irmão agudamente, estava impressionada.

— Você viu Bárbara empurrar o papai?!

— Sim!

— Tem certeza de que era ela?

A frase dela terminou com um arrepio.

— Absoluta!

— A névoa nos confunde, nos prega peças, você bem sabe. Ainda mais à noite. Faz com que todos nós no meio dela sejamos iguais.

— Era Bárbara, sim. Durante os quatro anos em que fui apaixonado por ela admirei e estudei as curvas suntuosas do seu corpo como faz todo rapaz apaixonado e, por isso, sou capaz de reconhecer sua silhueta até mesmo no escuro.

— Bárbara não pode ter feito uma coisa abominável dessas com o papai. Ela o amava!

— Isso era o que ela queria que acreditássemos, Ludvine. O que Bárbara amava na verdade era a fortuna do papai. Foi isso que enfeitiçou o seu coração desde o primeiro momento em que ela percebeu que papai se encantara por ela. Eu sempre lhe disse que Bárbara não era flor que se cheire.

156

– Se ela matou papai para herdar a quantia estipulada no contrato de casamento foi muito estúpida. A quantia referente a um ano de casados, segundo soubemos, é muito pouca. O valor aumenta conforme os anos de casados. Teria sido mais sensato por parte dela, se o interesse dela era realmente dinheiro, fazer tal coisa depois de quatro, cinco anos.

– Ela não suportou a vida ao lado do nosso pai, Ludvine. Por isso quis dar fim a ele o quanto antes.

– Bastava então pedir-lhe divórcio. Com o divórcio ela receberia a mesma quantia sem ter de sujar as mãos.

– Nesse ponto você tem razão. No entanto, ainda assim, ela matou papai, resta sabermos por quê. Deve ter descoberto algum meio de lucrar com a sua morte, algo que até então desconhecemos.

O silêncio se fez presente entre os dois a seguir, mas foi rápido, Theodore logo se voltou para a irmã e perguntou:

– Se me seguiu até aqui naquele dia, por que não me procurou, não conversou comigo... Onde estava?

– Perdi você no meio do nevoeiro. Sem saber que rumo havia tomado, decidi voltar para a estação e tomar o próximo trem de volta para casa.

Theodore fixou um olhar inquisidor na irmã antes de dizer:

– Não importa, o que importa é que você vai dizer que estava aqui comigo na hora em que vi Bárbara e papai no penhasco. Você será meu álibi e eu serei o seu. Assim poremos definitivamente a corda no pescoço daquela vadia.

– Eu não vi o que você viu, não posso mentir, não sei mentir...

– Diga que estava comigo, mas a alguns passos atrás de mim, olhando noutra direção e quando chamei por você já não dava mais para você vê-los porque a névoa havia se intensificado.

– Tem certeza que essa será uma explicação convincente?

– Será.

– Você sabe, não sabe? O quão severas sãos as leis do nosso país em relação a perjúrio*, não?

– Fique tranquila, minha irmã. Se você mentir certinho, jamais será acusada de perjúrio.

---

*"Ato de jurar em falso." (N. do A.)

— E se na verdade a mulher que você diz ter visto ao lado do papai for outra?

— Que outra mulher havia por aqui senão Bárbara?

Ludvine fez ar de quem diz: "você tem razão". Os dois ficaram cobertos pelo silêncio, rompido somente pelos estalos da madeira queimando no fogo na lareira. Ludvine então disse:

— Se você viu Bárbara empurrar papai naquele dia, por que não procurou a polícia para lhes contar isso antes?

— Porque tive dó. Tive pena dela... Por mais que eu a odiasse pelo que me fez, pelo que nos fez, eu ainda assim quis poupá-la, entende?

"Percebo hoje que agi como um tolo ocultando da polícia o que testemunhei, pois estou acobertando uma assassina. E isso não é certo. Não é... Bárbara Calandre tem de pagar pelo crime que cometeu. Além do mais, minha omissão dos fatos pode complicar e muito a minha vida; e tudo o que eu menos quero é complicação para o meu lado."

— Bárbara Calandre Leconte, meu irmão. Esqueceu que o casamento com papai lhe deu o nosso sobrenome?

— Ela nunca haverá de manter o nosso sobrenome, Ludvine, nunca!

Por um momento, Ludvine se perguntou se realmente conhecia o irmão. Cada dia mais suas palavras tão cheias de rancor revelavam uma outra pessoa, a qual ficava cada vez mais distante daquele Theodore inocente e frágil que conhecera.

Theodore saiu para o jardim, acendeu um cigarro e se pôs a caminhar como quem faz para se ver livre das tensões. Foi nesse instante que Johanna, a criada, se juntou a ele.

— Com licença, senhor? — perguntou ela no seu tom submisso de sempre.

— O que foi? — perguntou Theodore, medindo-a de cima abaixo.

— Gostaria de lhe falar...

— Diga — ordenou ele, elevando a voz.

— Bem, é que...

— Desembuche, mulher.

— Eu só queria que o senhor soubesse que se precisar de um álibi para o dia e a hora em que seu pai, bem, o senhor sabe, eu posso lhe dar esse álibi.

— Álibi, do que está falando?

— Eu o vi, meu senhor. Eu o vi naquele cair da noite e não me pergunte por que segui o senhor. O senhor não me viu por causa do nevoeiro, mas eu o vi, o vi o tempo todo. Por isso que posso afirmar para a polícia ou para aquele detetive que esteve aqui, que o senhor, bem... o senhor sabe... não fez nada de mal contra o seu pai.

Theodore ponderou, pensativo.

— Eu agradeço muito por sua sugestão. Como é mesmo o seu nome?

— Johanna, senhor.

— Pois bem, Johanna, se eu precisar de você, a chamarei.

A jovem fez uma mesura e já ia se retirando quando a voz de Theodore a deteve:

— Naquele dia, a que horas exatamente você me seguiu?

— Uns quinze minutos depois de vê-lo entrando na propriedade, senhor. Tive primeiro de terminar de recolher a roupa estendida no varal, guardá-la no quartinho, dobrada, e só então tomei a direção que levava à estufa e ao penhasco. A direção que vi de longe o senhor tomar.

— Encontrou alguém mais por lá, digo, pelo caminho?

— Somente dona Bárbara. Assim que percebi que vinha vindo alguém atrás de mim, dei meia volta e fingi estar voltando para a casa. Por causa da forte cerração, a pessoa não saberia dizer se eu estava indo ou voltando, portanto... Eu e dona Bárbara trocamos algumas palavras e assim que ela sumiu no nevoeiro, retomei meu caminho à procura do senhor.

Theodore refletiu antes de perguntar:

— Se você estava lá me observando, então também deve ter visto quando Bárbara empurrou meu pai de cima do penhasco, não viu?

— Se o senhor viu... eu também vi, monsieur.

Um breve sorriso iluminou o rosto do moço.

— Por que me seguiu, afinal? — perguntou ele, em seguida.

— Tive medo, monsieur, um medo repentino de que algo de mal lhe acontecesse.

— Agradeço por sua preocupação.

Ela tornou a esboçar um sorriso, fez nova mesura e se recolheu. Theodore se pôs a observar a criada seguindo na direção da ala leste da casa, onde ficavam as dependências dos empregados. Era uma jovem

159

bonita, sem dúvida, pena que uma criada. Do contrário, até que ele se chegaria a ela.

Incrível, como ele, assim como a maioria das pessoas de nível social mais elevado, pouco prestavam atenção à aparência da criadagem. Ele próprio nunca se ativera à aparência da jovem, bem como de qualquer outro criado. Tanto isso era verdade que se algum conhecido seu, a própria irmã, por exemplo, se vestisse com as roupas de uma criada, passaria por ele sem que ele percebesse quem era.

Minutos depois Theodore transmitia à irmã as palavras de Johanna. Ludvine estava trêmula ao fim da narrativa.

— Isso é mau, muito mau.

— Ora, por quê, Ludvine?

— Porque essa criada pode desmentir você se disser que estava comigo. Se ela o seguiu, certamente o encontrou sozinho, sem a minha presença. Você não poderá dizer que eu estava lá com você; não poderá, de forma alguma.

— Acalme-se, Ludvine. O que há? Nunca a vi assim tão transtornada.

— Detesto polícia. Morro de medo de que eles interpretem as coisas de forma errada e nos culpem pelo que não somos culpados.

— Acalme-se.

Após breve reflexão, Theodore disse:

— Está bem, não vou dizer mais que estava comigo. Não será preciso, pois Johanna me viu e ela me servirá de álibi. Vou conversar com ela a respeito. Tenho a certeza absoluta de que ela dirá à polícia tudo o que eu pedir que diga.

— E quanto a mim?

— Você?! Ora, não se preocupe, ninguém, até onde saibamos, a viu entrar na propriedade aquele dia, portanto não há com o que se preocupar.

Os olhos aflitos de Ludvine desviaram do olhar do irmão, voltando assim para a lareira. Novo arrepio.

— Não quero queimar no quinto dos infernos por algo que não cometi — afligiu-se ela. — Jamais!

Theodore também se arrepiou quando seus olhos pousaram na lareira. Um arrepio esquisito. Estranho.

Naquela noite, assim que Theodore subiu para o seu quarto, Ludvine mandou chamar Johanna.

— Johanna — disse ela assim que a criada entrou na sala.

— Sim, madame.

O olhar submisso da criada tornara-se agora levemente assustado.

— Meu irmão me falou a seu respeito, Johanna. Contou-me tudo o que você presenciou naquele dia fatídico.

— Sim, madame.

— Disse-me também que está disposta a testemunhar a seu favor caso isso seja necessário.

A jovem assentiu novamente, com ponderação.

— Admiro sua compreensão.

Os olhos da jovem abriram-se movidos por uma forte sensação de orgulho de si mesma.

— Theodore contou-me também que você disse a ele que também havia visto uma mulher ao lado do meu pai, à beira do penhasco, pouco antes da tragédia. E que essa mulher era sua ex-patroa Bárbara, esposa de papai.

A jovem assentiu prontamente. Ludvine estudou o semblante da jovem antes de continuar:

— No entanto, você não viu a tal mulher que meu irmão diz ter visto ao lado do papai, a tal mulher que Theodore acredita ter sido madame Bárbara, não é mesmo?

Os olhos da jovem brilharam de espanto. Ludvine prosseguiu:

— Você só está dizendo isso para comprovar o que ele jura ter visto, não é?

A moça baixou o olhar, sem graça.

— Mentir no tribunal pode lhe trazer sérias complicações, Johanna, sabia?

— Não estarei mentindo, madame.

— Desde quando, Johanna?

A jovem voltou novamente o olhar assustado para Ludvine.

— Desde quando está apaixonada por meu irmão?

A jovem perdeu literalmente a fala.

— É por isso, não é, que o seguiu naquele dia? Porque estava com saudades dele. É por isso que está disposta a testemunhar a seu favor, dizer ter visto coisas que na verdade não viu só para ajudá-lo, agradá-lo, fazê-lo, quem sabe, notar a sua existência e com sorte seus sentimentos por ele.

A jovem agora perdera o chão sob os pés. Ludvine continuou.

— Sou uma mulher também, Johanna, mulher como você, e, por isso sei, muito bem, do que uma mulher é capaz de fazer pelo grande amor da sua vida.

— Se ao menos pudéssemos comandar o nosso coração, madame. Determinar por quem ele deveria se apaixonar. Fazê-lo mudar de idéia toda vez que percebêssemos que está se apaixonando pela pessoa errada, por um amor impossível.

— Você tem razão, Johanna, se pudéssemos, tudo seria mais fácil. Bem mais fácil. Mas não é assim que funciona...

— Infelizmente.

— Infelizmente.

Fez-se uma breve pausa até que Ludvine dissesse:

— Pode ir agora.

A jovem fez uma mesura e se retirou.

— Amores impossíveis — murmurou Ludvine a seguir. — Ah, se todos os amores impossíveis pudessem ser possíveis... A vida seria bem mais fácil.

Capítulo 16

Na manhã seguinte, por volta das dez horas, Jean-Paul voltou à mansão da família Leconte a pedido de Theodore Leconte.

— Obrigado por ter vindo — disse Theodore enquanto cumprimentava o detetive.

— Estou à sua disposição.

— Queira sentar-se, por favor.

Jean-Paul sentou-se na poltrona indicada.

A seguir Theodore contou a ele que viera a Evergreen naquela noite fatídica. Que percorrera o trajeto entre a estação de trem e Chère Maison a pé. E que quando se dirigia para a casa da família, avistou Bárbara tomando a direção que levava à estufa de flores e consequentemente à ponta do penhasco. Algo lhe disse nesse instante para segui-la e assim ele fez. Minutos mais tarde ele avistou a moça junto de seu pai à beira do penhasco. Os dois ficaram ali por meros segundos até ela...

Ele não conseguiu completar a frase.

— Quer dizer então que o senhor viu madame Bárbara ao lado de seu pai à beira do penhasco àquela noite?

Theodore confirmou com a cabeça.

— Vi bem mais que isso, Monsieur Godard, eu a vi empurrar meu pai de lá.

— Tem certeza?

— Absoluta.

— Por que não contou isso antes à polícia?

— Porque achei que as coisas poderiam se complicar para mim. A polícia poderia pensar que eu estava inventando coisas. Mas fui um tolo, um completo imbecil, não precisava me preocupar comigo uma vez que havia uma pessoa ao meu lado que poderia testemunhar a meu favor.

— Uma pessoa?

163

— Sim. Uma criada da casa. O nome dela é Johanna. Ela também viu o que eu vi. Pode questioná-la a respeito. O senhor, inclusive, já falou com ela ontem quando entrevistou a criadagem.

— Farei isso imediatamente.

Assim foi feito, Johanna Godin foi chamada até a sala e após Theodore se retirar do local para deixá-los mais à vontade, Jean-Paul lhe fez as perguntas necessárias. Johanna disse exatamente o que havia prometido dizer a Theodore. Nada mais, nada menos. Explicou que não dissera nada a respeito no dia anterior por receio de que seu patrão, seu jovem patrão, não gostasse.

Assim que Theodore voltou à sala, Jean-Paul disse:

— A criada, como o senhor havia previsto, confirmou suas palavras.

Theodore fez uma cara de quem diz: "Eu lhe disse, não disse?"

— A propósito, por que veio atrás de seu pai aquela noite? O que queria com ele, exatamente? Por que veio àquela hora?

— Vim àquela hora porque foi quando uma voz me disse: vá agora, não retarde mais a conversa que você precisa ter com o seu pai. Por isso vim. Na esperança mais uma vez de abrir os olhos dele a respeito do caráter de Bárbara. Infelizmente cheguei tarde demais.

Jean-Paul ficou absorto por instantes, alisando como de hábito seu bonito cavanhaque. Por fim, perguntou:

— Na opinião do senhor, por que madame Bárbara faria uma coisa dessas com o marido?

— Ludvine levantou a mesma questão ontem depois de eu lhe pôr a par do que presenciei naquele dia. Chegamos à conclusão, ou melhor, eu cheguei a conclusão de que Bárbara só pode ter feito o que fez por um motivo que nós desconhecemos. Cabe ao senhor, como detetive, descobrir qual é.

— Farei isso, monsieur, farei isso. Muito obrigado pelo depoimento, monsieur. Agora preciso ir, ou ficará tarde. Como lhe disse ontem que faria, estou indo a Blue River falar com o advogado de seu pai.

— Ah, sim.

Foi o próprio Theodore quem ajudou Jean-Paul a vestir o sobretudo.

— Deveríamos ter um mordomo aqui certamente, mas papai nunca foi muito com a cara deles. Para ele, empregados dentro de casa, só mulheres. O cocheiro nunca põe os pés dentro de casa a não ser que seja autorizado, certamente.

Nisso Ludvine apareceu no topo da escada e ao avistar o detetive, desceu.

— Monsieur Godard — chamou ela.

— Olá — disse Jean-Paul, abrindo-se num sorriso. Tomou a mão da jovem e a beijou.

— Como vai?

— Bem — respondeu o detetive, balançando a cabeça.

— Ele está indo até Blue River conversar com o velho Chamberlain — explicou Theodore.

— Ah!

— Até logo, passar bem — despediu-se Jean-Paul.

Assim que Jean-Paul desceu o pequeno lance de escadas que ficava em frente à casa, Ludvine voltou-se para o irmão e perguntou:

— Você disse a ele, não disse?

— A respeito?

Percebendo que o irmão nada dissera, Ludvine atravessou a porta e correu até Jean-Paul que naquele momento se preparava para subir na carruagem.

— Monsieur Godard!

— Sim.

— O advogado, bem, ele esteve aqui naquela manhã em que o corpo do papai foi encontrado. Tomou um choque e tanto ao saber da sua morte. Segundo ele, papai havia mandado chamá-lo com urgência. Por isso ele veio naquela manhã.

— Como mademoiselle soube disso se não estava aqui? Pelo que sei, mademoiselle só chegou à noite, não foi?

— Sim. Soube por meio dos empregados.

O detetive assentiu. Despediu-se e entrou na carruagem que partiu em seguida. Ludvine ficou ali parada olhando para o carro seguindo por entre as folhas derrubadas das árvores pelo outono. Um arrepio a fez se abraçar.

Assim que ela pisou novamente no interior da casa, assustou-se ao ver o irmão escorado contra a parede olhando seriamente para ela.

— O que foi? — perguntou a moça, contorcendo nervosamente as mãos.

— Havia me esquecido completamente desse fato — respondeu Theodore de mau humor. — Estou curioso para saber o que o papai queria com o velho Chamberlain.

— Seja o que for, o velho Chamberlain não ficou sabendo. Afinal, papai estava morto quando ele chegou aqui.

— Ocorreu-me algo agora.

— O quê?

— Será que papai, por acaso, chamou o velho Chamberlain aqui para fazer um testamento?

— Não — respondeu Johanna, parada há menos de três metros deles.

Os irmãos voltaram-se para ela com susto.

— Desculpe assustá-los — disse ela —, desculpe me intrometer, mas é que seu pai já havia feito um testamento.

— Havia?!

— Sim. Inclusive eu servi de testemunha.

Theodore estava atônito. Apanhou a cartola, o sobretudo e atravessou a porta pisando duro.

— Aonde você vai? — gritou Ludvine correndo atrás dele.

— A Blue River! — respondeu ele secamente.

— Agora?

— Agora mesmo! Quero saber que testamento foi esse que papai fez enquanto estivemos afastados daqui.

— Brigados com ele, você quer dizer?

— Sim. Algo não está me cheirando bem nisso tudo, Ludvine.

— Eu vou com você.

Quinze minutos depois a carruagem levando Theodore e Ludvine partia da mansão Leconte rumo a cidade de Blue River.

A garoa que se fizera presente no amanhecer do dia caía fininha agora pela região.

O advogado, Andrew Chamberlain, era um homenzinho perspicaz. Havia um leve nervosismo em seus modos. Parecia ansioso em cooperar. Foi logo dando as devidas explicações.

— Não havia testamento algum antes do senhor Lionel Leconte se casar com a jovem Bárbara. Não era necessário, uma vez que o senhor

Leconte não era casado. Seus herdeiros seriam automaticamente, após sua morte, o casal de filhos. A fortuna da família seria dividida meio a meio entre os filhos. No entanto, depois do casamento com Bárbara, Lionel me procurou para fazer um testamento. As razões para isso são muito óbvias, ele havia se casado e queria deixar sua nova esposa amparada financeiramente caso ele morresse repentinamente. Pensei a princípio que ele haveria de dividir a fortuna em três partes iguais; no entanto, o senhor Leconte não quis assim. Estava muito decepcionado com os filhos, chateado por eles terem se voltado contra ele quando decidiu se casar com a jovem Bárbara. Assim ele optou por deixar 60 por cento de sua fortuna para a nova esposa e os 40 por cento restantes dividido em partes iguais para os filhos.

Theodore fechou o punho e bateu com toda força na mesa.

— Ele enlouqueceu! Isso não pode ser verdade!

— Leia o senhor mesmo com os próprios olhos — disse o advogado.

E passou para Theodore o testamento para que ele pudesse lê-lo. Os olhos do moço estavam cheios de lágrimas quando ele terminou de ler o documento. Jean-Paul olhava para o rapaz com grande curiosidade, questionando, certamente, se as lágrimas eram de ódio ou de pena de si mesmo.

— Ele não podia ter feito isso — lamentou Theodore deixando o corpo cair na cadeira.

Ludvine olhava para o irmão com olhos assustados.

— Isso não pode ficar assim — protestou o rapaz. — Não é certo. Foi ela, ela, aquela ordinária, assassina que fez a cabeça dele a seu favor. Assassina....

Ludvine pediu licença para falar.

— Segundo nossos empregados o senhor chegou a ir à casa no dia em que o corpo do papai foi encontrado caído entre as pedras, não foi?

— Fui sim, seu pai havia mandado me chamar.

— Faz ideia do que ele queria com o senhor?

— Presumo que ele quisesse fazer alguma alteração no testamento. Devo ter guardado aqui, em algum lugar, o bilhete que ele mandou me entregar.

O homem procurou pelas gavetas de sua escrivaninha.

— Aqui está — disse ele passando o bilhete para as mãos de Ludvine.

Após ler, a jovem passou para as mãos de Jean-Paul a pedido do mesmo. Jean-Paul leu o papel com grande interesse. Seu pensamento soou em voz alta:

— Só me pergunto o que ele estava disposto a mudar no testamento.

— Isso nós nunca saberemos — respondeu o testamenteiro com vívida prontidão.

— Provavelmente.

Fez-se um breve silêncio, um silêncio pesado, quase fúnebre, até Theodore falar com sua voz de trovão:

— Eu sei o que papai pretendia mudar no testamento e se vocês pensarem bem, também saberão. Ele não queria mais deixar a quantia que havia estipulado para Bárbara. Alguma coisa o fez mudar de ideia. Algo que ninguém teve conhecimento. Bárbara deve ter descoberto sua intenção e foi por isso que ela o matou antes que ele mudasse o conteúdo do testamento. É tudo tão óbvio.

Todos olhavam para o rapaz tomados de horror e espanto. Era impossível negar a qualquer um que as conclusões de Theodore faziam grande sentido. O testamenteiro ficou tão perplexo e atônito que foi preciso servir-se de água para acalmar os nervos.

Jean-Paul deixou o escritório de Andrew Chamberlain com menos alegria e confiança em seu coração do que demonstrava em suas maneiras. Tudo o que ele mais queria naquele instante era ver Bárbara. E urgentemente. Seguiu cabisbaixo praticamente o trajeto todo de volta a Evergreen.

— Alegre-se, homem — disse eu procurando consolá-lo. — Você está chegando em algum lugar.

— *Ne me gêne pas.*

Assim que a carruagem chegou à cidade, Jean-Paul pediu ao cocheiro que o levasse direto para a casa de Emma Belmondo. Foi a própria Bárbara quem o recebeu à porta. Assim que os dois se acomodaram na humilde sala de estar, Jean-Paul perguntou o que mal se continha de ansiedade para perguntar:

— Você sabia que Lionel havia feito um testamento a seu favor?

---

*"Não me perturbe". Em francês no original. (N. do A.)

— Sabia. Ele próprio me disse que faria.

— Se sabia, por que não me contou?

— Achei que seria irrelevante.

— Está a par do quanto de sua fortuna ele deixou para você?

— Estava. Sessenta por cento. Eu protestei, logicamente, mas Lionel não me deu ouvidos. Queria que fosse assim. Estava revoltado com os filhos, com a atitude que eles haviam tomado para com ele. Ele dizia: "Eu dei tudo àqueles dois, nunca lhes deixei faltar nada, nem amor nem dinheiro e, no entanto, quando mais preciso deles, do apoio deles, eles me dão as costas, isso não é certo, não é."

"Eu lhe disse: 'O problema sou eu, Lionel, é de mim que eles não gostam. Ou melhor, não aceitam. Se você tivesse se casado com Emma tudo teria sido diferente.' Ele me respondeu: 'Mas é de você que eu gosto, Bárbara. De você, entende? Meus filhos têm de aceitar quem o pai ou a mãe escolhe para se casar. Não é certo que eles determinem com quem devemos nos casar.' Eu concordei com ele, logicamente, porque estava certo. Lionel estava sempre certo. No entanto, não consegui me adaptar à ideia de receber 60 por cento da herança de Lionel e pedi a ele que refizesse o testamento. Ele se negou prontamente, mas eu insisti. Não achei que estivesse sendo justo para com os filhos. Sinceramente não. Ele me disse que ia pensar.

Jean-Paul refletiu por um momento antes de perguntar:

— Você sabia que Lionel havia mandado chamar o advogado que também exerce o papel de testamenteiro?

— Mandou, é? Não sabia.

— Mandou sim, tanto que o homem chegou a Chère Maison na manhã do dia 12 de outubro. Pouco depois do corpo de Lionel ter sido retirado das pedras à beira do penhasco.

— Ele não me disse que havia chamado o senhor Chamberlain. Tampouco soube que ele estivera em casa aquela manhã. Não é de se espantar que eu não tenha sabido do fato. Perturbada como estava naquele dia, eu pouco prestei atenção ao que se desenrolava à minha volta.

— Faz ideia por que Lionel mandou chamar o advogado?

Ela considerou por alguns segundos antes de responder:

— Na minha opinião, Lionel só pode ter chamado o advogado para fazer as alterações no testamento que eu havia lhe sugerido.

— Essa é a sua opinião?

— Sim. É.

— A questão agora é: será que seu marido chamou o advogado para atender ao seu pedido ou para fazer algo diferente, uma alteração que nada tinha haver com o seu pedido? Algo desconhecido por você.

— Está aí algo, monsieur, que jamais ficaremos sabendo.

Jean-Paul esfregou os olhos, num gesto nervoso. A seguir disse:

— Theodore Leconte afirma tê-la visto na ponta do penhasco ao lado de seu marido na noite da tragédia. Afirma também que foi você quem o empurrou de lá.

— Mentira! Isso é mentira! Eu jamais fui até lá. Assim que saí da estufa voltei diretamente para a casa.

— O pior é que não é só ele quem afirma isso. Há uma criada afirmando o mesmo. Seu nome é Johanna Godin. Ela também diz ter visto você na ponta do penhasco perto de Lionel pouco antes de...

As pupilas de Bárbara se dilataram ainda mais, tomadas de horror. Jean-Paul acrescentou:

— Theodore vai entrar com uma denúncia contra mademoiselle. Receio que as coisas vão ficar muito mal para você a partir de agora. Você precisará ser muito forte, Bárbara.

— Eu sou forte, Monsieur Godard.

Nisso, Emma se juntou a eles, preocupada com a reação que Bárbara tivera há pouco.

— O que foi? Você está bem?

— É Theodore — explicou Jean-Paul. — Ele vai dar parte à polícia contra Bárbara.

E explicou os motivos. Emma levou a mão à boca, horrizada e disse:

— Eu sei por que Theodore está fazendo isso contra Bárbara, é tão obvio. Ele nunca aceitou o fato de ela não ter correspondido ao seu amor. Ele não consegue aceitar o fato de ter sido rejeitado. E isso é muito perigoso, muito perigoso...

— O que é perigoso?

— O estado que fica um homem que foi rejeitado por alguém que ele tanto ama. O mesmo perigo se aplica à mulher.

Todos se entreolharam.

— O que vai acontecer comigo depois de Theodore dar queixa contra a minha pessoa? — perguntou Bárbara em seguida.

— A polícia vai querer ouvir o seu depoimento — explicou Jean-Paul. — Mas, não se preocupe, eu vou instruí-la quanto ao que deve ou não dizer no depoimento.

— Obrigada.

— Você vai precisar de um advogado — acrescentou Jean-Paul com sensatez.

— Mas eu não tenho condições financeiras para contratar um — atalhou Bárbara, aflita.

— Então teremos de pedir um ao Ministério Público.

Bárbara mirou fundo nos olhos do detetive e com uma voz parecendo muito sincera tornou a agradecê-lo.

— Muito obrigada. Muito obrigada mesmo por tudo que está fazendo por mim, Monsieur Godard.

Naquele exato momento, Theodore, acompanhado de Ludvine e Johanna Godin, dizia ao delegado:

— Estou aqui para fazer uma denúncia. Uma denúncia contra Bárbara Calandre Leconte. Eu acuso Bárbara Calandre Leconte de ter assassinado meu pai no dia 11 de outubro do mês passado.

O delegado ergueu as sobrancelhas.

Assim que Jean-Paul deixou Bárbara, ele partiu, imediatamente, para a delegacia. O delegado Barnaby Hall parecia ansioso por lhe falar.

— O jovem Leconte esteve aqui, monsieur. Veio acompanhado da irmã e de uma criada. Fez uma denúncia contra a jovem Bárbara. A viúva do pai deles, você sabe.

— Eu já esperava por isso. O próprio Theodore me informou que faria.

— As coisas se complicaram um bocado agora para a jovem viúva, hein?

— Mas não foi ela! — exclamou Jean-Paul num repente. — As evidências apontam para ela, mas não foi ela quem matou Lionel Leconte. Acabei de conversar com Bárbara. Ela foi bastante sincera comigo. Disse-me que sabia a respeito do testamento que Lionel fizera a seu favor e que discordava dele por achar injusto para com os filhos. Tanto que insistiu para que o marido refizesse o documento sendo mais justo para com os dois. Ela me afirmou que não sabia que o marido havia mandado chamar o advogado e eu acredito nela. Quando perguntei-lhe por que Lionel o teria chamado, ela me respondeu com bastante segurança na voz: certamente para alterar o testamento conforme ela havia lhe sugerido.

— Vamos supor que madame Bárbara tenha se arrependido de ter pedido ao marido que refizesse o testamento a favor de seus filhos, dividindo a fortuna em três partes iguais. Tentou persuadi-lo a mudar de ideia e quando percebeu que ele não mudaria, resolveu se livrar dele antes que alterasse o documento.

— É uma hipótese, mas não foi o que realmente aconteceu. Eu teria percebido se fosse, sou ótimo para descobrir quando alguém está mentindo. Ela está sendo sincera. Realmente sincera.

O delegado riu.

— O que foi? — estranhou Jean-Paul.

— É que... Quantos e quantos assassinos que Monsieur conheceu não lhe pareceram tão sinceros antes de Monsieur descobrir que eles eram assassinos?

— Monsieur tem razão, mas é que no caso de Bárbara...

O delegado terminou a frase por Jean-Paul:

— No caso de Bárbara é diferente, é isso que o senhor ia dizer, não?

Jean-Paul encarou o homem. O delegado prosseguiu:

— Deixe que eu lhe diga por que no caso de Bárbara é diferente, Monsieur Godard. É diferente porque monsieur está apaixonado por ela.

— Eu?

— Estão todos comentando na cidade, monsieur. É impossível guardar segredo das coisas por muito tempo numa cidade pequena como essa, Monsieur Godard.

Jean-Paul ficou sem palavras por instantes. Por fim disse:

— Ela não pode ser uma assassina.

— É encantadora demais para ser uma, não é?

— Sim — respondeu Jean-Paul imediatamente, mas calou-se assim que percebeu o que havia dito. Olhou para o delegado com grande receio, envergonhado de si mesmo.

Barnaby Hall falou novamente num tom desafiador:

— Ela não pode ser uma assassina ou monsieur não quer que ela seja?

Jean-Paul ficou novamente sem palavras. Por fim, disse:

— Não podemos deixar de considerar a hipótese de que Theodore Leconte esteja mentindo com o intuito de incriminar Bárbara.

— Talvez. Mas e quanto ao depoimento da criada?

— Ela também pode estar mentindo a pedido dele.

— Eu informei ambos, deixei bem claro a respeito das leis contra perjúrio desse país. Do quanto elas são severas. Ambos me pareceram muito cientes e calmos diante do fato. Especialmente a criada. Ela não iria querer complicar sua vida por causa de uma mentira ou, simplesmente, por trocados.

— Ele pode estar pagando-a bem mais que trocados — observou Jean-Paul, seriamente.

— Talvez... Interrogaremos a criada, mais uma vez, para tirar a cisma.

— Estamos cercados de "talvez" — sibilou Jean-Paul com desagrado.

— E por falar em "talvez" aqui vai mais um: talvez não tenha sido Bárbara que eles avistaram perto de Lionel na noite da tragédia. Talvez fosse uma mulher parecida com ela. No meio da neblina, assim como no escuro todos os gatos são pardos.

— Já questionei Monsieur Theodore a respeito e ele me garantiu ter sido ela mesma quem ele viu. A criada afirmou o mesmo.

Uma sombra de desapontamento cobriu a face de Jean-Paul a seguir. O delegado não disse, mas pensou: "pobre amigo, foi se apaixonar justamente por uma assassina."

Após um minuto de introspecção, Jean-Paul comentou:

— Bárbara Leconte diz ter ouvido um grito assim que saiu da estufa em direção à sua casa. Ela supôs mais tarde, ao saber da morte de Lionel, que o grito poderia ter sido dado por ele. Na hora de sua queda do penhasco. Por acaso os dois, digo Theodore e Johanna, disseram ter também ouvido um grito nessa hora?

— Sim, monsieur. Tanto o senhor Theodore como a criada afirmam ter ouvido um grito bem na hora em que madame Bárbara empurrou o marido.

Jean-Paul afundou-se na cadeira e pendeu a cabeça para baixo. O delegado acrescentou:

— Amanhã vou interrogar Bárbara Calandre Leconte. Nem é preciso convidá-lo, pois sei que estará aqui com ela. Não é mesmo?

Jean-Paul assentiu e partiu cabisbaixo, passando a mão pelo cavanhaque num tique nervoso.

Capítulo 17

Jean-Paul deixou a delegacia cabisbaixo, com o cérebro trabalhando a mil. Oito minutos depois, chegou à conclusão de que não sossegaria enquanto não pusesse Theodore Leconte contra a parede, questionando-o a respeito do seu testemunho, olhando bem fundo nos olhos dele para saber se o moço mentia ou não. Meia hora depois o detetive estava trancado numa das salas da mansão de Chère Maison na companhia de Theodre Leconte. Fazendo exatamente o que ele havia se proposto a fazer, pôr o moço contra a parede, forçando-o a dizer a verdade, nada mais que a verdade.

A certa altura, Theodore Leconte ouviu uma voz na cabeça dizendo por que o detetive estava ali, tão desesperado, forçando-o a admitir inverdades. Theodore explodiu:

— Monsieur está apaixonado por Bárbara Calandre, é isso, não é? Por isso está fazendo de tudo para absolvê-la deste crime hediondo.

Diante das palavras do moço, Jean-Paul revidou com bastante acidez:

— Apaixonado como o senhor estava por Bárbara, Monsieur Leconte? Que eu me corrija a tempo: apaixonado como o senhor ainda está por ela, monsieur?

Os olhos de Theodore inflamaram-se de ódio. Jean-Paul prosseguiu em tom cortante:

— Visto que madame Bárbara não correspondeu ao seu amor, monsieur resolveu impedir que a moça fosse feliz por tê-lo feito infeliz. Esse é o motivo verdadeiro, por sinal, que fez com que monsieur rompesse relações com seu pai, não foi?

Theodore rasgou o verbo:

— Eu e minha irmã rompemos relação com meu pai por acreditar que ele estivesse errado, completamente errado, por querer se casar com Bárbara Calandre. Papai não via Bárbara exatamente, quem ele via nos olhos dela, na face, no corpo e nos gestos da moça era nossa mãe, que faleceu quando ainda éramos crianças. Tentamos mostrar isso a papai, mas ele se recusava a ver a verdade.

"Ele estava completamente enfeitiçado por Bárbara. Cego e surdo como ficam a maioria das pessoas que se deixam embriagar de paixão."

Um suspiro pesado interrompeu suas palavras.

– Confesso que a princípio me senti realmente enciumado por Bárbara ter se apaixonado por meu pai e não por mim, mas o tempo me fez aceitar o fato, compreender que ninguém deve forçar alguém a gostar de você. A união de duas pessoas tem de acontecer de forma natural e sincera.

"Eu e minha irmã nos preocupamos também com a união do papai com Bárbara porque fomos cercados na época de uma sensação esquisita, como se fosse um pressentimento de que algo não daria certo na vida de papai se ele se casasse com a moça, o que de fato aconteceu. A sensação foi, na verdade, uma premonição."

Jean-Paul pediu desculpas por ter se exaltado com o rapaz e partiu, sentindo-se nocauteado e ao mesmo tempo envergonhado de si mesmo por ter agido como agiu.

O Jean-Paul que seguia pela rua àquela hora, aquele dia, não lembrava em nada o Jean-Paul que eu conhecera até então. Estava arcado, parecia um velho arcado. E seus olhos estavam esbugalhados como os de um bêbado contumaz. Sentia-se como preso dentro de um labirinto onde por mais que procurasse pela saída, ela parecia fugir dele.

Eu, William Kamp, como sempre, caminhava a seu lado.

– Eu sinto muito – comentei. – Sei o quanto é importante para você inocentar Bárbara, mas o que é, é, Jean-Paul, não há como fugirmos da verdade. Por mais que ela se esconda, por mais que tentemos escondê-la de nós mesmos, ela um dia, sempre vem à tona. É a vida.

Houve uma pausa até Jean dizer com súbita e feroz energia:

– Tenho a sensação, às vezes, de que há algo muito evidente em toda essa história, porém que me passa despercebido. É como se alguém houvesse dito algo que não se encaixa, não se coaduna com o caso. Mas o quê? Como se não bastasse isso, são essas vozes e os sonhos pavorosos que vêm me perseguindo recentemente.

— Eu já lhe disse o que são, Jean-Paul. São as vozes de espíritos obsessores, quando eles não conseguem se fazer ser ouvidos por vias normais, tentam por meio dos sonhos.

"Esses espíritos são terríveis. Toda vez que algum espírito do bem, assim como eu, tenta ajudar um encarnado a reparar o mal, um deslize, uma injustiça, promover o bem, esses espíritos vêm para perturbar esse encarnado a fim de que o bem não seja promovido, somente a discórdia. Não dê ouvido a eles."

Cortei o que dizia ao ouvir os sinos da igreja do pequeno vilarejo soando para anunciar as horas. Jean-Paul subitamente reteve os passos e voltou os olhos naquela direção.

— O que foi? — perguntei, surpreso com a sua reação.

— A igreja, os sinos... Faz tanto tempo que não entro numa igreja. De repente me bateu uma vontade de visitá-la. Lembrei de quando minha mãe dizia: "aquele que comunga com Deus diariamente, livre estará das forças do mal." Talvez seja por isso que minha mente vem sendo invadida pelos espíritos maus, por eu ter me afastado de Deus, perdido a fé. Minha mãe dizia também que quando se perde a fé se perde a paz. Estou começando a achar que ela estava certa.

Sem mais, Jean-Paul entrou na igreja na esperança de reatar o elo que havia se rompido entre ele e Deus por causa dos seus dissabores com a vida. Ajoelhou-se de frente ao altar e se pôs a rezar.

Eu, enquanto aguardava por Jean-Paul, do lado de fora da igreja, andando de um lado para o outro, quis muito saber o que Deus pensa das pessoas que só se lembram Dele quando se veem diante de algo desesperador? Consideraria essas pessoas interesseiras, oportunistas, o quê?

Tive a impressão então de ver um rosto conhecido em meio aos transeuntes, mas por mais que me esforçasse, não conseguia me lembrar de onde ele me era familiar. Novamente, vi o rosto de outro passante que me lembrava alguém, talvez não o rosto em si, mas o seu modo de olhar para mim e para as pessoas que passavam por ele.

Estremeci quando vi Bárbara Calandre envolta num xale longo jogado por sobre sua cabeça como um manto, dirigindo-se para a igreja. Tive a impressão de que ela havia encolhido um pouco. Passou por mim andando ligeira, como se estivesse atrasada para um encontro. Arrepiou-se nesse instante, foi como se ela tivesse sentido a minha presença. Voltou os olhos na minha direção como se tivesse me visto. Teria de fato? Ainda assim manteve os passos acelerados.

Teria ela marcado um encontro com Jean-Paul, por isso ele entrara na igreja ou aquele encontro era mera coincidência, perguntei-me. Arrepiei-me ao ver que ela era seguida por dois espíritos, que ao passarem por mim lançaram-me um olhar de esguelha, sinistro como o cair de uma noite fria. Estremeci novamente. Eles entraram na igreja atrás da moça.

Novamente me perguntei se ela havia marcado um encontro com Jean-Paul. Caí no silêncio. O qual logo foi quebrado por uma voz dizendo:

— William.

Voltei-me para trás e arrepiei-me por inteiro ao ver um outro espírito, parado ali, a poucos metros de distância de onde eu me encontrava. Tratava-se do espírito de um homem, de meia idade, de olhar profundo e concentrado.

— William — tornou ele, impondo mais força na voz dessa vez.

Ele deu um passo à frente, eu recuei no mesmo instante.

— Precisamos conversar — acrescentou o espírito com cautela.

Recuei mais um passo.

— Você não vai conseguir... — prosseguiu o espírito — nós somos fortes. Não vamos permitir... É melhor você passar para o nosso lado.

Antes que o espírito dissesse mais alguma coisa me pus a correr feito um louco. Voltando constantemente os olhos por sobre os ombros para ver se era seguido. Por sorte, não. O espírito permaneceu no lugar onde estava. Havia outros agora por lá, como que cercando a igreja. As palavras dele voltaram a ecoar em minha mente: "Você não vai conseguir... Nós somos fortes. Não vamos permitir... É melhor você passar para o nosso lado..."

"Não!" Afirmei com determinação, ninguém vai me desvirtuar do caminho certo. Ninguém!

— É assim que se fala — disse-me um espírito que surgira repentinamente correndo ao meu lado. — Mantenha-se firme no seu propósito, meu amigo — tornou ele, seriamente. — Não se deixe debandar para o lado daqueles que nada sabem. Eles querem o seu mal. São os verdadeiros espíritos do mal.

Parei de correr, sentia-me agora mais aliviado e mais protegido.

Assim que Jean-Paul deixou a igreja juntei-me a ele novamente.

— Como foi o encontro? — perguntei olhando com atenção para o seu perfil.

— Que encontro?

— Com Bárbara Calandre?

Ele franziu a testa sem compreender.

— Ela foi até a igreja para se encontrar com você, não foi?

Ele parou de andar diante da minha pergunta. Olhou para mim com grande espanto e disse:

— Bárbara? Você deve ter visto coisas, meu bom William. Bárbara não entrou na igreja.

— Entrou sim. Inclusive acompanhada de dois espíritos malfazejos*.

— Se entrou, eu não a vi.

Fez-se uma breve pausa até que Jean-Paul se perguntasse:

— O que será que ela foi fazer lá? Preciso saber...

No segundo seguinte ele rodou nos calcanhares e retomou o caminho que levava à igreja, ardendo agora de curiosidade. Assim que se viu diante do padre, perguntou:

— Esteve aqui uma senhora, a viúva de Lionel Leconte, agora há pouco?

— Sim — respondeu o padre prontamente.

— Desculpe a indiscrição, padre, mas é que como detetive encarregado de esclarecer aspectos um tanto quanto confusos em torno da morte de Lionel Leconte, gostaria muito de saber o que ela veio fazer aqui?

— Ora, meu filho, é muito simples. Ela veio em busca daquilo que todos vêm buscar na igreja. A benção de Deus e sua proteção.

O detetive não soube mais o que perguntar. Agradeceu ao homem e partiu. Assim que me encontrou do lado de fora da igreja Jean-Paul contou-me o que havia descoberto. Palavra por palavra. A seguir, comentou:

"Espírito malfazejo são aqueles que se comprazem em fazer mal." (N. do A.)

— Ela deve ter me visto quando entrou na igreja, só não entendo porque não foi falar comigo.
— Talvez porque não quisesse incomodá-lo. Talvez...
— Talvez?
— Por causa dos espíritos que a acompanhavam...
— Espíritos maus, eu suponho.
— Sim. Espíritos movidos pelo ódio, pelo rancor, pelos desejos de vingança. Pela ignorância, pela incompreensão. Como eu já lhe expliquei, esses espíritos maus permanecem ao lado daqueles de pouca fé, que comungam com o mal, que cometem atos que vão contra os princípios de Deus, o princípio do bem. Eles formam um campo em torno da pessoa para protegê-la de todo e qualquer influência que não corresponda àquilo que eles julgam ser o certo.
— Bem, se Bárbara é cercada de espíritos maus, o que fez ela de errado para ser cercada por eles?
— O tempo dirá, Jean-Paul. O tempo dirá... Se bem que uma pessoa não precisa ter cometido algo de ruim para ser cercada de espíritos malfazejos, eles podem cercá-la simplesmente para incitá-la a cometer o mal. Principalmente se ela não souber se defender deles, estiver muito vulnerável devido à falta de fé em Deus.
"Uma pessoa que frequenta a igreja também pode ser influenciada negativamente por espíritos maus quando ela na verdade frequenta a igreja só por hábito. Não absorve nada do que é dito por lá, nem mesmo as bênçãos que lhes são destinadas."
Jean-Paul considerou por um momento antes de dizer:
— Só fico pensando se Bárbara não foi influenciada por esses espíritos maus a...
Ele cortou a frase num arrepio. Eu a completei por ele:
— A empurrar Lionel de cima do penhasco, é isso?
Ele assentiu.
— É uma boa pergunta — murmurei, mirando fundo nos seus olhos.

Na manhã do dia seguinte, como havia prometido a Bárbara, Jean-Paul acompanhou a moça até a delegacia para prestar depoimento. Após o delegado expor os fatos, Bárbara afirmou:

— Há apenas um fato que não confere em tudo isso. O que Theodore Leconte e a criada Johanna Godin afirmam — afirmou Bárbara, seriamente. — Eu jamais me aproximei da beira do penhasco naquela noite fatídica, poderia ter ido sim até lá, tive oportunidade para isso, mas não fui. Portanto, eles não podem ter me visto naquele local, àquela hora, ao lado de Lionel. Não podem, jamais.

As sobrancelhas do delegado se ergueram de forma curiosa.

— É só o que tem a declarar? — perguntou com um olhar penetrante sobre a jovem.

Ela assentiu balançando delicadamente a cabeça.

— Sim, delegado. É só isso que me resta declarar.

Depois de levar Bárbara para casa, Jean-Paul fez o que havia se prometido. Pegou o trem mais próximo que levava até a cidade onde moravam os pais de Bárbara, crente de que uma conversa com eles seria, a seu ver, de grande importância para o caso.

Três horas depois o trem chegava à St. Peterson. Oito minutos depois ele chegava em frente à casa da família Calandre.

Nunca em toda a sua vida, Jean-Paul havia sido recebido com tanta frieza por alguém e esse alguém era o pai de Bárbara, o senhor Donald Calandre. Um homem alto e magro, já idoso. Tinha uma cara comprida como um cavalo, era pálido e parecia bastante arrogante. Não lembrava em nada a filha. Após expor os fatos que o levavam ali e os pormenores sobre o caso Leconte, Jean-Paul perguntou:

— O que o senhor poderia dizer a favor da sua filha, Monsieur Calandre?

Ele fixou os olhos no detetive e com profunda indignação estampada no rosto e na voz, perguntou:

— Qual é a verdadeira intenção do senhor, monsieur? Descobrir quem matou esse homem ou inocentar Bárbara?

O embaraço corou o detetive. O homem permaneceu olhando para ele cada vez mais tomado pela indignação. Jean-Paul limpou a garganta e procurou retomar a conversa em tom natural:

— Minhas investigações servem tanto para um fim quanto para outro, monsieur.

O homem tamborilou com os dedos por sobre o braço da poltrona num gesto impaciente. Jean-Paul, num tom de voz mais ponderado, perguntou:

— O senhor, que conviveu tanto tempo com sua filha, poderia, mais do que ninguém, apontar algo nela que possa...

O homem o cortou, súbita e rispidamente:

— Primeiro, meu senhor, essa jovem a que se refere não é mais minha filha. Deixou de ser no exato momento em que me desobedeceu, foi contra os princípios desta casa, da boa moral e dos bons costumes. Não faz ideia do quanto é vergonhoso para mim ter meu nome ligado a essa moça imoral e pecadora. Se ela tivesse me ouvido, seguido os bons costumes e a moral, nada disso teria-lhe acontecido. Tudo o que ela está passando agora é merecido. Tudo o que ela está passando agora é mais do que merecido. É um castigo enviado por Deus.

O homem respirou fundo, trepidamente antes de prosseguir:

— Não tenho mais nada a dizer.

— Não é possível que o senhor não sinta um dedo sequer de pena de sua filha; ainda que não a queira mais como filha, ela ainda é um ser humano.

— Um ser humano que foi capaz de casar com um homem que tinha a idade para ser pai dela. Uma vergonha... Uma aberração. Como posso sentir algo por alguém que vai contra os princípios de Deus?

Jean-Paul pensou em perguntar onde e quando Deus havia determinado que duas pessoas de idades diferentes, bem diferentes, não podiam amar uma a outra, mas preferiu não esticar o assunto. Pelo estado caótico em que se encontrava Donald Calandre, ele bem que seria capaz de pular sobre ele, esmurrar-lhe o rosto e pô-lo para fora de sua casa a pontapés, ainda que fosse uma autoridade.

A conversa com dona Lucille Calandre, a mãe de Bárbara, não foi também de grande proveito. Teria apurado alguma coisa de significante importância se o marido a tivesse deixado só no recinto, mas com a sua presença ali, ao lado dela, como que vigiando suas palavras, a mulher deve ter se sentido intimidada a dar abertamente o seu parecer sobre a filha.

A seguir foi a vez de conversar com o irmão de Bárbara, Brendan, um rapaz extremamente semelhante ao pai no físico e na personalidade, constatou Jean-Paul, em menos de um minuto na sua presença. Até os trejeitos do rapaz eram iguais aos do pai.

— A minha opinião sobre Bárbara — respondeu o rapaz sem rodeios — é muito clara. Sim, ela seria bem capaz de cometer um assassinato, não só para poder gozar da herança que receberia com a morte do marido, mas também para ficar livre dele.

Ele riu. Descruzou as pernas, inclinou o corpo para a frente e em meio a um riso cínico, acrescentou:

— É lógico que Bárbara só se casou com aquele ricaço por causa do dinheiro dele. Disse a todos que era por amor, convenceu a todos que era por amor, até mesmo o ricaço, mas não resta dúvida, ao menos para mim, de que tudo que ela fez foi somente por causa do dinheiro, foi isso que a encantou. Ambiciosa como sempre foi, deve ter visto naquele casamento a oportunidade de ter na vida tudo aquilo que sempre sonhou de material. Tudo sem ter de trabalhar para conseguir.

— Do jeito que fala até parece que...

— Bárbara é uma obcecada por dinheiro? Sim, ela é... Obcecada a ponto de se casar com um velho para enriquecer a suas custas. Sim, um velho, era isso que Lionel Leconte era, um velho.

— Como pode ter tanta certeza do que diz?

— Meu senhor, eu vivi ao lado de Bárbara desde que ela era um bebezinho. Ninguém mais do que eu, meu pai e minha mãe a conhece melhor. Posso dizer que a conheço até mesmo do avesso.

A certeza com que Brendan Calandre falava impressionou e chocou Jean-Paul ao mesmo tempo. Jamais vira alguém falar com tanta segurança, ou melhor, já vira sim, só não se lembrava onde.

— Como era o seu relacionamento com sua irmã?

— De zero a dez, dois. Sua prepotência me irritava. Seu cinismo, tanto quanto. Não suporto pessoas que se passam por santas sendo que, na verdade, no íntimo, são uns demoninhos. O senhor sabe, o mundo está cheio de pessoas assim, até mesmo no reino dos mortos.

Jean-Paul já se encontrava de pé, para partir, quando perguntou:

— Só mais uma coisa, como soube que ela herdaria parte da fortuna do marido.

182

Jean-Paul certamente pensou que a pergunta pegaria o jovem de surpresa, mas se enganou redondamente. A resposta saltou da boca do rapaz como que se já estivesse ali pronta para ser dita mesmo antes da pergunta ter sido feita.

— As notícias correm, meu senhor. Ainda mais aquelas que envolvem um assassinato. Nós, ingleses, temos uma fissura por crimes, não deve haver no planeta raça que aprecie mais histórias de detetive que nós.

Jean-Paul teve de concordar com o rapaz, afinal sua observação a respeito dos ingleses era uma das mais pertinentes.

Assim que Jean-Paul se viu fora da casa da família Calandre, eu, William Kamp, perguntei:

— E então, o que achou?

Ele não me respondeu, apenas suspirou fundo, demonstrando profundo aborrecimento. Continuou caminhando em profundo desalento. As únicas palavras que disse a seguir foram:

— Se a família de Bárbara for chamada para depor no julgamento, caso ela vá a julgamento e acredito que irá, Bárbara estará perdida.

— Sem dúvida — comentei. — A propósito, o que acontece com a fortuna que Lionel deixou para Bárbara se ela for condenada por assassinato? A fortuna é herdada pelos pais? Se for, vai ser uma injustiça, afinal, eles parecem odiá-la.

— Pode ficar tranquilo, meu caro William. Se for provado que Bárbara realmente matou o marido, o que cabia a ela no testamento é dividido para os demais herdeiros, no caso, Theodore e Ludvine.

— Ah, quer dizer que tudo voltará a ser como antes de Lionel ter feito o testamento.

— Exato.

— Então é importante para o casal de irmãos que Bárbara seja condenada, não?

— Se eles forem do tipo fominha por dinheiro, sim.

Jean-Paul amarrou o cenho, a seguir. No mais, seguiu a viagem de volta para Evergreen em profundo silêncio. Já era por volta das onze horas da noite quando desceu na estação da pequena cidade. O Jean-Paul que desceu do trem não parecia ser o mesmo que partiu dali naquela tarde. Andava como se houvesse uma corrente presa aos seus pés, uma daquelas que se usava para impedir que os escravos fugissem. Parecia carregar na face o dobro da idade que tinha. Era o quadro do próprio desespero à sombra do caos emocional.

Ele já se encaminhava para a pensão onde estava hospedado quando sugeri que fosse até a casa de Emma Belmondo, falar com Bárbara. Ele gostou da minha sugestão, não porque tivesse mais alguma coisa sobre o caso para falar com ela, mas por saudades dela. Uma saudade que chegava a doer como uma forte dor de estômago.

Ele estava a menos de cinquenta metros da casa de Emma Belmondo quando avistou Bárbara envolta num xale saindo da casa e seguindo na direção contrária a que ele vinha. Pensou em chamá-la, mas uma voz o impediu: "cale-se e siga-a." E foi o que ele fez.

O frio era cruel com seu rosto, tirando-lhe a cor. Mas não era somente o frio externo que provocava aquilo nele, era um frio interno. Que brotava bem na boca do estômago.

Os passos de Bárbara a levaram à propriedade da família Leconte. Diante do portão que cercava o lugar, Bárbara levou alguns minutos para observar se não havia alguém por ali apto a testemunhar o que ela estava prestes a fazer.

Jean-Paul foi rápido nesse momento, escondeu-se atrás de um tronco de árvore para que ela não o visse.

Somente quando Bárbara ficou certa de que não haveria testemunhas é que atravessou o portão, com a habilidade de uma gata, e seguiu por entre as árvores que ladeavam o caminho que levava à mansão de Chère Maison.

Jean-Paul a seguiu com extrema cautela para não ser descoberto. Assim que Bárbara alcançou a ala oeste da casa, tirou de dentro do bolsinho do casaco uma chave e com ela abriu a porta que ficava ali e entrou.

Jean-Paul torceu para que ela não houvesse fechado a porta por dentro, caso contrário, ele não teria como entrar na casa. Ao seguir naquela direção, sua certeza em continuar recolheu-se às sombras. Um medo repentino travou-lhe as pernas. Um medo de um perigo eminente.

184

Dei-lhe forças para seguir. Antes, porém, ele olhou de maneira temerosa para trás, de modo a ter certeza de que ninguém o tinha visto. Só então pousou a mão na maçaneta que por sorte se abriu assim que ele a girou. Sua mão estava tremendo quando alcançou o objeto de metal. Ainda que hesitante, Jean-Paul atravessou a porta e entrou. Encontrou o interior da casa mergulhado na escuridão, como haveria de ser, e ficou incerto quanto a que direção seguir.

— O escritório — sugeri.

Ele fez um muxoxo. De que adiantava minha sugestão se ele não sabia onde ficava o escritório? Havia estado na casa apenas uma vez e uma vez era muito pouco para saber como se locomover por ela, ainda mais mergulhada no breu. O que só servia para dificultar as coisas.

— Siga em frente — sugeri. — Eu lhe dou as cordenadas.

Assim ele fez.

— Não faça barulho — aconselhei.

Ele suavizou os passos e quando estava prestes a passar por uma sala cuja porta estava entreaberta, eu disse:

— Pare e espie.

Jean-Paul parou ao meu comando e espiou como eu havia lhe aconselhado.

Pela luz do luar que atravessava a grande janela retangular feita de vidro, ele pôde avistar Bárbara abrindo, com extremo cuidado, gaveta por gaveta de uma escrivaninha que ficava próximo à imensa janela.

Ela verificava cuidadosamente o que havia dentro de cada uma. Por fim, após muita procura, pareceu encontrar o que buscava. Aproximou-se mais da janela e ergueu o papel numa altura cuja luz do luar pudesse iluminar melhor o seu conteúdo para que ela pudesse lê-lo com nitidez. Pareceu satisfeita. Ela dobrava o papel em quatro, quando Jean-Paul a chamou:

— Bárbara.

O susto que o detetive causou na moça com a sua aparição repentina foi notável. Mesmo ela estando contra a luz do luar, Jean-Paul pôde ver a face de Bárbara se inflamar de susto e apreensão. Eu também pude ver o mesmo.

— O senhor aqui? — perguntou Bárbara num fio de voz.

O silêncio caiu sobre nós de forma brutal.

185

Capítulo 18

Bárbara parecia querer se explicar, mas não sabia por onde começar. Jean-Paul ficou olhando para a moça por um longo e desesperado momento.

— O que está fazendo aqui a uma hora dessas? — perguntou a seguir. — O que procura?

— A-algo que esqueci aqui — respondeu Bárbara gaguejando.

Ele voltou os olhos para a mão dela, depois para ela e disse:

— O papel, Bárbara. Dê-me o papel, por favor.

Ela pareceu relutar contra o pedido.

— Por favor — insistiu ele, com tato.

A jovem acabou cedendo.

— Deve haver um abajur por aqui, não? — perguntou Jean-Paul, girando o pescoço ao redor.

— Ali — apontou ela.

— Acenda-o, por favor.

Ela manteve-se parada e, em tom de súplica, disse:

— É melhor partirmos daqui, Monsieur Godard. Por favor. Essa casa me provoca arrepios.

Ele refez seu pedido em tom sério:

— Faça o que lhe peço, Bárbara.

Ela acabou atendendo ao pedido. Quando a luz iluminou o recinto, Jean-Paul avistou uma Bárbara completamente diferente da que vira até então. Seu rosto estava desfigurado, tenso, havia tristeza e horror dominando seus olhos agora.

— É o testamento — explicou ela se atrapalhando um pouco com as palavras —, o esboço do testamento que eu sugeri para Lionel fazer. É o que ele ia apresentar ao testamenteiro. Exatamente como eu havia descrito para o senhor.

Jean-Paul desdobrou cautelosamente as folhas de papel para ler seu conteúdo. Na primeira folha lia-se exatamente o que Bárbara havia mencionado. O documento estava escrito numa caligrafia miúda; no entanto, era a mesma caligrafia que havia visto no bilhete que Andrew Chamberlain tinha mostrado ao detetive em seu gabinete. Provando definitivamente que aquilo havia sido escrito pelo próprio Lionel, de próprio punho.

Um suspiro de alívio atravessou as narinas de Jean-Paul.

Seu olhar, então, se prendeu no outro papel que Bárbara também havia dobrado em quatro. Sentiu-se mal diante dele, abalado e cheio de uma apreensão inominável. Este, Jean-Paul desdobrou sem tirar os olhos de Bárbara. E ela olhava para ele com olhos aflitos, mordendo os lábios numa expressão dolorosa.

O conteúdo dessa segunda folha também fora escrita por Lionel de próprio punho, descobriu Jean-Paul assim que se pôs a ler o que estava escrito. A cada linha que o detetive lia seu alívio esmaecia. Quando ele voltou os olhos para Bárbara, eles estavam vermelhos, abobados.

— É disso, não é? — disse ele com voz grave. — É atrás disso que você estava?

As sobrancelhas expressivas de Bárbara levantaram-se e o medo ardia no fundo de seus olhos grandes e viçosos. Jean-Paul tornou a fazer a pergunta, dessa vez, com mais gravidade:

— É atrás disso que você estava, não é, Bárbara?

Ela suspirou pesado antes de responder:

— Sim. Não vou negar.

— Por isso você se arriscou a entrar nessa casa na surdina e a essa hora da noite. Porque se essa carta cair nas mãos das autoridades você estará definitivamente em maus lençóis.

— Eu sei. Presumi. Por isso vim atrás dela. Para queimá-la.

Um manancial de tristeza minava nitidamente dos olhos claros de Bárbara, agora.

— Tudo se torna tão claro, agora.

Ela pousou a mão no braço de Jean-Paul e num tom diferente de voz, um tom mais brando, fez-lhe um pedido muito sério:

— Por favor, Monsieur Godard, eu lhe peço. Por tudo que há de mais sagrado. Se monsieur realmente tem algum apreço por mim eu lhe suplico: não comente nada a respeito dessa carta com a polícia. Não comente a respeito dela com ninguém.

— Você está querendo que eu minta?

— Não. Que monsieur omita apenas um fato irrelevante.

— Irrelevante! Como irrelevante?! Essa prova é crucial para o caso. Com ela, torna-se evidente que Lionel iria se separar de você, anularia o testamento e você sairia do casamento sem receber praticamente nenhum tostão.

"Foi pelo dinheiro, não foi, Bárbara? Foi mais o dinheiro do que o ódio por ele querer terminar tudo com você que a fez cometer aquela loucura, não? É sempre ele, o maldito dinheiro que está por trás de uma brutalidade como aquela. Que na maioria dos casos leva uma pessoa a cometer um assassinato brutal como aquele que você cometeu contra o seu marido."

Ela bufou, parecendo irritada.

— Maldita hora — lamentou com irritação —, maldita hora em que fui dar ouvidos àquela voz que me aconselhou a vir aqui tirar este papel desta casa. Maldita hora.

O rosto de Bárbara estava agora marcado pelo medo e pela preocupação. Jean-Paul ia dizer alguma coisa, mas achou por bem esperar. Disse apenas:

— É melhor conversaremos a respeito disso tudo no caminho de volta para Evergreen. Nossa conversa pode acordar um dos moradores e não será nada agradável se eles nos encontrarem aqui.

— Monsieur tem razão. Vamos.

Os dois estavam prestes a deixar o aposento quando Theodore apareceu na soleira da porta e disse:

— Entregue-me.

Jean-Paul perdeu a fala. Sua face bonita e rosada empalideceu. Nunca enfrentara situação tão delicada quanto aquela.

— Entregue-me agora o que está em suas mãos, Monsieur Godard. Estou mandando — tornou Theodore energicamente.

Jean-Paul nem bem estendeu as duas folhas de papel na direção do dono da casa, o rapaz tomou-as de sua mão com aspereza. Acendeu a outra luminária e se pôs a ler o que estava escrito ali. Foi o conteúdo da segunda folha escrita de próprio punho por Lionel que mais

188

impressionou Theodore, assim como impressionara Jean-Paul. A cada linha sua sobrancelha se erguia mais e mais.

A carta dizia:

Eu nem sei como dizer o que tenho para lhe dizer. Creio que nosso relacionamento aconteceu de forma muito precipitada. Eu pensei que você pudesse ocupar o meu coração há tempos acolhido somente pela saudade de minha amada esposa, mas não. Confesso que me precipitei. Eu queria estar errado, questionei-me a respeito por diversas vezes, mas a conclusão a que cheguei no final foi a mesma: não dá mais. Não podemos mais ficar juntos. Quis acreditar que os meus sentimentos por você eram de amor, mas não são, nunca foram. Sei que vai ficar sentida comigo, ainda assim preciso ser honesto comigo e com você. E dar-lhe especialmente a chance de ser feliz ao lado de outro homem.

Eu sinto muito, sinto imensamente terminar com você assim de uma hora para outra, mas não há outro jeito... Preciso ser honesto comigo e com você. Sinto muito mesmo. Você foi, é e sempre será uma pessoa especial para mim. Perdoe-me por tê-la feito se dedicar a mim como se dedicou.

Com carinho,
Lionel Leconte.

Theodore tirou os olhos da carta e voltou-os para Bárbara.

— Quer dizer então que meu pai ia se separar de você! — disse, com uma súbita e malevolente aspereza.

— Não! — defendeu-se Bárbara, nervosa.

— Está escrito aqui — berrou Theodore quase esfregando a carta diante do nariz de Bárbara.

— Não é isso...

Ele a cortou com rispidez:

— Essa carta esclarece todo o caso. Por meu pai ter se decidido a se separar de você, ele quis reverter o testamento a nosso favor. Por isso chamou o advogado. E você, muito esperta, tratou de impedi-lo que fizesse qualquer alteração no documento para garantir os 60 % que ele havia deixado para você no testamento em voga na época.

Theodore suspirou indignado.

— Essa carta é a prova definitiva para condená-la à forca. Amanhã mesmo, logo pela manhã, apresentarei essa carta a polícia.

Bárbara tentou defender-se:

— Eu sabia que vocês, todos vocês, iriam pensar isso ao ler esta carta. Na verdade, esse esboço de carta, por isso vim aqui tirá-la desta casa antes que fosse encontrada. Mas juro que nada do que está escrito aí tem a ver comigo. Seu pai jamais quis se separar de mim.

Bárbara voltou-se para Jean-Paul suplicando com o olhar por sua intervenção. Jean-Paul se viu atônito, sem saber o que fazer diante de tão constrangida situação.

Nisso, Ludvine entrou na sala.

— O que está acontecendo aqui? — perguntou exaltada.

— Essa idiota foi muito esperta — respondeu Theodore passando as duas folhas de papel para as mãos da irmã. — Leia esta carta com atenção — ordenou.

Os penetrantes olhos escuros de Ludvine encararam o irmão com severidade antes de começar a ler o que havia sido redigido nas duas folhas.

Enquanto a jovem lia, Theodore, impaciente, disse:

— Papai estava disposto a terminar o casamento com Bárbara.

— Isso não é verdade! — replicou Bárbara mais uma vez.

Ludvine parou a leitura, voltou-se para Bárbara e disse:

— É sim, não adianta negar. Está escrito aqui. Qualquer um pode reconhecer a caligrafia do meu pai. Então aconteceu o que eu supus. O que eu a alertei a respeito, Bárbara. Papai acabou mesmo se arrependendo de ter se casado com você. Percebeu a grande tolice que cometeu e quis reparar os erros.

Bárbara olhava atônita para a ex-melhor-amiga. Negando violentamente com a cabeça.

— Com o término do casamento de vocês — prosseguia Ludvine —, e com a alteração no testamento que papai pretendia fazer você receberia somente a quantia estipulada no contrato de casamento. E isso para você foi ultrajante. Então decidiu matá-lo antes que ele mudasse o testamento que havia feito a seu favor.

Theodore atravessou as palavras da irmã, dizendo:

— Ela foi muito esperta, Ludvine, muito esperta.

Havia uma frieza antipática no olhar que o jovem Theodore dirigia à moça. Havia na verdade bem mais que frieza: havia ódio.

Os olhos de Ludvine também estavam frios e cheios de ódio.

— Como você foi capaz de... — perguntou Ludvine sem conseguir completar a frase. Rompendo-se num choro agonizante, a seguir.

Theodore tratou imediatamente de consolar a irmã nos seus braços, apertando-a fortemente contra o seu peito. Somente quando ela deu sinais de melhora é que ele desfez o abraço afetuoso. Voltou então mais uma vez seu olhar venenoso para Bárbara e gritou:

— Cadela! Não vou sossegar enquanto não a ver enforcada*. Sua ordinária.

Voltando-se para Jean-Paul, Theodore perguntou com rispidez:

— E o senhor, o que faz aqui? Tornou-se cúmplice dela, foi?

Os penetrantes olhos claros de Jean-Paul encararam o rapaz com severidade antes de ele dizer:

— Eu posso explicar.

— Não pode, não! — vociferou Theodore. — Vejo em seu olhar que procura desesperadamente por uma resposta, mas está tendo muita dificuldades para encontrá-la.

— ... — as palavras se perderam na boca de Jean-Paul.

— Saiba que deixarei a polícia a par de sua entrada nesta casa, juntamente com esta assassina. Vou a delegacia dar voz de prisão aos dois por invasão a domicilio.

— ... — as palavras novamente fugiram dos lábios de Jean-Paul.

— Fora daqui! — berrou Theodore a seguir. — Os dois, fora!

Jean-Paul e Bárbara caminharam em silêncio e a passos largos para fora da casa. Bárbara seguiu na frente por conhecer o caminho que levava a saída. Os dois caminharam em silêncio até alcançar o portão que separava a propriedade dos Leconte da rua.

— Eu ainda não consegui entender — disse Bárbara rompendo o silêncio constrangedor que caia sobre os dois. — Não consigo entender como monsieur soube que eu estaria na casa dos Leconte a essa hora? E como conseguiu me encontrar no meio daquela escuridão.

---

*Na Inglaterra, as pessoas condenadas por assassinato são sentenciadas a morte por enforcamento. (N. do A.)

— Eu a segui!

Ele parou de andar subitamente; ao vê-lo parar, ela também estancou os passos. Jean-Paul voltou seus penetrantes olhos claros para ela e disse com severidade:

— Foi muita estupidez da sua parte fazer o que fez, Bárbara. Uma estupidez tamanha. Theodore possui agora nas mãos, como ele mesmo disse, uma prova definitiva contra você. Possui mais do que isso: o depoimento dele e da irmã e o meu de que você invadiu a casa deles para tirar de lá uma prova circunstancial que depõe muito contra a sua pessoa, Bárbara. E isso é muito mau. Theodore, além do mais, pode acusá-la de invasão de domicílio.

— A casa também é minha. Enquanto não for lido o testamento, aquela casa ainda é minha.

Jean-Paul voltou a andar, ela o seguiu dizendo:

— Monsieur, o senhor tem de acreditar em mim.

Jean-Paul parecia surdo aos seus apelos. Suspirou e disse:

— Quer dizer então que Lionel Leconte queria terminar o casamento com você!

— Não! Eu juro que não. Monsieur tem de acreditar em mim.

Mas Jean-Paul não lhe deu ouvidos, continuou dizendo:

— Terminando o casamento você estaria em más complicações. Sem o apoio dos seus pais, não teria mais para onde ir.

Bárbara agora chorava compulsivamente enquanto palavras em defesa própria saltavam-lhe à boca. Mas Jean-Paul continuava a ignorá-la, apertando o passo, amargando a voz que dizia:

— A decisão de Lionel de se separar de você deve tê-la pegado de surpresa, deixado você arrasada. Não deve ter sido fácil para uma mulher, nunca é, descobrir que o homem por quem se apaixonou não a quer mais.

— Lionel me amava! — atalhou ela, entre lágrimas.

— Não deve ter sido fácil descobrir que ele se casou com você somente porque o fazia se lembrar da antiga esposa.

— Isso não é verdade, não é verdade...

— É verdade — atalhou Jean-Paul com firmeza. — É verdade e você sabe muito bem disso.

A imagem dele embaçada pelas lágrimas provocou um arrepio em Bárbara. Por um momento pareceu que ela ia travar os passos e perder a consciência, mas foi apenas impressão da minha parte, ela continuou firme em sua autodefesa:

— Ainda que Lionel me amasse porque eu lembrava sua primeira esposa eu, ainda assim, o queria, o aceitava do mesmo jeito.

Ela agora chorava e soluçava ao mesmo tempo.

— Que decepção Bárbara, que decepção — lamentou Jean-Paul. — Você destruiu sua vida, toda a vida que podia gozar com alegria e amor por causa de uma estupidez.

Os olhos dela, encharcados d'água, pareciam agora que iam saltar das órbitas.

Eu, William Kamp, olhava para a moça, deveras chocado. Chocado também com a reação de Jean-Paul. Jamais pensei que ele, estando apaixonado por Bárbara como estava, reagisse de forma tão severa com a mulher amada. Uma lágrima vazou do meu olho direito.

Bárbara, de repente, parou, curvou as costas, apoiando as mãos contra o joelho e desabafou:

— Alguém tem de acreditar em mim. Pelo amor de Deus, alguém tem de acreditar em mim.

Aquela atitude fez com que Jean-Paul parasse também a uns dez passos de onde ela se encontrava. Ele encarou-a dessa vez com pena. Uma onda de piedade o invadiu. Foi até ela, pousou a mão no seu ombro e disse:

— Venha. A histeria, o drama, a tragédia não vão mudar as coisas.

Ela endireitou o corpo. Enxugou os olhos no dorso das mãos, prendeu novamente os fios de cabelos atrás da orelha, respirou fundo e disse com convicção:

— Não adianta, ninguém mesmo acredita em mim. E não vão acreditar, jamais. Só lhe digo uma coisa, Monsieur Godard, eu não matei meu marido. Ainda que todas as provas, todos os fatos apontem para mim, eu não matei Lionel. Eu o amava e quem ama não mata jamais. Jamais!

Confesso que a frase mexeu com o meu interior. Fez-me perguntar novamente: será que quem ama realmente não mata? Minha pergunta subiu para os céus e se perdeu na escuridão da noite.

Os dois voltaram a caminhar em silêncio. Alguns quarteirões à frente, eles se despediram e separaram, Bárbara seguiu para a casa de Emma Belmondo e Jean-Paul para a pensão onde estava hospedado.

Antes de partir, Jean-Paul olhou tristemente mais uma vez para Bárbara. Seus olhos expressavam mais do que tristeza, mostravam dó.

Eu, William Kamp, seguia atrás dele. Achei melhor manter-me calado por hora. Sabia intimamente que se eu dissesse alguma coisa a Jean-Paul naquele instante minha pergunta seria rechaçada pelo caos mental em que ele se encontrava no momento.

Jean-Paul subiu para o quarto na pensão sentindo-se lasso, infeliz e preocupado. A respiração estava ofegante quando ele se fechou em seu quarto aquela noite. Tive a impressão de que ele, a certa altura, quis arremessar algum objeto contra o espelho. Na verdade não só contra o espelho mas contra as paredes que cercavam o quarto. O equilíbrio de Jean-Paul estava, a meu ver, por um fio. Na linha extrema de limite com a insanidade.

Minutos depois, Jean-Paul trouxe Bárbara de volta ao seu pensamento, olhando para ela dessa vez com muita pena. Sentia pena de si mesmo também por ver que a mulher que conseguiu, depois de muito tempo, despertar alguma coisa em seu coração, não era, nem nunca foi, quem ele pensou ser.

— Você não poderia ter feito uma coisa dessas, Bárbara... — lamentou. — Não podia.

Então aconteceu aquilo que há muito não acontecia com Jean-Paul. Ele chorou, como há muito não chorava. Como há muito não se permitia chorar.

E novamente se viu revoltado com todos aqueles que insistiam em querer fazer com que o próximo acreditasse em Deus. Como acreditar num Deus que permite que uma tolice daquelas aconteça?! Como?

Meu amigo detetive girou o pescoço ao redor lentamente enquanto começava a chamar por mim:

— William, você está aqui?

Ainda que trêmulo, me fiz presente. Quando os olhos dele colidiram com os meus, eu pude ler o que se passava em sua mente: desespero, caos.

— Bárbara cometeu um erro gravíssimo indo àquela casa esta noite — comentou.

— Não se preocupe, ela sairá dessa — otimizei.

— Sair dessa? Como? As evidências estão todas contra ela, William. Com essa prova agora, torna-se mais do que evidente sua culpa.

Tanto o rosto quanto a voz de Jean-Paul estavam transformados agora.

— Ela matou o marido, William. Ela matou o marido. Por dois motivos muito claros.

Suspirei. Refleti por instantes quanto ao que dizer, por fim disse:

— Não se esqueça, Jean-Paul, de que Bárbara é uma jovem e, como todo jovem, não sabe ao certo o que faz. Se ela fez o que fez, foi por impulso, um desatino temporário. Merece uma segunda chance. É tão linda... Acha justo que tamanha beleza apodreça atrás das grades da prisão ou morra enforcada? Acha?

Pela expressão de seu rosto pude ver que ele recebeu minhas palavras com grande espanto.

— Por mais que eu goste de Bárbara — disse ele, resfolegando-se. — Que eu até mesmo a ame. Não posso permitir que uma assassina escape ilesa do crime que cometeu. Nunca! Se ao menos ela tivesse cometido o crime por defesa própria, mas não...

— Diga que foi.

— Se eu dissesse estaria mentindo.

— Vamos. Você pode. Pense nela. No quanto você gosta dela.

— Não. Por mais que eu goste dela, ela ainda é e sempre será uma assassina.

Nosso pequeno diálogo morreu. Uma nova lágrima vazou do meu olho direito.

Jean-Paul permaneceu ali, olhos esbugalhados, boca entreaberta, a própria expressão da indignação. Nos segundos a seguir parecia que o chão se tornara cada vez mais distante dos seus pés. Antes que o desespero se apossasse dele por inteiro, ele desmaiou pela primeira vez em toda a sua vida.

Confesso que o incidente deixou-me ligeiramente abalado. Passei aquela noite inteira vagando pelas ruas escuras de Evergreen. Rememorando fatos que vivi. Que fizeram o meu passado e que certamente influenciaram no meu fim. Era uma noite bonita de outono, uma das mais inspiradoras que já vira.

Vi então, para a minha surpresa, dois espíritos se aproximando de mim. Eles me pegaram tão desprevenido que gritei no mesmo instante e corri.

— Afastem-se de mim — gritava eu, trôpego. — Afastem-se de mim. Vocês não vão me fazer passar para o lado de vocês, não vão. Vocês querem o meu mal. Vocês é que fiquem com o mal que querem semear entre nós.

Mas eles não atendiam ao meu pedido. Quase uma súplica. Continuavam a me seguir para o meu total desespero.

Passei praticamente a noite toda fugindo daqueles espíritos, na minha opinião, malignos.

Fiquei tão perturbado que Jean-Paul assim que me viu no dia seguinte percebeu que eu havia passado uma noite difícil.

— Pelo visto a sua noite foi tão ruim quanto a minha, não? — perguntou-me, olhando fundo nos meus olhos.

— Sim. Passei a noite toda fugindo de espíritos obsessores. Um horror. Eles me perseguiram sem dó, mas eu consegui escapar. Com muito custo, mas consegui. Isso é o que importa.

— Espíritos obsessores — murmurou Jean-Paul franzindo o cenho.

— Sim. Eu já lhe falei a respeito deles. São espíritos maus. Mal intencionados. Dispostos a semear o mal entre os bons. Dispostos a fazer os bons passarem para o lado do mal. Eles existem e não são poucos.

— De fato, você já havia me falado a respeito, mas é que minha cabeça anda tão transtornada que...

— Eu sei.

Seguiu-se um silêncio profundo, até que Jean-Paul me perguntasse:

— Quando você diz que esses espíritos obsessores o perseguiram, você quer dizer, tal como um caçador persegue um animal no meio da floresta?

— Sim. Essa é uma boa comparação.

Ri e acrescentei:

— Mas esses espíritos nunca hão de me fazer passar para o lado deles, Jean-Paul. Nunca!

— Você sabe se proteger.
— Sei, graças a... — atrapalhei-me com as palavras. — É preciso saber se defender em qualquer lugar que o espírito esteja. Pois espíritos maus estão em qualquer lugar.

Jean-Paul permaneceu olhando fixamente para mim sem que seu olhar vacilasse. Olhava-me, mas sem me ver. Com a mente longe, distante.
— Minha noite foi péssima — disse ele, minutos depois. —Tomada de pesadelos. Aqueles que vivem a me perseguir.
— Pode se ver pela sua cara.
Ele deu um tapa no rosto.
— É para acordar — explicou.
Ri.

Àquela hora do dia, Theodore e Ludvine já haviam ido até a delegacia expor os acontecimentos da noite passada. O delegado se viu obrigado a emitir um mandado de prisão para Bárbara Calandre.

Foi Emma Belmondo quem recebeu as autoridades à porta de sua casa. Ela encarou os dois policiais friamente e perguntou:
— O que querem com Bárbara?
— Foi expedido um mandado de prisão preventiva.
— Um...

Sem dar chance à mulher de dizer qualquer coisa, o policial continuou:
— Pode chamá-la, por favor?
— Bárbara não está.
— Não?!
— Partiu hoje pela manhã.

O policial soltou um assovio antes de dizer:
— Então a belezinha fugiu!

Havia medo no rosto de Emma Belmondo. Por mais que tentasse, não conseguia disfarçar o desespero com tudo aquilo. Seus olhos, aflitos e agitados, voltaram-se na direção da estação de trem. Enquanto sua mão ia de encontro ao peito.

Os dois policiais se entreolharam. Um deles apontou para a estação de trem com um aceno de cabeça e disse:

— Ouvi dizer que o trem da manhã está atrasado. Portanto, ela ainda deve estar na estação. Se corrermos poderemos pegá-la.

— Vamos imediatamente para lá — alegrou-se o outro policial. — Rápido!

Os dois homens rodaram nos calcanhares e tomaram a carruagem que saiu disparada ao berro do cocheiro.

Bárbara estava encostada na parede feita de tijolinhos à vista da estação, lívida como um defunto. Ela soltou um grito de angústia ao ver os policiais vindo em sua direção e, antes que pudessem ampará-la, desfaleceu, caindo pesadamente ao solo. Os dois policiais socorreram a moça imediatamente e procuraram reanimá-la. Quando ela deu sinais de melhora, o policial disse friamente:

— Tenho um mandado de prisão preventiva para a senhora por ser uma forte suspeita de ter assassinado seu marido, o Sr. Lionel Leconte, na noite de onze de outubro passado.

Vi nos olhos de Bárbara um súbito lampejo de medo e pavor.

— Tudo o que disser pode ser usado contra a senhora no tribunal — acrescentou o policial com prontidão.

Não levou mais que uma hora para a cidade inteira saber que Bárbara Leconte fora presa por ter sido acusada de ter assassinado o marido.

Vi os olhos de Jean-Paul transbordarem de desespero quando soube que Bárbara havia sido presa e pior, que havia tentado fugir. Ele largou no mesmo instante o farto café da manhã que estava tomando e correu para a delegacia.

Capítulo 19

Bárbara Leconte estava mantida sob os cuidados de dois policiais quando Jean-Paul chegou à delegacia. Parecia apática a tudo que lhe cercava. Tive a impressão de que ela pressentiu a chegada do detetive, pois voltou os olhos para a porta bem no exato momento em que ele entrava no local.

Ao ver a jovem ladeada pelos dois representantes da lei, Jean-Paul parou petrificado.

Apesar do pouco tempo que havia transcorrido desde a última vez em que a vimos, tanto eu quanto Jean-Paul nos surpreendemos com o grau de abatimento em que se encontrava a prisioneira. Tinha a fisionomia cansada, e profundas olheiras tornavam ainda mais mortiça o seu olhar. Via-se que estava completamente prostrada, como se tivesse passado várias noites em claro.

O modo como ela recebeu Jean-Paul o chocou profundamente. Não demonstrou a menor emoção com a sua chegada.

— Olá, Monsieur Godard — balbuciou Bárbara.

Ele olhou para ela com a fisionomia contraída. Disse:

— Eu sinto muito, Bárbara.

— Será mesmo, detetive?

— Sinto sim...

— Pensei que gostasse de mim.

— E gosto, gosto muito.

— Não me parece.

Ela soltou um grunhido de angústia. Ele acrescentou:

— Se você não tivesse ido à mansão dos Leconte, ontem, àquela hora da noite... Se não tivesse sido pega em flagrante com aqueles papéis na mão.

— Eu não matei Lionel, detetive, não poderia. Quem ama não mata. Quem ama não fere quem ama, alimenta o amor...

– Eu... – Jean-Paul calou-se diante da aproximação de um policial. Que com polidez, informou:

– Senhora, o delegado vai interrogá-la agora. Queira me acompanhar, por favor.

Voltando-se para Jean-Paul, o policial acrescentou:

– Monsieur Godard, o delegado pediu-me para lhe dizer que se o senhor quiser participar do interrogatório, tem permissão.

– Eu vou, sim – respondeu Jean-Paul com certa excitação.

Todos se fecharam na sala do delegado e o mesmo expôs os fatos que o levaram a emitir o mandado de prisão contra Bárbara Calandre Leconte.

– O senhor Theodore Leconte e a senhorita Ludvine Leconte estiveram aqui essa manhã para deixar as autoridades a par dos acontecimentos que se sucederam ontem à noite na propriedade da família. Acontecimentos que foram, segundo informação dos dois, testemunhados por Monsieur Jean-Paul Godard. O casal de irmãos deixou a polícia a par também quanto à conclusão que chegaram após descobrirem a invasão de domicílio e a tentativa de dar fim a uma prova circunstancial por parte de dona Bárbara Calandre Leconte. Para eles não resta mais dúvidas de que dona Bárbara cometeu o crime, caso contrário não teria ido àquela hora da noite tentar surrupiar tal prova com propósitos de dar fim a ela.

Bárbara tomou a palavra:

– Tudo o que eles disseram está cem por cento certo – afirmou ela. – Não nego nada. Eu realmente entrei na casa da família Leconte ontem à noite com o objetivo de procurar essa carta e dar fim a ela. Eu sabia, ou melhor, uma vozinha na minha cabeça me lembrou de sua existência e me fez perceber o perigo que ela seria para mim caso fosse parar nas mãos das autoridades. Eles certamente pensariam que ela fora escrita por Lionel para a minha pessoa. O que não é verdade. Essa carta, ou melhor, esse esboço de carta nada tem a ver comigo.

– Talvez seu marido não tenha tido tempo de entregá-la à senhora, morreu antes disso.

– Não haveria por que me entregar, meu senhor. Repito mais uma vez: essa carta não foi redigida para mim.

O delegado perguntou a seguir:
— A senhora pretendia fugir essa manhã?
— Não sei se fugir é a palavra certa para descrever minhas intenções. Queria apenas sumir por um tempo, na esperança de que as coisas em torno da minha pessoa se esclarecessem nesse período. Foi uma voz, sabe, uma vozinha na minha cabeça que me aconselhou a fazer isso.
— É só isso que tem a dizer em sua defesa, madame?
— Sim.

O delegado, que apesar de todas as evidências, não conseguia admitir a hipótese de que Bárbara fosse culpada, esperava que ela bradasse sua inocência quando ele a interrogasse naquela manhã e não que afirmasse, sem hesitar, em sucintas palavras o que havia feito.

Assim que Bárbara deixou a sala, seguida por Jean-Paul, o policial-escrivão, de extrema fineza, comentou com o delegado:
— Não compreendo essa moça. Parece incapaz de dizer qualquer coisa para se defender da acusação. Limita-se a confirmar os fatos, em vez de afirmar sua inocência.

O delegado concordou com um balanço de cabeça e disse:
— Vou interrogá-la novamente amanhã. Quem sabe ela não acorda sentindo-se mais disposta a se defender da acusação, a apresentar fatos que possam inocentá-la! Se ela for a julgamento e provavelmente irá, a Acusação vai dobrá-la depressa no banco dos réus se ela continuar se comportando assim.
— Mas ela matou o marido, não matou?
— Você acha?
— Há uma vozinha na minha cabeça dizendo que sim. Para eu não me iludir com aquele rostinho bonito e angelical. Por trás dele há uma assassina que mata a sangue frio. Por um único propósito: dinheiro.

O delegado olhou de soslaio para o policial e disse:
— Pois há também uma vozinha na minha cabeça dizendo-me a mesma coisa.

Barnaby Hall calou-se franzindo a testa, e quedou pensativo.

Assim que Jean-Paul se viu a sós com Bárbara ele tratou imediatamente de repreender seu comportamento diante do delegado. Falou num tom enérgico e decidido:

— Falando dessa forma, ou melhor, deixando de falar, de se defender, de argumentar, você corre o risco de ser levada às barras do tribunal para julgamento e depois de julgada receber a pena máxima.

— Não há nada mais que eu possa dizer em minha defesa, Monsieur Godard — afirmou Bárbara num tom enérgico e decidido. — Todos os fatos apurados são reais e vêm de encontro a mim. O que mais posso fazer se não confirmá-los e apressar o desfecho inevitável?

Jean-Paul pareceu se segurar àquele instante para não confortar a moça em seus braços.

❧

Jean-Paul seguia de volta à pensão, para almoçar, quando encontrou Ludvine Leconte saindo de uma das lojas da rua principal de Evergreen. Jean-Paul ergueu o chapéu para cumprimentá-la. Ela parou para falar com ele.

— Bárbara certamente irá a julgamento, não, monsieur? — perguntou.

— Provavelmente sim — respondeu Jean-Paul num lamento.

A jovem suspirou. Seus olhos agora estavam sérios. Jean-Paul indagou:

— Mademoiselle quer ver Bárbara condenada, não quer?

— Se ela matou meu pai, deve pagar pelo que fez com a própria vida. Estou errada, Monsieur Godard?

— Está certa, mademoiselle.

Uma estranha expressão sombreou o rosto da moça a seguir. Ela acrescentou com consciência pesada:

— Arrependo-me tanto, tanto de ter trazido Bárbara para cá, Monsieur Godard. Se não tivesse, nada disso teria acontecido. Maldita hora em que insisti para ela vir. Bárbara não queria. Anthony, seu noivo não época, não queria deixar, sua vinda para cá impediria os dois de se verem diariamente e de gastarem o maior tempo do dia juntos como faziam nas férias. Mas eu insisti. Insisti muito. E Anthony acabou cedendo,

Bárbara acabou cedendo. Se eles não tivessem concordado, tudo teria seguido o seu curso normal. Papai teria se casado com Emma e seria feliz ao lado dela. Bárbara teria se casado com Anthony... No entanto...

— Como dizem "Não se deve chorar sobre o leite derramado", mademoiselle.

— Eu sei — respondeu ela em meio a um suspiro de tristeza.

Os sinos da igreja tocaram, despertando a atenção dos dois.

— Sabe, Monsieur Godard, papai chegou a ver o espírito de minha mãe após a sua morte. Apesar de nos contar com tanta eloquência e de não ter sido nunca uma pessoa que abria a boca para contar lorotas, ainda duvido que ele tenha visto realmente o espírito de minha mãe. Para mim, o que papai viu foi apenas fruto da sua mente, uma fantasia provocada pela saudade.

— Eu acredito em espíritos, mademoiselle. Pois eu próprio já tive contato com um. Na verdade, ainda mantenho contato com ele. Trocamos ideias. Opiniões.

Ludvine olhou para o detetive em dúvida.

— Pensei que por ser um detetive, o senhor não acreditasse nesse tipo de coisa.

— E de fato não acreditava até conhecer esse espírito em especial. E foi bom conhecê-lo, mademoiselle, pois ele não só me fez compreender que a morte não sela o nosso fim, mas que há espíritos do lado de lá dispostos a espalhar a maldade entre os espíritos encarnados. São espíritos rancorosos, vingativos, dispostos a levar a discórdia a quem quer que seja, por motivos diversos. São chamados de espíritos obsessores.

A moça sentiu um frio na espinha.

— É de arrepiar, não?

— Se é.

— Mas há também espíritos bons do lado de lá — acrescentou Jean-Paul. — Espíritos que vêm em busca daqueles que têm facilidade para se comunicar com os mortos, assim como eu, para nos ajudar a fazer justiça na Terra. Que é o caso desse meu amigo espiritual. Ele, por sinal, conheceu seu pai, foi grande amigo dele e por isso me pediu para vir aqui investigar sua morte. Por estar certo de que Lionel Leconte havia sido assassinado.

Os olhos de Ludvine dilataram-se ainda mais de espanto.

— Quer dizer que foi um espírito de um morto que fez monsieur vir até aqui investigar a morte do meu pai?

— Exato. Talvez você me ache...

Ela o interrompeu pousando a mão sobre a mão dele e disse:

— Por que uns podem ver os mortos e outros não, monsieur?

— Não sei. Deve ser pelo mesmo motivo que uns já nascem sabendo desenhar e outros, por mais que tentem, jamais conseguem.

Ludvine mordeu o lábio, parecendo refletir sobre as palavras do detetive. Só depois é que disse:

— Preciso ir, monsieur. Até logo. Que a justiça triunfe no final.

— Que a justiça triunfe no final, mademoiselle — repetiu Jean-Paul com pesar.

O detetive permaneceu ali, parado, observando a moça seguindo pela calçada. Teria sido impressão ou havia algo oculto por trás das últimas palavras de Ludvine? "Que a justiça triunfe no final", repetiu ele, pensativo.

Segundos depois ele retomava seu caminho.

— William? — chamou ele por mim com a maior discrição que um homem pode ter para que não pensem que está falando sozinho. — Você está aqui?

— Estou — respondi apressado.

Ao me ver pelo rabo do olho caminhando ao seu lado, como um bom anjo da guarda, Jean-Paul pareceu mais aliviado.

— Fiz mal em falar de você? — perguntou-me Jean-Paul, ligeiramente apreensivo.

— Não. É importante que as pessoas, digo, os encarnados saibam que muitos dos espíritos dos desencarnados transitam entre os vivos e muitos com o propósito de causar a discórdia entre eles.

— Só não sei se ela me acreditou.

— Isso eu não posso afirmar com segurança, Jean-Paul. Os espíritos não têm o poder de ler o pensamento das pessoas. Só ouvem o que atravessa seus lábios, ou o que lhes é dito em silêncio por meio de profunda meditação. Os espíritos podem soprar coisas nos ouvidos dos encarnados, envolvê-los com energia positiva e negativa, mas não têm

204

acesso ao que se passa na mente do espírito encarnado tampouco na do desencarnado.*

Jean-Paul ficou a coçar o cavanhaque, pensativo.

Nisso, algo na praça onde ficava a igreja da cidade chamou minha atenção, fazendo-me parar de andar no mesmo instante.

— Veja, Jean-Paul — disse eu. — A praça!

Jean-Paul parou de andar e voltou os olhos para o lugar.

— Você consegue ver o que eu vejo? — perguntei a ele.

Jean-Paul assustou-se com o que viu.

— Calma — disse eu.

— Aquelas pessoas — perguntou ele, trépido — aquelas pessoas ali olhando para nós não estão realmente ali, não é mesmo? São espíritos desencarnados, não são?

— Sim — respondi com ponderação. — São espíritos desencarnados e espíritos mal intencionados, espíritos obsessores, afaste-se deles assim que perceber sua aproximação. Eles são mestres na arte de bajular uma pessoa. De confundi-las. Tenha muito cuidado.

— Você já me disse para ter cuidado.

— Estou só refrescando sua memória. Pois a artimanha desses espíritos obsessores é indescritível em palavras. Quando você menos espera eles o atacarão e o cobrirão com sua lábia e seus mantos negros de energia. Você passará a ser obsediado por eles sem se dar conta. Por isso...

— Eu vou ficar atento. Por outro lado não preciso me preocupar tanto, afinal, você está o tempo todo ao meu lado. Posso então contar com a sua proteção, não?

— Pode, mas não vinte e quatro horas por dia, meu caro. Nenhum amigo espiritual passa 24 horas do dia ao lado de um encarnado. Ainda que ele seja um anjo da guarda. Daí a importância de se proteger constantemente de qualquer espírito desencarnado que queira se aproximar de você que não seja eu.

Nisso os sinos da igreja tocaram. Nos pegaram tão desprevenidos que nós dois nos assustamos. Instantes depois, Jean-Paul comentou:

---

*Maiores informações a respeito leia a nota do Espírito na página 24 (N. do A.)
*Vale a ressalva de que há espíritos que podem ler a mente de outros espíritos. Estes são, no entanto, evoluidíssimos. (N. do A.)

– Talvez eu devesse orar por Bárbara.

– Não é preciso – respondi com prontidão. – Eu e meus amigos, espíritos do bem, já estamos orando por ela. Para que ela seja forte o suficiente para enfrentar tudo isso e para que ela, caso seja inocente, seja absolvida desse crime hediondo.

– Obrigado.

– Não há de quê. Amigos espirituais são para essas coisas.

✧

Como o delegado havia prometido, novamente, na manhã do dia seguinte, ele fez um novo interrogatório com Bárbara Leconte. Diante do silêncio da moça, os últimos resquícios de dúvida, que pareciam preocupar o delegado, dissiparam-se por completo.

– Não há mais nada que eu possa fazer – lamentou. – O caso todo será enviado para o Promotor Público. Eles decidirão o que fazer. Mas certamente levarão o caso a julgamento. Para mim não resta dúvida.

Depois de tudo compilado, o delegado apresentou o relatório ao seu oficial superior. O caso foi para o Promotor Público e, diante de tantas evidências, ele decidiu pela condenação.

Bárbara seria submetida mesmo a julgamento. Não poderiam ter feito outra coisa, pelo menos com aquelas provas e evidências. E são as evidências que um júri deve levar em conta.

✧

Dias depois chegou à cidade o advogado de defesa que fora designado para atender Bárbara pela Ação de Defesa das Pessoas Pobres. O senhor Florian Hansard.

Jean-Paul perguntou ao advogado se podia participar da sua primeira conversa com Bárbara Calandre para apurar os fatos. Receou que a moça, por estar nervosa, deixasse de lhe contar detalhes importantes que poderiam fazer uma tremenda diferença na sua defesa. O advogado consentiu, sentindo-se até lisonjeado por ter a oportunidade de ficar frente a frente com o renomado detetive europeu.

– Vou recapitular cuidadosamente todo o caso Leconte desde o começo, na ordem cronológica em que os fatos aconteceram para que o senhor fique a par dos fatos – ofereceu-se Jean-Paul.

O advogado de defesa apreciou muito a sugestão. Jean-Paul pigarreou para clarear a voz e se pôs a falar:

"Monsieur Lionel Leconte perde a amizade com os filhos por eles não aprovarem seu casamento com Bárbara Calandre.

"Perde a amizade também com Emma Belmondo por ter dado fim a um relacionamento com ela que se estendeu por oito anos, seis de namoro, dois de noivado, com a promessa de casamento, mas que acabou em nada.

"Devido ao seu casamento com Bárbara, Lionel Leconte passa a ser mal visto pelos moradores do vilarejo onde morava. Povo conservador ao extremo, não aceitou seu romance com uma jovem cerca de trinta anos mais jovem que ele.

"Preocupado com a estabilidade financeira de sua nova esposa, Lionel Leconte faz um testamento deixando 60% de sua herança para ela e os 40% restante dividido em partes iguais para os filhos.

"Segundo Bárbara e o advogado da família, Lionel Leconte considerou a quantia destinada a seus dois filhos mais do que suficiente para eles, que haviam sido tão ingratos depois de ele ter decidido a se casar com Bárbara.

"Dois dias antes da sua morte, Lionel Leconte manda chamar o advogado na sua casa. Supõe-se, e isso não passa realmente de uma mera suposição, que ele tinha a intenção de alterar o testamento que fizera. Segundo Bárbara Leconte essa alteração consistia em dividir sua herança em três partes iguais, uma para ela e as outras duas para cada um dos filhos.

"Bárbara Leconte afirma também que essa disposição dos bens foi sugestão dela. Só temos a palavra dela nesse caso para confirmar o fato.

"Lionel Leconte morre, no entanto, antes de mudar seu testamento como Bárbara havia lhe sugerido e acreditou que faria. Com isso o primeiro testamento continua valendo determinando que os filhos de Lionel recebam, cada um, apenas 20 % de sua herança e, Bárbara Calandre, os 60% que lhe foram destinados pelo marido.

"No dia da morte de Lionel Leconte, por volta das 18h30, Bárbara Calandre Leconte deixa a casa para ir até a estufa de flores ver se tudo está certo por lá e também para saber se o marido se encontra por lá.

"18h35, mais ou menos, Bárbara encontra-se com a criada, Johanna Godin pelo caminho que leva a estufa e, consequentemente, à ponta do penhasco.

"19h00. Bárbara jura ter ouvido um grito. Supõe mais tarde ter sido dado por Lionel durante sua queda.

"Por volta das 19h05, Bárbara chega à porta da mansão da família. É vista pela criada Hilary Jean, pela cozinheira Arliss Lau-Robles e pelo cocheiro Kevin Drapkin, que confirmam o horário da volta da patroa à sua casa e afirmam que ela estava esbaforida e parecendo extremamente agitada. Perguntando do marido, querendo desesperadamente encontrá-lo.

"No dia da morte de Lionel Leconte, o filho, Theodore Leconte, alega ter ido à propriedade da família para tentar alertar o pai mais uma vez a respeito do caráter duvidoso de sua segunda esposa: Bárbara Calandre Leconte. Duvidoso, segundo sua intuição.

"O mesmo afirma ter visto Bárbara Leconte conversando com o marido à beira do penhasco, pouco antes dele ser empurrado por ela. Seu testemunho é confirmado por Johanna Godin, criada da casa. Que estava a seu lado naquele instante. Seguira o moço até as proximidades do penhasco assim que o viu entrar na propriedade dos Leconte.

"Theodore Leconte e Johanna Godin também afirmam terem ouvido um grito por volta das 19h00.

"Dia 12 de outubro de 1856. Lionel Leconte é encontrado morto, caído entre as pedras que ficam aos pés do penhasco."

"No último dia 18 de novembro, às 11h00 da noite. Jean-Paul Godard avista Bárbara Calandre saindo da casa onde passou a residir depois da morte do marido, por ter sido também expulsa da casa onde vivia com Lionel, pelos filhos do próprio – e a segue. Ela entra na casa da família Leconte usando uma chave, que na certa, ficou em seu poder depois de ter deixado a casa.

"Bárbara dirigi-se até o escritório de Lionel Leconte e se apodera de uma espécie de carta escrita pelo marido, de próprio punho. Não há dúvida alguma quanto ao fato. A carta deve ter sido escrita, provavelmente, um dia ou dois, antes de Lionel mandar chamar o advogado. Essa é também uma mera suposição. Nessa carta ele dá fim ao casamento com Bárbara. Segundo a filha de Lionel, o pai tinha o hábito de pôr no papel o que iria dizer a alguém.

"Theodore e Ludvine pegam Bárbara com a mão na botija como se diz e deduzem que seu pai, Lionel Leconte, havia decidido terminantemente se separar da jovem com quem se casara havia menos de um ano, algo que deve ter chocado a jovem esposa levando-a ao desespero e a decepção. E antes que Lionel anulasse o testamento que fizera a favor da jovem esposa, ela resolveu, no auge do desespero, dar fim no marido antes que saísse daquele casamento sem nenhum tostão, além da humilhação.

"Theodore e Ludvine denunciam Bárbara à polícia local.

"O delegado se vê obrigado a emitir uma ordem de prisão para Bárbara Calandre Leconte.

"As coisas se complicam para a jovem quando ela é presa na estação de trem, pretendendo sair da cidade. Dar um tempo, foram suas palavras, um tempo para ver se as coisas melhoravam para ela. O fato só serviu para incriminá-la ainda mais."

Jean-Paul calou-se por uns segundos e depois voltou ao assunto, abordando-o por um outro ângulo:

— Os filhos estão fora de suspeita. Desconheciam a existência do testamento. Ainda que soubessem dele e não quisessem admitir. Seria estúpido por demais um deles, ou os dois, em comum acordo, matar o pai antes dele alterar o testamento. Além do mais, os dois têm álibis perfeitos. Theodore tem o álibi de Johanna Godin e Ludvine tem o álibi do porteiro do prédio onde reside em Londres.

"Levantou-se suspeita em torno da jovem criada, Johanna Godin, por ela ter estado nas imediações em que ocorreu o assassinato. Poderia ter cometido o crime, uma vez que estava no local e teve oportunidade para isso. Mas não foi descoberto motivo algum aparente que fizesse com que a moça chegasse a esse ponto.

"Foi investigado também seu passado e interrogamos seus colegas de trabalho a respeito da sua pessoa. Nada relevante foi apurado. Ainda que ela esteja mentindo quanto a ter visto Bárbara empurrar o marido penhasco abaixo, o fato é que estava lá, próxima a Theodore, sob os olhos do rapaz."

Jean-Paul suspirou pesado, e mexeu ligeiramente o pescoço para dissipar o peso esquisito que pousara sobre sua nuca. O advogado de defesa aproveitou para perguntar:
— E quanto à ex-namorada, ex-noiva de Lionel?
— Emma Belmondo.
— Sim. Ela tinha motivos de sobra para matar o ex-noivo, não?
— Tinha. Não resta dúvida, no entanto seu álibi é perfeito. Estava com o senhor "X" durante o tempo todo. O nome do homem foi resguardado a pedido de ambos, por ele ser casado.
— Esses eram os demais suspeitos.
— Sim. A não ser que exista mais alguém, alguém que desconheçamos.
— Quem?
— Alguém que por ventura tivesse algum interesse em matar Lionel Leconte. Alguém de quem nada sabemos ou sabemos, mas ainda se mostra oculto para nós. Alguém que quisesse incriminar Bárbara.

Jean-Paul engoliu em seco antes de perguntar:
— Por qual motivo?
— Por ódio talvez.

Houve um momento de reflexão por parte dos dois homens até que o advogado dissesse:
— O senhor me foi de grande ajuda, Monsieur Godard. Muito obrigado. Sinto-me lisonjeado pela sua colaboração.
— Estou à sua disposição.

Da delegacia Jean-Paul seguiu para a pensão onde tomou o habitual chá das cinco. Depois fechou-se no seu quarto e se pôs a conversar comigo, William Kamp, a respeito do assassinato de Lionel Leconte.

Jean-Paul conservou-se em silêncio por um minuto ou dois. Foi então que alguma coisa estalou em seu cérebro. Ele disse, com certa euforia:
— Hoje, enquanto falava com o advogado de defesa, dissemos: "Esses eram os demais suspeitos... A não ser que exista mais alguém, alguém que desconheçamos. Alguém que por ventura tivesse algum interesse em matar Lionel Leconte. Alguém de que nada sabemos ou

sabemos, mas ainda se mostra oculto para nós. Alguém que quisesse incriminar Bárbara."

— E?

— Ocorreu-me agora uma pessoa, William.

Fitei-o com crescente curiosidade dilacerando meu peito.

— O noivo — acrescentou Jean-Paul estalando os dedos.

— Noivo?

Jean-Paul percebera a breve pausa que eu dera antes de pronunciar a palavra "noivo".

— Sim. O noivo de Bárbara. Segundo ela, ela tinha um noivo, seu nome é Anthony alguma coisa. O rapaz era extremamente apaixonado por ela. Deve ter se sentido muito mal quando ela terminou o noivado e por isso, talvez, quem sabe...

Arrisquei um palpite:

— Assassinou Lionel Leconte para pôr a culpa em Bárbara?

— É uma possibilidade, não?

— Você acredita mesmo que isso seja possível? Mas o rapaz não mora distante daqui?

— Não há distância que não possa ser encurtada por uma linha de trem, meu caro William.

— Nisso você tem razão. Ainda que tenha sido ele, como explica a carta escrita por Lionel dando fim ao casamento? O fato de Bárbara ter ido à mansão da família, aquela noite, para dar fim à carta? Ela só fez aquilo porque sabia que a iria incriminar. Com aquela carta nas mãos das autoridades tornaria-se evidente que o marido ia se separar dela e, por ter tomado essa decisão, alteraria o testamento, fazendo de seus filhos os herdeiros majoritários.

Dei uma pausa antes de acrescentar:

— Esse é um fato irrefutável. Algo que realmente aconteceu, Jean-Paul.

Seus olhos encheram-se de lágrimas causando-me pena.

— Eu sei o quanto deve estar sendo difícil para você ver Bárbara atrás das grades da prisão, prestes a ir a julgamento, Jean-Paul, mas... Se você não tivesse se apaixonado por ela, nem estaria mais pensando no caso, estaria aceitando os fatos sem contestar...

— Você tem razão, William, no entanto...

— No entanto, você se apaixonou por Bárbara. Uma assassina.

— Dói em minha alma ouvi-lo falar dela assim.

— É assim que todos estão se referindo a ela.

— Eu sei. Só que não gosto...

— Eu compreendo. O sentimento seu por ela é como de uma mãe por um filho. Por mais besta que seja esse filho, por mais criminoso que ele seja sua mãe ainda assim o ama, não aceita que ele seja chamado pelo que realmente se tornou: um assassino.

Jean-Paul esfregou os olhos por alguns segundos, num gesto nervoso. Por fim pareceu recuperar o controle sobre sua pessoa, manteve-se calado por um tempo, quase cinco minutos, e então, ressurgindo de suas reflexões, comentou:

— Você falou em mãe... Talvez eu devesse voltar lá, à cidade onde residem os pais de Bárbara e falar com eles mais uma vez. Quem sabe eles não comentam alguma coisa que possa ser útil para a Defesa usar a favor de Bárbara no julgamento.

— Jean-Paul, meu caro Jean-Paul, você mesmo me disse que se a família de Bárbara Calandre fosse chamada para depor, Bárbara estaria em maus lençóis, lembra? Eles não me parecem interessados em ajudar a moça em nada. Tive a impressão, naquele dia em que estivemos lá, que para eles, especialmente o pai e o irmão de Bárbara, pouco importa o que aconteça com ela.

— Aí que você se engana, meu caro William. As aparências enganam, esqueceu-se?

— Não, Jean-Paul. Mas você parece que se esqueceu. Esqueceu-se profundamente de que as aparências enganam.

O relógio soou e ele ergueu-se vivamente.

— Aonde vai? — perguntei, dilatando os olhos de curiosidade.

— Vou ter uma nova conversa com os pais de Bárbara.

— Acha mesmo que vale a pena?

Jean-Paul não me respondeu, passou a mão no chapéu e deixou o aposento fechando a porta atrás de si com grande impacto.

— *Très bien, mon enfant* * — murmurei para mim mesmo.

---

*"Está bem, minha criança." Em francês no original. (N. do A.)

Capítulo 20

Três horas e meia depois, Jean-Paul chegava de trem à cidade onde residia a família de Bárbara Calandre. Já estava escuro quando o detetive saltou da locomotiva com a agilidade de um garoto sapeca de dez, onze anos de idade e tomou o caminho que levava à casa da família Calandre. Nada melhor que andar para apaziguar os nervos.

Como sempre acontece com a aproximação do inverno, já não se via vivalma pelas ruas da cidade e por isso o lugar estava mergulhado no mais completo silêncio.

Jean-Paul foi recebido à porta da casa da família Calandre pela dona da casa, a senhora Lucille Calandre.

— Não temos mais nada a falar sobre o caso — respondeu a mulher após saber o motivo que trazia Jean-Paul à sua casa mais uma vez.

— Por favor, madame, diga alguma coisa a favor da sua filha, para o bem dela.

— Com licença — tornou a mãe num tom inseguro, fechando a porta.

O cérebro de Jean-Paul agiu rápido, ele pôs o pé entre a porta e o batente e assim conseguiu impedir que a mulher a fechasse.

— Madame — insistiu ele, em tom de súplica.

Seu ato assustou consideravelmente a mulher.

— Não feche a porta para sua filha mais uma vez, madame — insistiu Jean-Paul. — Ela é sua filha. Não se esqueça disso.

Nisso a voz grave de Donald Calandre ecoou da sala.

— Quem está aí, Lucille?

O homem havia ficado incomodado com a demora da esposa.

— Ninguém — respondeu Lucille Calandre, tensa.

Não se convencendo da reposta da esposa, Donald Calandre levantou-se de onde se encontrava sentado e foi até lá. Abriu a porta bruscamente e quando avistou Jean-Paul parado ali seu cenho fechou-se como os céus se fecham para arremessar uma forte tempestade.

213

— O senhor outra vez? — bramiu o homem. — Deixe-nos em paz! Se tornar a nos aborrecer darei parte à polícia a respeito do senhor.

— Senhor... Sua filha... — tentou explicar Jean-Paul elevando a voz em total desespero. — Eu preciso falar sobre a sua filha. Ela irá a julgamento acusada de ter matado o marido.

A resposta de Donald Calandre foi imediata:

— Já lhe disse que ela não é mais minha filha. Deixou de ser no exato momento em que decidiu se casar com aquele homem. Nós tentamos avisá-la, tanto eu como sua mãe. Mas ela não nos ouviu. Se os filhos ouvissem seus pais deixariam de cometer as tolices que sempre cometem.

— Quem não errou que atire a primeira pedra! — revidou Jean-Paul, peitando o homem com o olhar. — Não é isso que Jesus disse ao povo que ia apedrejar Maria Madalena?

— Muito me espanta o senhor falando de Jesus, senhor Godard. Segundo soube, é um ateu inveterado. Crítico acirrado dos cristãos.

Jean-Paul não se deu por vencido.

— Não nego, sou realmente um ateu inveterado, ou ao menos fui. Há certas coisas hoje sobre Deus que já não duvido mais como no passado. No entanto, o senhor e sua esposa ainda são cristãos e, se são, estão infligindo um dos mandamentos de Cristo. "Não julgueis para não serdes julgados. Não levantarás falso testemunho."

O olhos do pai deram pela primeira vez um sinal de abalo. Jean-Paul acrescentou, impetuosamente:

— De que vale repetir os textos da Bíblia, dizer-se fiel a Deus e a Cristo, se na hora em que uma pessoa está mais precisando de sua ajuda, o senhor fecha a porta da sua casa para ela, tapa os ouvidos, os olhos, nega suas mãos?

Era isso o que Jean-Paul mais odiava em termos de religião. Na verdade o que ele menosprezava não era a religião em si, e sim a hipocrisia da maioria daqueles que a seguem. Dizem-se fiéis a Deus e a Cristo, mas sua fidelidade só existe quando se encontram dentro de uma igreja. Fora dela continuam a ter o mesmo comportamento que a religião tanto recrimina.

O homem readquiriu sua expressão de descontentamento e disse com descaso:

– Sabe qual é o problema do senhor? É que está apaixonado por Bárbara e, por isso, quer encontrar provas que a libertem do fogo dos infernos para que possa viver, ao lado dela, a paixão que ela desabrochou em seu coração.

O comentário fez Jean-Paul perder o chão.

– O gato comeu sua língua, monsieur?

Jean-Paul reagiu no mesmo instante:

– Eu não acredito que Bárbara tenha assassinado o marido. Não acredito mesmo. Para mim ela é inocente e se algo não for feito urgentemente para provar sua inocência, acabará pagando por um crime que não cometeu.

– Como pode ter tanta certeza de que ela é inocente? Não, não responda. Eu respondo pelo senhor. A sua certeza, quem dá, é a paixão que o senhor sente por ela. Se ela matou ou não aquele desonrado isso eu não sei. As provas apontam para ela. Ainda que não seja, nada a libertará dos pecados que ela cometeu: desdenhou os pais, os desígnios de Deus... De qualquer modo, ela já é culpada.

Jean-Paul mostrou novamente um sinal de derrota. E sem querer retirou o pé que impedia o dono da casa de fechar a porta. Assim que Donald Calandre notou seu deslize, bateu a porta com toda força na cara do detetive.

Foi bem nesse momento que o irmão de Bárbara, Brendan Calandre, chegava à sua casa de volta da rua. Trazia consigo uma Bíblia debaixo do braço.

– Pois não? – perguntou ele, ao avistar Jean-Paul parado em pé em frente à porta da casa.

Ao voltar-se para ele, Jean-Paul encontrou um rosto sério de rapaz olhando em sua direção. Brendan Calandre ergueu as sobrancelhas ao reconhecê-lo.

– O senhor? – balbuciou.

– Sim – afirmou Jean-Paul, resoluto. – Você é o irmão de Bárbara, não é? Preciso falar com o cavalheiro.

– De novo?! Tudo o que eu tinha para lhe dizer, já disse.

As palavras do rapaz saíram exaltadas, num tom de voz elevado. Tão elevado que Donald Calandre reabriu a porta logo após elas terem sido ditas. Jean-Paul ainda estava olhando seriamente para Brendan quando perguntou:

— Quero saber onde o cavalheiro estava na hora em que Lionel Leconte foi empurrado do penhasco!

A pergunta pegou a todos de surpresa. Especialmente o pai. Donald Calandre pisou para fora da casa, com os olhos fulminando de ódio, o mesmo que se fazia presente na sua voz quando ele perguntou:

— Está insinuando, por acaso, que meu filho é culpado pela morte daquele...

Donald Calandre não foi além disso, Brendan Calandre o deteve:

— Calma, papai. Quem não deve, não teme. Não é mesmo? Pois eu lhe digo, meu senhor, que estive aqui mesmo nesta cidade o dia todo. No dia em que ocorreu o assassinato. Não me ausentei de casa por nenhum minuto. Permaneci o tempo todo em meu quarto estudando para um difícil exame da *faculdade*.

— Pode ter saído da casa sem que seus pais o vissem.

Donald Calandre interferiu na conversa, com grosseria.

— Pois não saiu! — berrou. — Eu sou testemunha disso, pois fui ao quarto dele durante a tarde, inclusive no período em que o crime foi cometido, para ver se ele não queria comer alguma coisa. Você sabe como são alunos aplicados, concentram-se tanto nos estudos que acabam esquecendo de se alimentar. E má alimentação retarda o cérebro.

— Quer dizer que o senhor é testemunha de que ele não se ausentou desta casa por nenhum momento.

— Sou.

Fez-se uma breve pausa, enquanto Jean-Paul parecia absorver a ideia com muita dificuldade. Procurando se controlar, voltou-se para dona Lucillle Calandre e dirigiu-lhe uma pergunta:

— E quanto à senhora, madame? Ficou também em casa naquele dia, não?

A mulher assentiu com a cabeça, parecendo ter grande dificuldade.

— A senhora afirma que o que seu marido diz é verdade?

Ela se engasgou quando ia responder. E quando fez, foi hesitante:

— Sim.

A voz de Donald voltou a soar com a força de um trovão:

– Como o senhor pode ter sido capaz de pensar que um de nós, ou, especialmente, meu filho fosse capaz de cometer um crime hediondo como aquele? Como? Se houvesse algum dinheiro na parada, aí, quem sabe, ele teria um motivo, mas nem isso há.

"Sua fama de bom detetive é um equívoco, meu senhor, pois se fosse bom de fato, não pensaria tamanha barbaridade de uma família cristã como a nossa. A única ovelha que se desgarrou da família foi aquela que o senhor chama de Bárbara. E por ter desgarrado está pagando pelo que fez. Deus não perdoa."

Jean-Paul deixou a casa dos Calandre a contragosto. Sua vontade era saltar sobre aquele casal e berrar nos ouvidos deles que ajudassem a filha. Era mais que isso, ele queria rasgar o peito de ambos para ver se havia algum coração ali e caso houvesse se não era feito de pedra. Como podia um pai ser tão cruel para com a filha, alguém do próprio sangue, alguém por quem deveriam nutrir pelo menos um pouco de amor?

Para Jean-Paul, Donald Calandre parecia possuído por um espírito obsessor. Não só ele como o filho, Brendan Calandre.

Jean-Paul atravessou a calçada e seguiu pela rua de volta à estação de trem da cidade. Quem o visse de longe pensaria tratar-se de um sonâmbulo. As lágrimas vazavam de seus olhos e eram levadas pelo vento que soprava das montanhas ao sul.

O sino da igreja bateu forte anunciando as horas. Jean-Paul sentia-se naquele momento como um barco à deriva, sem bússola, sem direção. Os sinos tornaram a ressoar, prendendo novamente sua atenção na torre da igreja.

Mas eles não haviam tocado novamente, aquilo havia sido apenas o eco de minutos atrás que se repetia em seu cérebro. Novamente o eco se repetiu de forma aguda e desconfortável. Sem se dar conta, Jean-Paul perdeu o compasso, trançou as pernas e por pouco não foi ao chão.

Endireitou o corpo, respirou fundo e voltou a caminhar. Queria sair daquela cidade o quanto antes. Não estava se sentindo bem ali, era como se lhe faltasse o ar. Era como se algo de muito grave fosse lhe acontecer. Assim ele fez, em questão de minutos estava novamente tomando o trem de volta a Evergreen. Para seu alívio, para o meu alívio.

Capítulo 21

Durante os dias que se estenderam até o julgamento de Bárbara Leconte, Jean-Paul fez questão de averiguar pessoalmente cada álibi dos envolvidos e até mesmo o passado de cada um dos criados da casa. Especialmente o de Johanna Godin. Mas não encontrou nada no passado de cada um deles que pusesse em dúvida o testemunho dos serviçais. Que os tornasse suspeitos de ter matado o patrão. Que impedisse Bárbara de ser levada à forca caso fosse condenada.

O julgamento teve abertura na primeira manhã mais fria do inverno de 1856. A Corte estava tomada de curiosos.

O juiz foi o velho Balthus Richman. Escrupulosamente imparcial.

O júri era composto de 6 homens e 6 mulheres. Todos com o que se pode chamar de almas decentes.

O anunciante deu início ao julgamento dizendo:

— Silêncio. Que permaneçam na Corte todas as pessoas que têm algo a ver com a justiça da Rainha e Entrega de Prisão Geral, da Jurisdição da Corte Central Criminal. Que Deus salve a Rainha.

Voltando-se para a ré, o anunciante disse:

— Bárbara Calandre Leconte, a senhora está sendo acusada de ter empurrado, deliberadamente, seu marido, o senhor Lionel Leconte, de cima de um penhasco localizado na propriedade da família Leconte, localizada no município de Evergreen, no dia onze de outubro passado. O que alega? Culpada ou inocente?

O rosto de Bárbara contraiu-se ao encarar o homem. Levou alguns instantes para que ela respondesse:

— Eu não matei meu marido.

A moça cobriu o rosto com as mãos e pôs-se a chorar copiosamente.

O estado desesperador de Bárbara deixou Jean-Paul ainda mais amargurado.

Voltando-se para o júri o anunciante disse:

– Membros do júri. A ré foi indiciada por ter, no dia onze de outubro passado, assassinado Lionel Leconte, seu marido, com quem estava casada desde 16 de agosto do ano de 1855. A este indiciamento a acusada alegou ser inocente. É função do júri, após ouvir as evidências, determinar se a ré é realmente inocente ou culpada.

O juiz tomou a palavra:

– Membros do júri, pelo juramento que fizeram, comprometeram-se a julgar este caso com as evidências. Devem tirar de suas mentes tudo, a não ser o que acontecer nesta Corte.

O juiz voltou-se para o promotor de acusação e disse:

– Ouviremos agora a Acusação representada hoje, aqui, pelo senhor Ivan Pollock.

– Com sua permissão, meritíssimo – respondeu polidamente o Promotor, pondo-se de pé. E voltando-se para os membros do júri, acrescentou: – Membros do júri, eu estou neste caso com meu colega Mychael Danna pela Acusação e meus amigos Florian Hansard e Auguste Poussin pela Defesa.

"Os fatos que envolvem esse caso são muito simples. Todos aqui saberão com detalhes como a ré conheceu a vítima, o senhor Lionel Leconte. Serão chamados a seguir testemunhas que provarão que Lionel Leconte foi empurrado, deliberadamente, de um penhasco pela própria esposa, num momento oportuno, sem sequer suspeitar do que iria lhe acontecer e, consequentemente, sem ter tido chances de se defender. Provando, definitivamente, que o crime foi perpetrado pela esposa, a senhora Bárbara Calandre Leconte.

"Entre as testemunhas, ouvirão as evidências da polícia, o testemunho do senhor Andrew Chamberlain, advogado da vítima, que cuidou do testamento para o mesmo. E dos peritos médicos."

Voltei meus olhos para Bárbara. Ela mantinha-se a mesma desde que ali chegou. Abatida, apática, branca como cera... Com seu olhar cada vez mais mortiço. Era como se somente seu corpo estivesse ali, um corpo em estado vegetativo. Sem um resquício sequer de consciência.

Não demonstrou a menor emoção diante das palavras do Promotor. E eu queria muito, mas muito mesmo, saber o que se passava dentro

219

dela, qual era o grau de sofrimento que estavam lhe amputando as palavras, prendendo-a àquele estado letárgico.

As provas médicas foram consideradas primeiro. No cômputo geral o médico-legista deu uma boa impressão. Seu testemunho foi claro e simples. Pela temperatura do corpo e outros fatores ficou estabelecido que a morte de Lionel Leconte se deu por volta das dezenove horas do dia 11 de outubro passado. O profissional se recusou a ser mais preciso.

Não houve dificuldade em apontar a *causa mortis*, as provas médicas eram muito bem definidas. A morte de Lionel Leconte ocorreu realmente devido à queda do penhasco. Uma queda de cerca de trinta metros de altura. A morte ocorreu instantaneamente assim que seu corpo, especialmente a cabeça, se chocou contra as rochas, provocando-lhe um traumatismo craniano.

A seguir foi a vez do Promotor expor aos olhos do tribunal fatos referentes à vida particular da acusada. Detalhes sobre a sua personalidade descobertos por meio das investigações. Detalhes a respeito da sua aproximação da vítima, o senhor Lionel Leconte e tudo que cercou o rápido namoro e noivado do casal; detalhes sobre o seu comportamento e movimentos no dia da tragédia. Tudo foi exposto publicamente sem a menor compaixão ou constrangimento.

A promotoria estava sendo realmente implacável, exatamente como Jean-Paul dissera que fariam. Em seguida foi a vez de chamar as testemunhas de acusação.

Não vou descrever em detalhes o que cada testemunha falou durante o seu depoimento para não se tornar repetitivo. Vou transcrever apenas fatos não mencionados durante as investigações de Jean-Paul e fatos que merecem ser repetidos para que o leitor possa ter uma melhor compreensão do que se passou em torno do caso.

A primeira testemunha de acusação a ser chamada foi Ludvine Leconte. Quando os olhos de Bárbara se encontraram com os da moça, Ludvine ignorou Bárbara, mostrando uma fisionomia endurecida pelo ressentimento.

Antes de o Promotor se dirigir a ela, Ludvine fez o juramento de praxe. Com a mão direita sobre a Bíblia, ela jurou:

– Juro por Deus, que as provas que darei aqui serão a verdade, só a verdade, e nada além da verdade.

Só então o promotor começou o interrogatório. De todos os fatos revelados pela moça, o que mais chamou a atenção de todos ali foi uma passagem que ela descreveu ocorrida no dia do enterro de seu pai ao qual estiveram presentes muitos curiosos de Evergreen.

– Foi lá que uma senhora me abordou – contou Ludvine. – Uma senhora de olhos remelosos e uma aparência lúgubre. Ela pegou no meu braço, de repente, e desembestou a falar.

"Quem é a senhora", perguntei, mas ela continuou falando sem ouvir nada do que eu dizia.

"Seu pai foi morto, não foi? Será que vocês não perceberam?", disse-me ela.

"O quê? O que foi que a senhora disse?", perguntei indignada.

E ela respondeu prontamente:

"Seu pai foi assassinado, ninguém cai de um penhasco de uma hora para outra".

"Ele caiu, sim", respondi. "Foi um acidente'", reforcei.

"Isso é o que *ela* quer que vocês pensem", respondeu-me ela, cutucando-me de leve no meu braço.

"Franzi os sobrolhos chocada com a hipótese. A estranha reforçou antes de partir: 'Vocês ainda vão descobrir que ele foi assassinado, guarde bem o que lhes digo, vocês ainda vão descobrir... E foi ela. Ela, entende, foi *ela* quem o empurrou de lá. Por vingança. Por ele tê-la usado!'

"Confesso que na hora vi na minha mente Bárbara empurrando meu pai. E a visão me arrepiou um bocado. Lembro-me até que minhas pernas chegaram a bambear."

A pergunta seguinte partiu da Defesa:

– Como andava seu relacionamento com seu pai?

– Não é segredo para ninguém que nós estávamos brigados.

– Por qual razão?

– Por ele ter se decidido a se casar com Bárbara Calandre. Eu e meu irmão não aprovamos a decisão. Achamos que era um erro. Pois papai não amava Bárbara. Ele gostou dela porque ela lembrava minha mãe, morta há cerca de vinte anos. Ficamos chateados com papai também por ele ter terminado tudo com Emma Belmondo, sua noiva, na época, para ficar com Bárbara. Achamos injusto da parte do papai para com Emma que dedicou oito anos de sua vida àquele relacionamento. Por isso nos rebelamos contra ele.

A pergunta seguinte partiu da Acusação.

— A carta encontrada, escrita por seu pai, a qual madame Bárbara tentou dar fim, o que pensa dela?

— Penso que papai a escreveu quando percebeu o erro que havia cometido casando-se com Bárbara. Como tinha dificuldades para expressar seus sentimentos, achou por bem escrever para ela, ou ensaiar o que haveria de dizer para ela. Meu pai tinha esse hábito, digo, o de escrever o que iria dizer em determinadas ocasiões. Acho que para não ficar sem palavras no momento, enfim... Para mim, ao saber que meu pai daria fim ao casamento, Bárbara deve ter se sentido muito mal e... bem... empurr...

Ela não conseguiu completar a frase, caiu num choro agonizante.

— Só mais uma pergunta, senhorita.

Ludvine voltou os olhos lacrimejantes para o Promotor.

— Por qual motivo exatamente Bárbara Calandre haveria de ter assassinado seu pai?

— Por decepção.

— Quer dizer que não foi pelo dinheiro.

— Não acredito. Foi mais por decepção. Quando uma mulher se decepciona com um homem, ela é capaz de cometer loucuras.

— Muito obrigado por seu testemunho.

A seguir o Promotor chamou Theodore Leconte para testemunhar. Theodore prestou juramento com fluência mecânica. Estava marcial e imperturbável, depondo com desembaraço.

— O senhor tem certeza de que era realmente a senhora Bárbara que estava ali ao lado de seu pai na ponta do penhasco na noite da tragédia?

— Absoluta. Quem mais haveria de estar ali àquela hora, naquela noite?

O juiz imprecou num tom autoritário:

— O senhor deve estar bastante certo quanto ao que diz, meu senhor, devo informá-lo ou lembrá-lo, caso já tenha conhecimento, que a lei de perjúrio em nosso país é bastante severa.

222

— Estou a par, meritíssimo. Bem a par. E o que digo é verdade, nada além da verdade. Johanna Godin também testemunhou o que eu vi, portanto, não há mais dúvida alguma de que Bárbara Calandre matou meu pai.

Vozes se elevaram por entre os presentes. Foi preciso o juiz bater com o martelo para impor ordem e silêncio no recinto.

Johanna Godin foi a próxima a prestar testemunho. Ela estava muito bem vestida e parecia ansiosa para falar e dar fim a tudo àquilo o quanto antes.

"Que ninguém me veja num tribunal, participando de um inquérito", disse ela a Arliss Lav-Robles, a cozinheira, pouco antes de ser chamada para depor. "Isso pode ser extremamente prejudicial para a minha carreira. Se precisar procurar um outro emprego isso pode pesar contra minha contratação de forma dolorosa. Pode fechar as portas para mim aonde quer que eu vá." Arliss Lav-Robles concordou com a jovem prontamente.

Johanna começou seu depoimento dizendo:

— Eu já estava trabalhando com o casal Leconte havia mais de dois meses. A patroa, dona Bárbara Leconte, era sempre muito gentil com todos os empregados.

— Houve alguma discussão entre a esposa e o marido nos dias que se antecederam a tragédia?

— Não, senhor. Monsieur Leconte tratava sua esposa com muito respeito, falava sempre baixinho com ela, com certa cautela.

— Em algum momento passou pela cabeça da senhorita que seu patrão estivesse desgostoso com a vida? A ponto de querer dar fim a ela?

— Não, senhor. Ele me parecia feliz, muito feliz...

Houve uma pausa. Johanna parecia estar tendo dificuldade em se definir. Finalmente disse:

— A única coisa estranha em torno dele, a meu ver, era que ele tinha o hábito de falar sozinho. E, por diversas vezes, eu o peguei falando sozinho.

— O que ele dizia exatamente? Chegou a ouvir o que ele falava consigo próprio?

— Bem, certa vez quando ia levando o chá para ele no escritório, encontrei-o falando alto e em bom tom. Cheguei até a pensar que estivesse conversando com alguém na sala. Talvez a patroa... Por não querer interrompê-lo aguardei alguns minutos junto à porta até que ele desse uma pausa na conversa para poder entrar.

— O que você ouviu?

A criada pensou, tentando voltar atrás em suas lembranças.

— Segundo me recordo, ele disse algo do tipo... "Eu vou tomar uma providência, eu tenho de tomar uma providência urgente quanto a isso, antes que seja tarde." Fez uma pausa, depois completou: "não se precipite, não meta os pés pelas mãos, esse é o conselho que todos devem levar em conta numa hora dessas".

"Nesse momento eu abri a porta devagarinho e pedi licença para entrar. O patrão estava vermelho e suarento. Olhou para mim com olhos ligeiramente assustados e consentiu a minha entrada. Após pôr a bandeja com o bule de chá e as torradas sobre a mesinha redonda percorri a sala com os olhos em busca da pessoa com que o patrão estava conversando, mas não havia ninguém ali."

— Talvez houvesse, mas ela deixou o local sem que você notasse, por uma outra porta, quem sabe — sugeriu o Promotor.

— É possível. Confesso que isso me passou pela cabeça assim que avistei a porta-balcão que dá para o lado oeste da propriedade entreaberta, movendo-se ligeiramente com o sopro de um vento inoportuno.

— Você faz idéia de quem seria essa pessoa que desapareceu assim que você entrou?

A pergunta partiu novamente do Promotor.

— Não. Mas madame Bárbara deve saber, pois ela estava parada do lado de fora da casa bem junto à porta. Ela deve ter visto quem estivera conversando com o patrão, pois se havia alguém naquela sala, essa pessoa só podia ter saído por aquele local e, consequentemente, ter sido vista por madame, já que ela se encontrava ali.

O Promotor tomou ar antes de emitir uma nova pergunta:

— Como a senhora pôde ver madame Bárbara se ela estava do lado de fora da casa?

224

— Porque me prontifiquei a ir fechar a porta antes que o vento a batesse.

— Qual era a aparência de madame Bárbara nesse dia, àquela hora?

Johanna considerou antes de responder.

— Ela parecia aborrecida com alguma coisa. Chegou a se assustar quando me viu ali, da mesma forma que eu me assustei quando a encontrei parada lá.

— Qual foi à última vez que a senhorita viu seu patrão naquele dia fatídico?

A testemunha pensou um pouco.

— Por volta das dezessete e trinta.

— Segundo o senhor Theodore Leconte a senhorita estava com ele no momento em que ele viu o pai, o senhor Leconte, ao lado da esposa, madame Bárbara Leconte, à beira do penhasco.

— Estava, sim. Eu também vi o que ela fez com o patrão.

— Como pôde ver algo se o lugar estava tomado de névoa espessa?

A pergunta partira agora da Defesa.

— A névoa, meu senhor, varia... quero dizer, uma hora ela é mais densa, noutra menos densa; portanto, podíamos ver de onde estávamos com clareza madame Bárbara conversando com monsieur Leconte.

— A senhora tem certeza de que era Bárbara Leconte que conversava com o senhor Leconte?

— Absoluta. Que outra mulher estaria ali, senão ela? Além do mais eu havia me encontrado com ela quando se dirigia para a estufa de flores que fica há poucos metros da ponta do penhasco. Marquei bem na memória o vestido que ela usava, por ser de todos que a patroa possui o que eu mais admirava. Para mim não há dúvidas de que era a própria madame Bárbara quem estava lá ao lado do senhor Leconte pouco antes de....

Observei Theodore nesse instante e percebi pelo seu semblante que ele estava impressionado com o modo de Johanna se expressar. Jamais pensou que uma jovem pobre fosse capaz de falar com tanta segurança.

Olhei a seguir para Ludvine e vi o alívio se espalhar por sua face. Afinal, o testemunho de Johanna a libertou da intenção do irmão de fazê-la mentir que estava ao lado dele quando na verdade não estava.

O próxima testemunha foi Arliss Lau-Robles, a cozinheira da mansão dos Leconte. A mulher estava visivelmente transtornada, mas deu seu testemunho com a maior clareza. Confirmou o que já havia sido dito a respeito de Bárbara ter voltado estranha da estufa por volta das dezenove horas e cinco minutos.

Hilary Jean foi a próxima a prestar depoimento. Confirmou o que dissera ter visto, nada mais.

Kevin Drapkin, o cocheiro, foi chamado a seguir, mas tinha pouco a contar.

Os membros do júri ouviam tudo com atenção.

A seguir foi a vez de Andrew Chamberlain, o advogado de Lionel Leconte, depor. O qual expôs com muita classe o que já fora mencionado a respeito do testamento.

Foi chamado, então, Jean-Paul para depor.

— A suspeita de que Lionel Leconte havia sido assassinado me ocorreu poucas horas depois de eu ter sabido da sua morte. Achei estranho que um homem que viveu a vida toda na sua propriedade caísse de repente de um lugar que conhecia tão bem — explicou Jean-Paul, com meias verdades.

Ele tivera de dizer meias verdades, não havia outro jeito, se dissesse a todos que fora eu, William Kamp, quem suspeitara que Lionel havia sido assassinado e o procurara para falar a respeito e pedir-lhe para investigar sua morte todos ali pensariam que havia enlouquecido.

A seguir Jean-Paul contou em detalhes como seguiu Bárbara até a mansão dos Leconte naquela noite quando ela se infiltrou na casa e tentou sair de lá levando consigo as duas folhas de papel escritas pelo marido. Era o seu dever.

O Promotor que detinha as palavras, fez uma pausa, deu um tapinha na nuca como se faz para espantar a tensão que se acumula ali; então, após encher o peito de ar, prosseguiu:

— Não nos resta mais nenhuma dúvida quanto aos fatos, meritíssimo. A vítima, o senhor Lionel Leconte, foi conduzida à ponta do penhasco pela esposa sem problema algum, sem temor algum, afinal, confiava nela, até onde sabemos, nunca tivera motivos para desconfiar, por nenhum momento passou-lhe pela cabeça o que ela pretendia fazer com ele assim que estivessem no local. Jamais pensou que ela tivesse a intenção de matá-lo daquela forma cruel e abominável.

O júri mirava o Promotor fixamente. Vi nos olhos de um dos integrantes do júri um súbito espasmo, foi como se a pessoa tivesse me visto. Mas tratei logo de abandonar o espanto, lembrando a mim, mais uma vez, que muitos podiam ver os espíritos dos desencarnados. Era incrível como me custava a lembrar do fato.

A sessão que se estendeu o tempo todo num clima de intenso nervosismo e ansiedade encerrou-se da mesma forma. O julgamento teve sua sequência no dia seguinte começando no mesmo horário do dia anterior.

Depois de toda a apresentação feita pelo anunciante a respeito do que fora apurado no primeiro dia de julgamento, o juiz Balthus Richman deu permissão à Defesa para falar.

Após a exposição de alguns fatos circunstanciais pelo senhor Florian Hansard, restou à Defesa chamar a sua única testemunha, a senhora Emma Belmondo.

Seu testemunho foi dado com muita ênfase e causou uma considerável impressão.

— Eu não tenho motivos para gostar de Bárbara Calandre Leconte, sua ida à cidade onde eu resido mudou totalmente o meu destino e eu a odiei de uma forma que jamais pensei que poderia odiar alguém. Quis vê-la sofrer, muito. No entanto, o destino me reservou uma nova surpresa, pôs Bárbara novamente no meu caminho, num momento em que ela mais precisava de ajuda e, eu, juro que não sei bem ao certo por quê, estendi a minha mão a ela. Com isso pude perceber o quanto ela é adorável. Uma pessoa especial, mesmo.

Os grandes olhos esverdeados de Emma Belmondo fecharam-se quando ela fez uma pausa para respirar.

— Por isso — continuou ela com seu leve sotaque italiano —, alego que Bárbara não matou Lionel. Sei que tudo nos faz crer que foi ela, mas, ainda assim, me recuso a acreditar que ela seja uma assassina. É tão jovem, tão inexperiente. O perfil de assassino não se coaduna com a sua personalidade.

Sua afirmação seguinte causou ainda mais sensação.

— Para mim Lionel simplesmente caiu do penhasco porque pisou em falso, confundiu-se por causa do nevoeiro.

O Promotor fez uma pergunta:

— E quanto ao testemunho do senhor Theodore Leconte e da senhorita Johanna Godin, que afirmam ter visto Bárbara Leconte ao lado do marido pouco antes de empurrá-lo?

— Eles podem realmente ter visto Lionel conversando com Bárbara à beira do penhasco, mas afirmar que ela o empurrou, não sei, a visão pode não ter passado de um mero delírio.

Theodore se remexeu na cadeira, tomado de indignação.

— Um delírio coletivo, madame? — questionou o Promotor.

A resposta dela foi imediata e precisa:

— A névoa naquele lugar nos prega peças, meu senhor. Não é segredo para ninguém o que se comenta a respeito de Chère Maison. Que muitas das pessoas que vemos não estão ali de fato, que são na maioria das vezes espíritos.

As sobrancelhas do Promotor se ergueram de espanto.

— Está por acaso insinuando que o que Monsieur Theodore viu era um espírito?

— Não estou insinuando nada, meu senhor. Estou apenas considerando diversas possibilidades.

Quando se reuniu, o júri chegou à conclusão de que Emma, por ter se apegado muito a Bárbara Leconte, quis protegê-la de qualquer acusação. Por isso a defendeu em seu depoimento — o que foi espantoso para muitos que sabiam da história que envolveu ambas no passado e do ódio que Emma sentiu pela moça por ela ter "tirado", entre aspas, Lionel dela.

A seguir foi chamada a ré para responder a perguntas da Promotoria e da Defesa. Bárbara jurou solenemente que não tivera a menor participação no crime. Que ela fosse conduzida à forca, pois bem. Mas quanto àquele crime horrível, que procuravam imputar-lhe, era absolutamente inocente.

A sessão foi suspensa para que o júri se recolhesse e analisasse os fatos. Não levou mais que meia hora para que chegassem ao veredicto.

— Membros do júri — anunciou o encarregado.

Jean-Paul fechou os olhos em agonia.

— Todo o júri concorda com o veredicto final? — perguntou a autoridade a seguir.

Jean-Paul escutou esse pronunciamento com os lábios apertados.

— Sim — responderam os jurados, uníssono.

Jean-Paul olhou desconfortável para o homem que tomava a palavra. Sentindo a pressão aumentar sobre o seu coração.

— O júri — prosseguiu o homem, cautelosamente —, considerou Bárbara Calandre Leconte culpada.

O desfecho inevitável que Bárbara havia previsto realmente aconteceu. Ela acabou sendo condenada à morte como pensou que aconteceria. Eu não sabia para quem olhar naquele instante, se para Jean-Paul ou Bárbara. Mas meus olhos se voltaram, sem que me desse conta, para Jean-Paul. Ele se mantinha sentado, com a cabeça pendendo para baixo, tomado de tristeza.

Voltei então os olhos para Bárbara. Ela se mantinha imutável, como se nada tivesse acontecido. Seus olhos então convergiram-se na minha direção e, então, subitamente, ela parecia estar olhando para mim, direto e reto para os meus olhos. Sustentei seu olhar. Estaria ela realmente me vendo? Perguntei-me.

Sim, Bárbara Calandre estava me vendo, penetrando fundo meus olhos e eu queria muito saber o que se passava por sua mente naquele instante. Por mais que me causasse pena saber agora que aquele rosto angelical e jovial como de um anjo fosse se contorcer na forca, eu tinha de me lembrar que ela era uma assassina. E todo assassino deve pagar pelo crime que cometeu.

Nesse ínterim foram ouvidas as palavras finais da autoridade que conduziu o julgamento.

Bárbara foi levada para fora do tribunal, escoltada por dois policiais.

As pessoas foram saindo, até não restar mais ninguém no local.

Aproximei-me de Jean-Paul que permanecia parado, sentado no banco das testemunhas, e disse-lhe:

— Venha, Jean-Paul. Terminou. Justiça foi feita.

— Não me conformo, William. Não consigo me conformar. Ela é tão jovem, tão linda... Tinha um futuro imenso pela frente.

– Ela é uma assassina, Jean-Paul. Todo assassino deve pagar pelo que fez. Você queria que ela pedisse perdão como aconselha a igreja e só por ter perdido perdão, ter dito que se arrependeu do que fez e ser perdoada? Sua vida pode voltar a ser como era antes? Não, meu caro, não seria justo se fosse assim. Pois um homem foi morto, assassinado deliberadamente. Que justiça seria feita para com esse homem? Será que para ele bastaria apenas ouvir que seu assassino pediu perdão? Creio que não. Se tivesse sido você a vítima não aceitaria o fato. Ainda mais sendo um justiceiro, um justiceiro por natureza. Um homem que preza acima de tudo a justiça. Que quer fazer justiça a qualquer custo.

Jean-Paul olhou para mim com olhos de quem diz: "Você tem razão".

– Você está certo, William, é lógico que está certo. Seria muito conveniente para um assassino ser absolvido pelo simples fato de pedir perdão e dizer que está arrependido, no entanto...

– No entanto, você gostaria de abrir uma exceção. Uma exceção para Bárbara. E só anseia por isso porque a ama, Jean-Paul; se não amasse, já teria deixado esta Corte levando consigo um sorriso de satisfação por ter feito justiça.

– Por que, William, por que eu fui me apaixonar novamente por uma...

Ele não completou a frase.

– Venha. Vamos embora daqui. Você se sentirá melhor noutro lugar.

Consegui dar-lhe o reforço emocional de que ele precisava para se levantar e deixar o lugar.

– Jean-Paul – disse eu.

Ele me encarou com seus olhos lânguidos.

– Obrigado. Obrigado por ter me ajudado a fazer justiça.

– Esse é o meu papel, William. A minha missão de vida.

Assenti com os olhos. Suspirei fundo e deixei o local.

Capítulo 22

Havia se passado um dia apenas desde que Bárbara tinha sido condenada. Desde então não mais havia visto Jean-Paul Godard. Andava agora na companhia dos amigos que fizera no plano espiritual. No entanto, por mais que eu me visse cercado de amigos, percebi que sentia falta de Jean-Paul. Por isso fui revê-lo.

Encontrei-o trancado no seu apartamento à rua W Halkin em Londres. Tinha a face agora de um homem que se entrega de vez aos narcóticos. Ao me ver, um brilho de satisfação apareceu no fundo de seus olhos.

— William Kamp — murmurou ele num tom nostálgico. — Pensei que houvesse se esquecido de mim, *mon ami.*

Fiz careta de quem diz: "e pode alguém se esquecer de você?"

Seus lábios se repuxaram num sorriso triste e melancólico. Senti pena dele. Muita pena.

— O que há, homem? — perguntei. — Você parece um caco.

O leve sorriso despencou de sua face.

— Como esperava me encontrar depois de tudo? — indagou-me, com voz partida. — É lógico que estou um caco, *mon ami. Je suis fatigué.* *

Aproximei-me dele e disse, procurando manter um tom encorajador:

— Você precisa reagir, Jean-Paul. Reagir!

Ele mudou o tom de voz e a posição do corpo a seguir. Disse:

— Não adianta, não consigo... Tudo o que consigo fazer é pensar nela, William, entende?

— Em Bárbara?

— Sim. Em Bárbara. Fico vendo-a, em pensamento, caminhando para a forca. Vejo até o chão sumindo debaixo de seus pés. É horrível.

Suas palavras me deixaram desconfortável comigo mesmo.

---

*"Cansado"Em francês no original. (N. do A.)

— O que se há de fazer, Jean-Paul? Ela é uma assassina. Merece pagar pelo crime que cometeu.

Sua voz se elevou a seguir:

— Não consigo me ver satisfeito com o veredicto, William. Há uma dúvida atroz me perseguindo até mesmo durante as poucas horas que consigo me entregar ao sono. Há algo errado, entende? Todos os indícios encontrados sobre o caso foram apresentados. Estudei e reestudei cada um deles com profundidade. Tudo confere. Todos os fatos apontam numa só direção, para uma só pessoa: Bárbara Calandre Leconte. Bárbara foi detida, submetida a julgamento, devidamente julgada e condenada. No entanto, eu não consigo aceitar o fato de que Bárbara é uma assassina.

Jean-Paul suspirou. Esfregou o queixo com sua mão forte, mergulhado em reflexões.

— Isso é porque você a ama, Jean-Paul. Ama muito, infelizmente. E por amá-la assim quer acobertar seus erros.

Jean-Paul considerou por um momento. Por fim, disse:

— Você tem razão, William, eu a amo. Amo de paixão. Mas não é por amá-la que sinto que ela não matou o marido. Os assassinos são geralmente muito orgulhosos de si. Bárbara, no entanto, sentada no banco dos réus, não tinha orgulho nenhum daquilo. Ela estava indiferente a tudo, ausente. Chorava por dentro, parece absurdo o que digo, mas é isso que me ocorreu. As lágrimas dela vazavam para seu interior. Muitos choram para dentro. Eu mesmo já fiz isso muitas vezes durante a vida.

— É compreensível, não?

— Se as provas todas não estivessem contra ela. Se houvesse algo, pelo menos algo que pudesse pôr em duvida a decisão do júri. Poderíamos reabrir o caso. Intervir na decisão da justiça.

Franzi a testa. Perguntei:

— Uma prova, você quer dizer?

Um brilho de cautela apareceu nos meus olhos.

— Qualquer coisa, *mon ami.* Qualquer coisa.

Um suspiro atravessado vazou-lhe do peito.

— Eu não vou me perdoar — prosseguiu Jean-Paul num lamento —, não vou me perdoar se descobrir mais tarde que uma mulher inocente foi enforcada por um crime que não cometeu. É algo inconcebível para mim, William, inconcebível.

232

Fez-se um breve silêncio. Jean-Paul pareceu-me nesse momento ter esvaziado a cabeça de pensamentos até não restar nenhum e depois trazendo de volta só aqueles que podiam lhe interessar quanto ao caso, dar uma nova luz ao caso.

A pergunta seguinte partiu de mim:

— Se Bárbara Calandre Leconte não matou Lionel Leconte, quem o matou? Os únicos suspeitos além de Bárbara são Theodore, Ludvine e Emma. No entanto, todos eles têm álibis. Álibis perfeitos. O que nos leva, mais uma vez, à constatação de que só pode ter sido a própria Bárbara quem assassinou Lionel Leconte, Jean-Paul. Só ela.

Jean-Paul considerou por um momento antes de opinar:

— Em certos casos há uma figura que permanece durante o tempo todo das investigações, do inquérito e, até mesmo do julgamento, escondida nas trevas. Distante do caso. Da qual nada se sabe.

— Como em Otelo de Shakespeare — sugeri.

Ele olhou para mim com mais atenção.

— Iago, personagem de Otelo, é na verdade o assassino que mata sem se envolver — expliquei. — Iago assassina os outros sem sujar propriamente as mãos. Por isso que é uma história fascinante e impressionante.

— Talvez haja um Iago por trás de todo o caso — sugeriu ele.

Fiz um *hum!...* duvidoso e disse com certa impaciência:

— Bárbara já foi julgada e condenada. Não há mais nada que possa fazer.

— Há uma esperança — redarguiu ele, confiante —, enquanto ela não for executada há ainda uma esperança. Muitos casos já foram reabertos após uma condenação.

— Eu, particularmente, acho que você está perdendo seu tempo.

— Eu preciso me apegar à esperança, William. Senão, vou enlouquecer.

— Enlouquecer de paixão.

— De amor — corrigiu-me ele.

— Amor, paixão, o que separa um sentimento do outro?

— Eu não sei.

Jean-Paul se recolheu ao silêncio no minuto seguinte. Minutos depois eu perguntava:

– O que está pensando?

Estava curioso, não posso negar.

– Não estava pensando em nada, apenas ouvindo o eco das palavras que você acabou de dizer: "Amor, paixão, o que separa um sentimento do outro?".

– Sei...

– Amor, paixão... – ecoou, Jean-Paul. Então subitamente seus olhos se arregalaram acesos, brilhantes.

– O que foi? – assustei-me.

– Lembra quando eu lhe disse que havia alguém mais com um motivo para matar Lionel ou incriminar Bárbara?

– Não estou bem lembrado – respondi seriamente. Mas Jean-Paul não me deu ouvidos. Prosseguiu:

– Há alguém mais e esse alguém é o noivo de Bárbara. O noivo que Bárbara teve antes de se casar com Lionel. Qual era mesmo o nome dele... – Jean-Paul ficou em silêncio por instantes puxando pela memória. – Anthony! – exclamou no momento seguinte, satisfeito por ter se lembrado do nome. – Anthony alguma coisa. Como era mesmo o sobrenome?

– Ah... – murmurei – agora me lembro... O sobrenome do rapaz acho que era Gil... Gilbert.

Jean-Paul voltou-se para mim maravilhado.

– É isso mesmo, William, o nome do ex-noivo de Bárbara é Anthony Gilbert. Que idiota – repreendeu-se enquanto dava pequenas pancadas em sua cabeça. – Mas que idiota eu fui... Como pude me esquecer dele... Que estupidez da minha parte.

Então subitamente Jean-Paul saltou da cadeira onde se encontrava sentado, com o rosto se enchendo de cor. Parecia um novo homem.

Sua reação me deixou literalmente aturdido. Ansioso por saber o que se passava dentro dele.

– Preciso ir agora mesmo a San Peterson – exclamou ele empolgado, sem completar a frase.

– Aonde? – perguntei ansioso.

– A San Peterson. A cidade onde Bárbara residia antes de se casar com Lionel. Preciso falar com Anthony Gilbert. Esse rapaz pode ser de grande ajuda no caso. Não se esqueça, William, que Anthony Gilbert conviveu com Bárbara durante seis anos e por isso deve conhecê-la muito bem.

— Será? — indaguei, duvidoso. — Desde quando uma pessoa conhece muito bem a outra, Jean-Paul? Certos casais moram juntos há cinquenta, sessenta anos e ainda assim se desconhecem. Duvido que Anthony Gilbert possa ajudar muito nesse caso.

Ele novamente pareceu não me ouvir. Disse:

— Não será difícil localizar sua casa, é só perguntar na estação de San Peterson onde mora a família Gilbert e pronto.

Jean-Paul vestiu-se impecavelmente como sempre e deixou sua morada com passos ligeiros. Tomou uma carruagem de aluguel para levá-lo até a estação de trem, onde pegou o próximo trem que partia para a cidade em questão. Eu o seguia, tomado de ansiedade e apreensão.

Assim que Jean-Paul chegou à estação de San Peterson colheu as informações que tanto queria. O endereço da família Gilbert. Minutos depois lá estava ele em frente à casa da tal família. Batendo à porta, aguardando para ser recebido.

Silêncio, aguardo, ansiedade. Passos... A porta se abriu e uma mulher alta, magra, de rosto alongado com profundas bolsas sob os olhos e cabelos grisalhos apareceu.

— Pois não? — disse ela.

— Boa tarde, meu nome é Jean-Paul Godard. Sou investigador policial.

A mulher manteve-se sem reação diante das suas palavras. Ele prosseguiu:

— Estou cuidando do caso Leconte. Com certeza, a senhora já deve ter ouvido falar a respeito. Está nos jornais. O caso envolve uma jovem desta cidade...

A mulher o cortou bruscamente:

— E daí?

— Pois bem, soube que Anthony Gilbert cortejou Bárbara Calandre por alguns anos e gostaria de conversar com ele para...

— Meu filho...

— Ah! Então a senhora é a mãe de Anthony. Compreendo. Ele está? Poderia falar com ele? É muito importante.

A mulher abriu a porta totalmente e convidou Jean-Paul para entrar.

— Não vou me demorar — disse o detetive polidamente.

Ele admirou o chão feito de tacos embutidos de madeira, sobre o qual sapatos ressoavam e ecoavam no alto teto. A mulher o encaminhou até o sofá.

— Sente-se, por favor, senhor Godard — pediu a dona da casa, com polidez aristocrática.

Ele atendeu ao pedido, em seguida perguntou:

— Desculpe-me, qual é mesmo a sua graça?

— Hermila Gilbert — respondeu a mulher, prontamente.

Ele sorriu e quando ia falar novamente a mulher o interrompeu com um gesto e disse:

— Meu filho não pode atendê-lo, senhor Godard.

O comentário desapontou imensamente o detetive.

— É muito importante... — afirmou Jean-Paul, ele ia dizer "pelo amor de Deus, preciso falar muito com ele", mas reprimiu as palavras com a ligeireza de um tufão. Apenas disse: — Por favor, minha senhora, é muito importante que eu fale com seu filho, é um caso de vida ou morte.

— Meu querido Anthony não pode falar com o senhor, nem nunca falará.

Novamente as palavras da mulher tomaram o detetive de surpresa.

— Nem para salvar a mulher que ele tanto amou?! — perguntou Jean-Paul, sem esconder a indignação.

— Nem para isso — respondeu a senhora secamente.

— Que espécie de ser humano habita esta cidade?! — explodiu Jean-Paul, perdendo totalmente a compostura. — Ninguém daqui tem compaixão por ninguém, é?!

A mulher pendeu a cabeça debulhando-se em lágrimas. Jean-Paul tratou imediatamente de se controlar e se desculpar:

— Desculpe, não deveria ter falado assim.

Quando ela voltou a encará-lo, seus olhos estavam tão vermelhos que mais pareciam arder em brasas.

— Senhor Godard — falou ela em meio a um suspiro. — O senhor não pode falar com meu filho porque ele está... ele está... morto.

E novamente o chão pareceu desaparecer sob os pés de Jean-Paul Godard.

Capítulo 23

Os olhos de Jean-Paul estavam tomados de perplexidade. A voz, tanto quanto.

— Morto?! — disse ele, em choque.

A palavra caiu sobre a mãe como uma pedra pontiaguda.

— Mas...

A voz de Hermila Gilbert se sobrepôs à dele:

— Meu filho morreu dois dias depois que aquela... aquela ordinária terminou o noivado com ele.

— Bárbara Calandre?

— Não pronuncie mais o nome dessa vadia nesta casa, eu o proíbo!

A expressão piedosa no rosto de Hermila Gilbert havia subitamente se convertido numa máscara de ódio.

— Eu sinto muito e peço-lhe desculpas. Mas ela — continuou Jean-Paul, referindo-se a Bárbara —, ela não ficou sabendo de sua morte, ou teria me contado.

Hermila Gilbert assegurou em tom grave:

— Se ficou deve ter apagado da memória; se não ficou, o que importa?

— Sempre importa, dona Hermila. Por mais que alguém se separe de alguém com quem conviveu durante anos, ambas carregam, uma pela outra, um carinho especial. Ainda que o rompimento da relação tenha sido por algo desagradável. Tenho a certeza de que Bár... tenho a certeza de que a ex-noiva de seu filho vai sentir muito ao saber o que lhe aconteceu.

Ela suspirou, agoniada, e disse:

— Meu filho não conseguiu se desvencilhar das lembranças que viveu ao lado daquela infeliz. Esse foi o seu grande erro. Conhecendo-o bem, sei que ele não se desvencilharia facilmente.

Ela tornou a suspirar, debilmente, entristecida.

– O senhor sabe o que é criar um filho com todo carinho e, de repente, vê-lo morrer de uma hora para outra, na flor da idade?

– Posso fazer uma ideia...

– O senhor nunca fará ideia porque nunca saberá o que é ser mãe. Ninguém ama um filho mais que uma mãe. Por isso fazemos o possível e o impossível para protegê-los. Eles reclamam, revoltam-se contra nós, mães, por querermos protegê-los tanto assim, mantê-los debaixo das nossas asas, procurando livrá-los de todo mal que possa lhes agredir. Mas os filhos agem assim por não saberem o que se passa dentro do coração de uma mãe. Se soubessem, aí sim, nos criticariam menos, se revoltariam menos conosco, nos agradeceriam mais, por tudo o que fizemos e fazemos por eles.

Ela balançou a cabeça com tristeza antes de prosseguir:

– Eu disse a Anthony, desde o início, que aquela ordinária não prestava, mas ele não me deu ouvidos... Minha intuição nunca falha. Nunca falhou... Jamais... Ainda me lembro das palavras que usei para descrever o que minha intuição me dizia a respeito daquela víbora: "Você ainda vai sofrer e muito por causa dessa moça, Anthony, ouça o que eu lhe digo. Corte o mal pela raiz. Já, enquanto é tempo". Ele riu de mim, caçoou e disse: "Ela me ama, mamãe. Ama-me tanto quanto eu a amo. A senhora verá!"

O rosto de Hermila Gilbert tornou-se ainda mais devastado pela dor. A pele pareceu se estirar sobre os malares, agravando o seu aspecto cadavérico. Com certa dificuldade, ela acrescentou:

– "A senhora verá", disse-me ele e tudo o que vi foi uma tragédia. Uma desgraça exatamente como eu havia intuído.

Seu rosto agora estava vermelho, vermelho sangue, mas de emoção. Sem se dar conta, ela esfregava a mão direita contra o peito, com força, como se quisesse arrancar algo dali, algo que havia criado profundas raízes.

A pergunta seguinte partiu de Jean-Paul:

– Será que não há algo que possa falar a favor da acusada?

A pergunta foi feita com muito tato.

Hermila Gilbert riu.

— A favor?! Não caçoe de mim, meu senhor. Eu quero ver Bárbara Calandre enforcada, nem que tenha de me espremer entre os curiosos que, certamente, estarão assistindo à sua execução.

Hermila Gilbert recolheu-se a um profundo silêncio, a seguir. Jean-Paul respeitou seu silêncio, não atrevendo sequer a suspirar. Instantes depois, a mulher levantou os olhos, voltou-se para o detetive e disse:

— Bárbara Calandre era uma ladra de corações, ou melhor, ainda é, sempre disposta a levar o coração de um homem para a sepultura ou para o inferno, como fez com o marido, como ela fez com o meu filho. Por isso deve morrer, antes que faça mais vítimas.

— Mas ela não matou seu filho...

— Ela o matou, sim! — vociferou Hermila Gilbert, balançando a cabeça afirmativamente. Franzindo os lábios em desaprovação. — Matou o marido e matou meu filho! Será que ainda não compreendeu senhor Godard? Anthony, meu filho, suicidou-se dois dias depois de ela ter terminado o relacionamento com ele. Matou-se com um tiro... Um tiro! E tudo por causa daquela desgraçada.

A mulher rompeu-se em lágrimas.

— Eu jamais faria ideia...

A voz dela abafou novamente as palavras de Jean-Paul.

— Fui eu quem o encontrei estirado no chão esvaindo-se em sangue... Não havia mais nada para ser feito. Nada. Eu quis removê-lo dali, mas minhas mãos tremiam terrivelmente.

Ela passou a mão pela testa, uma mão trêmula, contornou o rosto, até ir dar no queixo onde ficou a pressioná-lo de uma forma descontrolada. Suspirou pesadamente antes de dizer:

— Poupe seu tempo, meu senhor. Bárbara Calandre não merece continuar viva. Ainda que não tenha assassinado o marido, ela merece morrer na forca por ter matado meu filho. Bárbara não só matou Anthony, matou a mim também. Veja só o que restou de mim.

Jean-Paul sentiu o seu coração se apertar diante daquelas palavras. Sem saber mais o que dizer, achou por bem partir. Encontrava-se já de pé, despedindo-se da senhora, quando seus olhos avistaram através do espelho um pedaço de um quadro pendurado na sala vizinha. Uma curiosidade tamanha se apossou dele naquele instante.

– Aprecio muito arte – observou. – Poderia ver a pintura?

A mulher enxugou os olhos e consentiu com a cabeça. Ele a seguiu.

– É um retrato do meu filho pintado a óleo. Foi tudo o que restou dele – explicou ela a caminho. – Parece até que o retrato dele foi pintado de propósito, como se a vida já soubesse que esse seria o único modo de contemplar sua fisionomia pelo resto da minha vida.

Chegando no local, Hermila acrescentou:

– Às vezes paro aqui diante desse quadro, ajoelho-me e fico a admirar a fisionomia de Anthony por horas. Por alguns segundos, na minha doce ilusão, posso até sentir a presença dele, como se ele estivesse bem aqui ao meu lado.

Jean-Paul assentiu, tocado cada vez mais pelas palavras daquela senhora cuja dor fizera da sua face sua eterna morada. Foi só quando ela se silenciou que ele, finalmente, dirigiu os seus olhos para o quadro.

Quando seus olhos pousaram no retrato de Anthony Gilbert pintado a óleo, envolto por uma belíssima moldura dourada, que mais parecia ter sido banhada a ouro, a face de Jean-Paul começou a se derreter como se fosse gelo ao sol.

Um grito estridente raiou de sua garganta.

Um grito agudo.

Seu corpo começou a tremer violentamente como se fosse se desfazer em pedaços.

Hermila Gilbert voltou-se para ele assustada com aquela reação, procurando desesperadamente compreender o que se passava com o homem. O grito de Jean-Paul soou tão forte e agudo que assustou os empregados da casa, fazendo-os correr até a sala para ver o que havia acontecido.

Quando chegaram ali, Jean-Paul permanecia com os olhos fixos no rosto do rapaz pintado no quadro, tendo ao seu lado a dona da casa, olhando para ele com profunda preocupação.

Jean-Paul foi se afastando dali tomado de pânico. Chegou à porta que levava para fora da casa esbarrando ali e acolá. Tomou a rua e correu, correu com toda força que podia impor às pernas.

As palavras escapavam de sua boca como que por vontade própria:

– Não pode ser...

Seus olhos percorriam desesperadamente as casas por onde passava. Era como se ele estivesse pegando fogo e a corrida pudesse libertá-lo das chamas.

— Não adianta correr, Jean-Paul — disse eu correndo atrás dele.

Ele berrou, mais ardido, e continuou desembestado. Logo suas roupas de baixo grudavam ao corpo como se ele tivesse nadado com elas. Seu rosto adquiria uma coloração cada vez mais vermelha, quase roxa. Havia perdido qualquer senso de tempo e de lugar. Como um sonâmbulo.

— Não adianta fugir da verdade! — acrescentei com ênfase.

Ele gritou ainda mais forte. Tropeçando nos próprios passos e indo ao chão.

Ao virar-se e me olhar olhos nos olhos, seu desespero agravou-se. Seu queixo tremia agora tão fortemente que seu corpo parecia prestes despedaçar a qualquer segundo.

— V-você! — gaguejou, apontando na minha direção. — V-você!!!

— Sim, Jean-Paul, o que tenho eu? — perguntei olhando desafiadoramente nos seus olhos.

Ele pigarreou nervoso. Sua cabeça parecia agora que iria explodir.

— V-você — repetiu ele, procurando desesperadamente firmar a voz —, você é...

Por mais que tentasse, ele não conseguia dizer o que queria. Então, eu disse por ele:

— Sim, Jean-Paul, eu sou Anthony Gilbert.

Capítulo 24

O rosto de Jean-Paul deformou-se tamanho o choque. Não faço ideia do tempo que ficamos ali, um encarando o outro. Talvez fossem apenas segundos, mas dera-me a impressão de horas. Quando ele finalmente falou, seu estômago contorcia-se em nós ardentes, e sua voz não passou de um murmúrio, pestanejante:

— Não pode ser...

Gotas de suor escorriam da testa do detetive e pingavam das sobrancelhas para dentro dos seus olhos, provocando-lhe uma ardência assustadora. Algo que por mais que ele esfregasse os olhos, não conseguia suavizar.

O suor escorria-lhe agora pelas costas e pelo estômago. Tornou a enxugar o rosto e o pescoço com o lenço cada vez mais encharcado. Ele agora sentia-se tomado por uma estranha fraqueza. Como se fosse desmaiar a qualquer minuto.

— Isso não pode ser verdade... — tornou ele sacudindo a cabeça abruptamente.

— Mas é — respondi firmemente. — É a mais pura verdade.

— Eu não estou mais, como dizem caritativamente, no perfeito domínio de minhas faculdades mentais — redarguiu Jean-Paul, trépido.

Apenas um fio o impedia de perder a cabeça por completo: a explicação que se escondia por trás daquilo tudo. Foi preciso muito esforço e concentração por parte dele para me dizer:

— Seu nome é William Kamp. Foi você mesmo quem me disse.

— Não, Jean-Paul — respondi negando com a cabeça. — Meu verdadeiro nome é Anthony Gilbert. William Kamp foi o nome que eu inventei para que você não descobrisse a minha verdadeira identidade.

— Por quê? Meu Deus, por quê?!

Soltei um risinho abafado antes de lhe dar a resposta:

— Ora, Jean-Paul, é tão fácil de entender... tão simples... tão estupidamente simples... Eu amava Bárbara... Ela era minha... seis anos de namoro... seis longos anos de namoro e a cada dia mais eu me sentia cada vez mais apaixonado por ela. Mais e mais... Aí então, um dia, ela me procura para me dizer que tudo acabou!

Trinquei os dentes de repente, respirei, tenso, através deles. Só o fato de mencionar o acontecido ainda me doía na alma, tão forte e dolorido quanto no dia em que Bárbara me procurou e disse que tudo estava terminado entre nós dois. Procurei me controlar para continuar explicando:

— Você faz ideia de como eu me senti ao ouvir dos lábios da mulher que eu tanto amava, lábios que tantas vezes beijei, as palavras: "Acabou Anthony. Acabou! Eu me apaixonei por outro homem"? Faz ideia, Jean-Paul? Talvez faça, pois já viveu o mesmo que eu no passado... Mas quem não viveu, jamais fará ideia da dor que é o rompimento de uma paixão enquanto não sentir na própria pele.

"Doeu demais... no fundo... na alma... doeu demais... Demais. A ponto de me fazer atentar contra a minha própria vida. Pois acreditei, na minha ignorância, que me suicidando eu acabaria de uma vez por todas com a dor que a separação me causou.

"Assim, peguei o revólver e disparei para silenciar de vez a dor que tanto me apunhalava a alma. Ouvi o estampido do revólver: bum! Pude, acredite-me, sentir o medonho impacto da bala penetrando em meu corpo, ricocheteando por minhas entranhas. Pronta para me levar ao fim. A paz tão almejada por mim."

Ri, amargurado.

— Mas a paz durou apenas alguns segundos, talvez nem isso... milésimos de segundos... O retorno à consciência foi um coleta gradual de dores: uma dor lancinante atrás da cabeça, músculos do estômago doloridos, entorpecimento nos braços e pernas, uma frialdade que deixava todo o corpo dormente. Por fim, meus olhos se abriram e procurei recordar onde me encontrava. Tive um choque quando me vi caído ao chão esvaindo-me em sangue.

243

"Lenta e tremendamente; eu quis gritar, mas foi em vão, porque todos os sons se aglutinaram e congelaram em minha garganta. Gritei, mas apenas mentalmente.

"Como eu poderia estar me vendo ali, morto, se havia morrido? Aquilo não fazia sentido algum, por mais que eu procurasse. Então, um jato de dor explodiu-me na cabeça e mergulhei na escuridão. Pensei imediatamente que a bala não havia sido disparada corretamente contra meu corpo e, por isso, não me matara. Deveria estar semi-morto. Ainda que meu corpo se esvaísse em sangue, eu ainda estava vivo.

"Tentei mover-me, chegar até o meu corpo estirado no chão, mas um peso negro e monstruoso me prendeu ao lugar e na posição que me encontrava. Um gemido de angústia soou em meu peito ao me ver congelado ali, naquela posição, naquele lugar.

"Meus olhos fatigados queimavam fora de propósito enquanto eu ofegava e tremia, em meio a uma nuvem de dolorosa frialdade me devastando o corpo. Fiquei a contemplar aquela cena por muito tempo. Parecia haver-me drenado de toda a compreensão. Foi-me preciso bastante tempo para encaixar peças mentalmente e voltar a agir como uma pessoa pensante.

"Por fim, fui libertado daquela paralisia e caí de joelhos rente ao meu corpo querendo desesperadamente tocá-lo para quem sabe, com o meu toque, libertá-lo daquela perda dos sentidos. No entanto, quando minhas mãos pousaram sobre o meu corpo, elas o atravessaram como se o corpo fosse feito de névoa. Arrepiei-me. E quis chorar como nunca havia chorado em toda a minha vida.

"Despertei do estado desesperador ao ouvir o grito histérico de minha mãe.

"— Anthony!? — gritou ela assim que entrou no quarto e me viu caído no chão.

"Voltei os olhos para ela querendo desesperadamente dizer-lhe alguma coisa, mas novamente as palavras se aglutinaram em minha garganta. Quis levantar, mas estava atordoado demais para reagir. Sentindo uma dor descomunal percorrer todo o meu corpo ao vê-la atravessando a porta do quarto e vindo de encontro ao meu corpo caído no chão. Ela ajoelhou-se ao lado dele e rompeu-se em lágrimas. Jamais vi tanta dor nos olhos de um ser humano como via nos olhos de minha mãe naquele momento. Logo, essa mesma dor também gritava em minha alma.

"– Anthony – dizia ela, entre lágrimas, enquanto tentava desesperadamente levantar-me do chão. – Não meu filho, não!

"Ela enterrou o rosto em meus cabelos, apertando-se contra eles. Repetindo incansavelmente: não, não pode ser...

"Um grito de terror sacudiu meu espírito a seguir, logo eu estava a berrar com toda força para que ela me ouvisse:

"– Estou vivo, mamãe! Ainda estou vivo! Veja, estou bem aqui ao seu lado!

"Mas por mais que eu berrasse ela não me ouvia. Era desesperador.

"– Pare de chorar, mamãe, pare de chorar – suplicava eu, ao pé do seu ouvido, mas nada; ela continuava surda aos meus apelos, estirada ao chão, segurando meu corpo em seus braços. Ele esvaindo-se em sangue, ela se esvaindo em lágrimas. Lágrimas de sangue.

"Que dor. Minutos depois, chegava o médico. Com muito esforço conseguiram afastar minha mãe do meu corpo para poder me examinar. Em segundos, deu o diagnóstico: "ele está morto."

"– Não! – berrei. – Não estou. Estou vivo! Vivo! Vejam!

"Mas eles não viam. Nada. Tampouco me ouviam. E eu continuava perguntando: por quê? Por que eu podia estar ali vendo tudo aquilo depois de ter feito o que fiz contra mim?

"Foi então que o sino da igreja tocou anunciando a hora da missa. E ao ouvi-lo, eu me lembrei do conceito que todas as religiões têm em comum. A morte não é o fim. A morte é apenas física. O espírito permanece vivo após a morte física.

"Engoli em seco. Agora tudo fazia sentido, eu realmente havia morrido e vivia agora somente como espírito. Nova onda de dor e desespero devastou o meu ser. Eu fizera o que fiz para dar fim à minha dor, mas fora tudo em vão, pois a dor da qual quis tanto me livrar por meio do suicídio permanecia comigo e, agora, pior do que antes, pois junto dela estava a decepção comigo mesmo por ter feito o que fiz, em vão, e a dor crescente e devastadora por ver o que minha atitude, minha estúpida e ignorante atitude, estava causando a minha mãe.

"Caí em total desespero e desolação enquanto o arrependimento parecia percorrer meu corpo como um punhal nas mãos de um louco.

"Que estúpido fora eu, que não levou em conta o que aquele ato insano provocaria na mulher que tanto me amou, que me pôs no mundo, que cuidou de mim, dia e noite, passando noites em claro quando eu estava febril, quando eu precisava de um colo, carinho e atenção... Que deixou de comer, muitas vezes, para me dar de comer... Que tolo fora eu... Que mesquinho e egoísta fora eu... Ela não merecia o que eu causei a ela. Não merecia... Como fui esquecer de levar em conta o quanto o meu suicídio machucaria minha mãe? Como?

"Estava fraco demais, até mesmo para amaldiçoar minha sorte. Minha insensatez.

"Foi então que comecei a ouvir lamentos de outros espíritos que tomaram as mesmas atitudes que eu havia tomado. Lamentos provocados pela decepção consigo mesmos e com a vida por descobrirem que não adiantou nada se matar, que a vida continua e que os problemas dos quais o ser humano pensa que vai se livrar por meio do suicídio continuam a existir no plano espiritual e, dessa vez, porém, de forma ainda mais dolorosa, pois carregam agora junto deles, o remorso pela dor que causaram aos seus familiares, especialmente aos pais, as pessoas que o amavam."

Minha voz tornou-se partida e cansada a seguir:

— Você faz ideia do que é querer se matar para dar fim à sua cabeça tumultuada de pensamentos confusos, suicidas, desgostos; e descobrir que o suicídio apenas o separou do seu físico, aquilo de que você mais queria ficar livre ainda está com você e ficará, pois a vida continua após a morte e, o que é pior, não há do lado de cá, nada que possa suavizar seus tormentos, tal como há na Terra, como as bebidas alcoólicas, os entorpecentes, os calmantes...? É um choque, um baque, a pior coisa do mundo.

Meus olhos marejaram-se, e uma escuridão esquisita pareceu cair sobre mim, levei um momento para prosseguir:

— Assim que minha mãe foi tirada de perto do meu corpo para que o médico o examinasse, ela, em total desespero, começou a se arrastar pela casa enquanto as paredes começavam a borrar-se à sua volta como acontece com aqueles que vão perder os sentidos. Quando ela se viu diante do meu retrato pintado a óleo, parou olhando fixo para ele. A sala começou então a girar em torno dela, como um silencioso e apagado carrossel.

"Sua visão cada vez mais embaçada, subitamente foi de encontro a mim, como espírito, e de repente, pareceu-me que ela podia me ver ali à sua frente, ao seu lado. Ficou parada por instantes lançando-me um velado olhar de curiosidade.

"Desviei os olhos, não ousando encará-la novamente, tamanha a vergonha que sentia da minha pessoa por tudo o que fiz e estava causando a ela.

"Não era somente dela que eu tinha vergonha naquele instante; tinha vergonha de mim mesmo e de Deus. Sim, de Deus, pois se a vida continuava após a morte como as religiões sempre afirmaram, então, Deus certamente existia e estava ciente de tudo o que eu havia feito.

"Havia aprendido que Deus haveria de mandar para o inferno aqueles que haviam atentado contra a própria vida, por isso aguardei que Ele, ou algum representante Seu viesse me buscar para me levar para o tal purgatório; no entanto, por mais que eu aguardasse, ninguém apareceu para me buscar.

"Foi então que compreendi que não era preciso eu ser levado para o inferno, porque já estava dentro dele, não um feito de fogo, cujas chamas causticam o físico, mas um inferno mental provocado pela culpa, pelo remorso e pela decepção pelo que eu havia feito comigo e com quem tanto amava, minha mãe.

"Compreendi então que esse seria de fato o único inferno que o espírito pode provar, visto que a dor que o fogo causa em nós só pode ser sentida quando dentro do corpo físico. Uma vez sem ele, somente em espírito, como poderia o fogo queimar o espírito e provocar-lhe a dor? Além do mais, de que serviria ficar queimando nesse fogo, sendo consumido por ele em termos de aprendizado, ensinamento, evolução?

"Nenhum inferno de chamas compara-se realmente ao inferno mental. A uma mente em torvelinho querendo encontrar desesperadamente algo no que se apoiar, no que se apegar para apaziguar o caos mental, o caos em que se encontrava a minha consciência naquele momento e desde então.

"Como eu lhe disse há pouco, Jean-Paul, aqui no plano espiritual, não há drogas, bebidas alcoólicas, calmantes, antidepressivos, nada semelhante que possa nublar nossa consciência como faz todo aquele que quer fugir dela enquanto na Terra por meio desses subterfúgios.

"Só resta para todo aquele que se suicida encarar diretamente a si mesmo e aquilo do que pensou se livrar com o suicídio.

"Hoje eu sei que ninguém foge dos seus problemas com a morte. Ou arregaça as mangas, ou enfrenta, ou se lamenta, ou sofre...

"Tolo quem pensar que a suicídio o liberta daquilo que ele tanto quer fugir.

"Tolo como eu."

Fiquei em silêncio por alguns segundos, pois senti minha vista pretejar e um mal-estar me deslocar do resto do equilíbrio em que eu me apoiava naquele instante. Só então prossegui:

— Avistei, então, aqui no plano espiritual, dois caminhos para seguir: um que seria guiado por espíritos de luz, outro que seria guiado por espíritos conhecidos como obsessores. Que são espíritos, como já lhe expliquei, tomados de ódio, revolta e desejos de vingança. Eu estava tão perturbado que não sabia qual caminho escolher. Mas algo dentro de mim fez com que eu escolhesse o caminho da luz, estava decidido a trilhá-lo quando meus ouvidos captaram a voz de minha mãe: "A culpada é ela... Aquela desgraçada matou meu filho... Destruiu a minha vida. Desgraçada..."

"Entre o caminho da luz e das trevas, fiquei prostrado na bifurcação. Um espírito aproximou-se de mim e disse:

'A culpada por tudo o que lhe aconteceu e está consequentemente acontecendo à sua mãe é ela, Bárbara Calandre.'

'Foi ela quem acabou com a sua vida', disse outro espírito chegando-se a mim.

'Veja sua mãe... ouça suas palavras...', reforçou o primeiro.

"Um ódio tamanho tomou-me a seguir. Esses espíritos tinham razão. Tanto quanto minha mãe tinha razão. A culpada por eu ter me suicidado era Bárbara, fora ela quem destruiu a minha vida e a de minha mãe,

248

consequentemente. Por isso ela não merecia ser feliz, jamais. Não seria justo. Ela tinha de pagar pelo o que nos causou.

"Mas como? Perguntei-me a seguir.

"Muitas ideias começaram a ser cuspidas nos meus ouvidos pelos espíritos à minha volta, mas por mais que eu ouvisse suas sugestões, não me decidia por nenhuma delas.

"Levou algum tempo até que eu descobrisse que podia volitar*, ou seja, caminhar sem tocar os chãos, na velocidade da mente. Com isso pude chegar até a mansão onde Bárbara vivia com o marido. Prestes a se casar e viver feliz e contente para sempre ao lado dele, como nos contos de fada.

"Aquilo me deixou arrasado. Revoltado. Enquanto Bárbara seria feliz ao longo da vida, eu ficaria ali, condenado àquele inferno mental sabia-se lá até quando. Sofrendo cada dia mais e mais e, a meu ver, injustamente. Aquilo deixou-me mais convicto de que ela merecia uma vingança pelo que havia me feito. Não só ela, como Lionel Leconte, que a tirou de mim.

"Mas o que fazer? Levou tempo, muito tempo, em meio ao amargor para que eu encontrasse a resposta.

"Certo dia, para meu total espanto, percebi que Lionel havia me visto pelo rabo do olho. Achei espantoso que alguém pudesse ver o espírito de um morto, até então não sabia que isso era possível.

"Logo compreendi que alguns tinham mais facilidade para ver os espíritos dos mortos do que outros. Lionel era um deles, por isso, pôde ver a esposa depois de morta por diversas vezes como descobri mais tarde.

"Pensei então no que aquilo poderia me ajudar.

"Foi então, numa tarde, algum tempo depois, enquanto Lionel e Bárbara admiravam o pôr do sol visto da ponta do penhasco que eu tive uma ideia. Sabia que a região ficava tomada de névoa durante o outono e o inverno porque tinha ouvido Lionel falar a respeito e pensei: se conseguir atrair Lionel para a ponta do penhasco num dia desses posso

---

*Volitação: Vôo extrafísico - Da mesma forma que a natureza do corpo físico é andar, devido à sua densidade, a natureza do corpo sutil é voar (volitar). (N. do A.)

249

confundi-lo com a minha habilidade de volitar, fazendo-o pisar em falso, cair dali, levando-o à morte.

"Com a minha habilidade de volitar, ele pensará, que ainda há chão além da ponta do penhasco, não verá que estou flutuando no ar, por causa da névoa e então ao querer chegar até mim, cairá penhasco abaixo. E foi exatamente o que aconteceu. Lógico que eu passei meses tentando me fazer ser ouvido por ele, um dom que nele ainda não fora desenvolvido completamente. Era preciso me fazer ser ouvido para forçá-lo a me seguir até a ponta do penhasco e fazê-lo cair de lá."

A revelação fez com que Jean-Paul soltasse um grito de terror, capaz de sacudir-lhe o corpo todo.

— Você! — disse ele, num fio de voz. — Você matou Lionel!?

Meus olhos frios assumiram um ar irônico diante da pergunta. A ironia também se fazia presente na minha voz quando respondi:

— Eu o conduzi à morte. Muitos espíritos atormentados fazem isso, meu caro. Com Lionel foi bem fácil, nunca fora muito devoto de Cristo, tampouco de Deus...

Jean-Paul interrompeu-me:

— Está insinuando por acaso que quem não tem Deus no coração...

Minha resposta foi imediata:

— Não estou insinuando, estou afirmando. Essa foi uma das grandes descoberta que fiz ao desencarnar. Quem não tem Deus e Cristo no coração torna-se mais facilmente um joguete nas mãos dos espíritos obsessores.

O horror agora nos olhos do detetive era de dar pena e senti pena, devido ao afeto que criei por ele durante aqueles dois meses em que convivemos. Cheguei até a sentir vontade de interromper minhas palavras e pedir a ele que partisse em busca de ajuda médica antes que tivesse uma síncope, mas algo dentro de mim reprimiu minha bondade, me forçando a prosseguir na minha narrativa:

— O grito que Bárbara diz ter ouvido, assim que deixou a estufa, foi realmente o que Lionel deu ao cair do penhasco. O que ela não contou, por medo de levantar suspeitas sobre si, foi que ela, assim que ouviu o grito, caminhou até a ponta do penhasco para descobrir a procedência daquele som. A névoa estava tão forte que ela por pouco também não pisou em falso e despencou do penhasco. Confesso que gritei de medo e pavor quando percebi que aquilo estava prestes a acontecer. Por mais que a odiasse, não sei por quê, quis protegê-la.

Fiz uma pausa antes de continuar:

— A silhueta que Theodore afirma ter visto na ponta do penhasco, foi realmente a de Bárbara, porém, a silhueta de homem que ele viu ao lado dela não era a do pai, pois ele já havia caído: era a minha.

"Theodore ainda não percebeu, como acontece com muita gente, que ele também tem o poder de ver os espíritos dos mortos. Quando ele os vê, pensa ser de encarnados; no entanto, se perguntar para alguém que está a seu lado e que não tem a mesma habilidade que a dele, essa pessoa certamente diria que ele está vendo pessoas por demais, delirando... Enfim...

"É importante que saiba que fui eu, ao pé do ouvido de Bárbara, quem sugeriu a ela que fosse até a estufa àquela hora. Era preciso, caso contrário não teria como incriminá-la. Ela tinha de estar perto do penhasco para ser suspeita de ter empurrado o marido de lá."

Um pesar tomou conta do meu rosto e da minha voz a seguir, quando disse:

— No entanto, para a polícia, tudo não passou de um mero acidente. Infelizmente.

"Restava-me, então, levantar suspeitas a respeito da queda de Lionel. Fazer a polícia pensar que ele havia sido empurrado de lá e não caído por causa de um passo em falso. Mas para fazer a polícia pensar que ele havia sido empurrado, percebi, então, que precisaria de alguém de carne e osso que levantasse a hipótese."

As feições do detetive endureceram-se novamente, os olhos ficaram apertados e acerados. Com descaso, falou:

— Então você partiu atrás de um otário... eu.

Ri. Comentei:

— O otário fica por sua conta.

Jean-Paul me fitou com tal ódio, que recuei. Recuei sem motivo, pois afinal, o que poderia ele fazer contra mim, um fantasma? Mas tal verdade escapava de mim no momento. Devido à forte emoção que estava sentindo com tudo aquilo, certamente. Recuperei a voz e prossegui:

– A quem eu deveria procurar para me ajudar? Aos que têm Deus no coração? Os verdadeiros cristãos? Ora, é obvio que não, estes são bem protegidos. Como já lhe disse, a fé em Deus e a comunhão constante com os pensamentos de Cristo protegem a todos. Eu não sabia na época a respeito disso. Obviamente só vim a saber quando me vi aqui deste lado da vida.

"Por isso procurei por você. Primeiro: porque é um detetive renomado, famoso e respeitado. Uma vez cogitada a hipótese de que Lionel Leconte havia sido assassinado pelo grande Jean-Paul Godard, as autoridades aceitariam o fato às cegas.

"E segundo porque há tempos você havia deixado de acreditar em Deus, comungar com os pensamentos de Cristo, o que o torna vulnerável à minha aproximação; caso contrário, um espírito como eu, tomado de revolta, ódio e um profundo desejo de vingança, jamais poderia ter se aproximado de você.

"Só restava saber se você teria a habilidade de se comunicar com os mortos. Por sorte, você tinha. A propósito, você deveria me agradecer por ter entrado na sua vida; caso contrário, não teria nunca descoberto sua habilidade para se comunicar com os mortos. Dizer "nunca" é também um exagero. Enfim...

"Quem foi que levantou a suspeita de que Lionel Leconte havia sido assassinado? Ora, você. O grande Jean-Paul Godard. Chamando assim a atenção das autoridades e das pessoas que tinham maior contato com Lionel Leconte. Quem seguiu Bárbara até a mansão para encontrá-la em posse daquele papel, carta, sei lá como se define aquilo, escrito por Lionel? Você. A mando de mim. Soprando no seu ouvido como se fosse a voz da sua intuição a lhe falar. E quem sugeriu a Bárbara que procurasse por aquele papel que poderia incriminá-la? Eu, da mesma forma que sugestionei você."

Voltou à lembrança de Jean-Paul o que Bárbara disse naquele dia, àquela hora:

"– *Eu ainda não consegui entender,* – *disse Bárbara rompendo o silêncio constrangedor que caía sobre os dois.* – *Não consigo entender como monsieur soube que eu estaria na casa dos Leconte a essa hora? E como conseguiu me encontrar no meio daquela escuridão.*"

E o que Bárbara disse a ele quando voltavam para a cidade a pé.

"– Maldita hora – lamentou ela com irritação –, maldita hora em que fui dar ouvidos àquela voz que me aconselhou a vir aqui tirar esse papel dessa casa. Maldita hora."

Voltei a falar, dessa vez num tom irônico:

– Quem sugeriu a Lionel que fizesse o testamento daquela forma? Eu.

"Quem sugeriu a Theodore que dissesse à polícia que viu Bárbara empurrando Lionel penhasco abaixo? Eu. Ele não queria, por amor a ela. Mas eu fiquei lá, matraqueando no ouvido dele, martelando na cabeça dele, insistentemente, até ele ser convencido por mim.

"E todos pensando que se tratava apenas de uma vozinha mental!

"É tão fácil instigar o ódio no coração dos que não comungam com Deus. Você não faz ideia de como é fácil. Ou melhor, agora, você faz ideia, sim."

Aquele foi o instante em que eu e Jean-Paul chegamos mais perto do caos emocional. Como dois cervos adversários, um encarava o outro, no campo da batalha iminente. Então um estreito sorriso repuxou os lábios do detetive. Jamais alguém me dirigiu um sorriso tão desdenhoso, em toda a vida. A seguir, sua voz saltou-lhe a boca, de forma engraçada:

– Isso só pode ser um delírio... Um pesadelo...

Minha voz se sobrepôs aos seus lamentos.

– Infelizmente não é, Jean-Paul. Infelizmente ou felizmente, quem vai saber...

Um leve sorriso, triste, insinuou-se na minha face antes de eu prosseguir:

– Só não contava que você fosse se apaixonar por Bárbara. Receei que essa paixão pusesse tudo a perder. No entanto, o seu compromisso com a verdade, com a justiça, impediu que essa paixão que sente por ela estragasse tudo.

"Se você puxar pela memória verá que eu estava o tempo todo chamando sua atenção para os seus princípios de justiça. Tive medo de que se esquecesse deles."

Fiz uma pausa e ri gostosamente, pouco me importando com o quanto isso encolerizasse o detetive. Então o silêncio pesou entre nós. Segundos depois acrescentei de supetão:

— Bárbara Calandre há de pagar pelo que me fez com a mesma dor e sofrimento que me causou.

Acho que usei um tom demasiado frio. Tão frio como encontrava-se minha alma naquele instante.

— Isso não pode ser verdade... Não pode... — murmurou Jean-Paul desacorçoado.

Diante de suas palavras voltei a me eriçar e sorrir, friamente divertido. O silêncio tornou a pesar sobre nós. Foi Jean-Paul quem o quebrou minutos depois, dizendo:

— Por isso você nunca entrava na igreja, não é? Ficava sempre do lado de fora. Meu Deus, como não me ative a esse detalhe?

— Quem não comunga com Deus... — repeti em meio a um sorriso maroto.

Jean-Paul balançou a cabeça inconformado. Perguntou-me:

— Aqueles espíritos que tentavam se aproximar de mim eram na verdade...

— Espíritos bem intencionados, tentando desesperadamente alertá-lo quanto à minha pessoa. Mas inverti a história como fazem muitos espíritos obsessores, fiz você acreditar que os bons eram os maus. E os maus eram os bons.

Dessa vez não aguentei e ri mais uma vez, arreganhado os dentes, deformando minha face. Jean-Paul estremeceu diante do meu sorriso debochado, maléfico.

— Quem não comunga com Deus... — acrescentei ironicamente, voltando a gargalhar em seguida. Depois disse:

— Tentei lhe dar uma pista, Jean-Paul, mas você não percebeu. Chamei-me de William exatamente por causa de William Shakespeare. O rei do drama, da tragédia. Era o que estávamos prestes a realizar. Disse a você que a obra de Shakespeare que mais me tocou era Otelo. Que Iago era um personagem fantástico, pois matava as pessoas indiretamente, sem sujar as próprias mãos e sempre por meio da indução. Ficava sempre induzindo no ouvido das pessoas aquilo que ele gostaria que elas fizessem.

Suspirei:

— Ah, Jean-Paul, como que você pôde deixar passar batido uma pista como essa? Como? Você deveria também ter percebido, pelo menos desconfiado, de que algo estava errado quando o cão se afastou de você e de Bárbara. Ele se afastou porque me viu parado perto de vocês. Cães não só têm o poder de perceber quem anda com a aura carregada como podem ver os espíritos dos desencarnados. E afastam-se de todo espírito obsessor. Sei que você não conhecia esse fato, está perdoado. Daí a importância, a meu ver, das pessoas saberem mais sobre o mundo dos espíritos, não acha?

A voz de Jean-Paul soou trêmula e fraca, quando disse:

— Eu vou contar para todos o que você foi capaz de fazer! Vou expor todos os fatos à polícia!

— Contar... Expor? — ri, friamente divertido.

— Direi quem é você — revidou ele com escárnio. — Direi tudo o que você fez para incriminar Bárbara Calandre Leconte.

— Não me faça rir, Jean-Paul. Quem vai acreditar em você quando disser que tudo isso foi planejado por um espírito?! Que um espírito matou Lionel Leconte para incriminar sua ex-noiva? Não me faça rir. Vão considerá-lo um doido varrido.

Ele me olhou, e, para o seu tormento, soube que eu via medo em seu rosto. Que por mais que ele procurasse disfarçá-lo, fingindo-se de seguro quanto àquilo, tudo não passava de um blefe.

— Bárbara Calandre está condenada — disse eu a seguir em tom vitorioso. — Não há mais nada que se possa fazer para salvá-la. Ela vai morrer e ao se ver aqui nesse plano, me encontrará esperando por ela, rindo da sua cara. Da sua fuça!

Jean-Paul engoliu em seco ao ver que eu tinha razão. Seus olhos cuspiam tanto fogo que por pouco não saltou sobre mim para me esmurrar. Quão tolo seria sua atitude. Risível. A verdade é que Jean-Paul Godard estava acabado.

Após um desconfortável silêncio ele me perguntou:

— Quer dizer então que Cristo... Deus... existem...

— Se existem ou não, pouco importa, só sei que quem se alia a Eles torna sua vida melhor.

— Por que não se alia a Eles, então?

— Sou um caso perdido.

— Por que não tenta?

— Um dia, quem sabe.

O velho detetive me fitou de modo significativo antes de eu me despedir.

— Adeus, Jean-Paul...

Sua voz, áspera agora, sobrepujou-se à minha ao dizer:

— Você tirou de Bárbara o homem que ela amava, mas ela nunca será sua, Anthony. Nunca, será que não percebe?

— Bárbara não merecia Lionel, Jean-Paul, porque ele jamais a amaria tanto quanto eu a amo. Por incrível que pareça, Jean-Paul, meu caro, eu ainda amo Bárbara Calandre.

— E desde quando quem ama mata? Destrói a vida de quem ama?! Não, meu caro, quem ama não mata.

— A morte é o único meio de ficarmos juntos outra vez.

— Como acha que ela vai se sentir ao saber do que fez?

— Honrada. Pois verá a que ponto eu cheguei por amor.

— Isso não é amor. Isso é uma loucura, uma doença, uma consequência da frustração e da baixa autoestima, mas amor jamais.

Havia algo naquelas palavras que caíram sobre mim como farpas. Pela primeira vez, senti-me ferido por Jean-Paul. Mas meus amigos, que me acompanhavam, logo me fizeram erguer a cabeça e voltar a ser quem eu era, ou quem eu havia me tornado.

Saí do campo de visão de Jean-Paul, ficando de longe a observá-lo. Ele se ergueu do chão e caminhou claudicamente até a estação do trem. Carregava consigo só um pensamento.* Ele tinha de salvar Bárbara Calandre da morte. Impedir que ela pagasse por um crime que não cometeu e, isso, a qualquer custo. Nem que as pessoas rissem dele. Chamassem-no de louco. Lunático.

E foi exatamente o que aconteceu com Jean-Paul Godard. Por mais que ele tentasse explicar a situação, cada vez mais as pessoas acreditavam que o grande detetive francês estava a um passo da loucura.

E quanto mais ele esbravejava para fazer com que acreditassem nas suas palavras, mais o consideravam louco. Só mesmo alguém fora

---

*Vide nota na página 24. (N. do. A.)

do seu perfeito equilíbrio mental é que poderia estar falando sobre espíritos que se comunicam com os vivos dispostos a levar discórdia entre eles. Jean-Paul Godard perdera realmente o juízo, acreditaram aqueles que o conheciam bem, tão bem a ponto de saber que ele sempre fora totalmente descrente no terreno da metafísica.

Ao saltar sobre uma autoridade, ele foi preso por desacato. E depois, quando se viu descontrolado mentalmente, completamente fora de si, na árdua tarefa de se fazer acreditado, foi julgado e condenado a se tratar num manicômio.

A notícia chocou a todos que o respeitavam como sendo um dos maiores detetives e defensor dos direitos humanos da época.

Somente Emma Belmondo se perguntou se não havia um fundo de verdade em toda aquela história.

Como pensei, aquele era o fim de Jean-Paul Godard.

Esclarecendo:

*Os espíritos obsessores evitam entrar na igreja devido à egrégora que há nesses locais. Egrégora é, em poucas palavras, uma energia formada pelo encontro de pessoas voltadas para promover um mesmo fim (a cura de alguém, o fim de um problema ou a superação de uma perda, entre outros motivos do gênero), ou seja, promover algo positivo, avesso aos propósitos dos espíritos obsessores.

*Anthony G. tomou conhecimento da carta escrita por Lionel L. por ter passado muito tempo, depois de desencarnado, observando o casal. (N. do A.)

Capítulo 25

A chegada de Jean-Paul Godard ao manicômio de Sant Louis causou furor no local e na cidade. Um homem que fora respeitadíssimo por ter resolvido casos tidos como insolúveis chegar àquele nível de loucura era chocante e, ao mesmo tempo, assustador.

Diante da balaustrada em frente à edificação do manicômio, Jean-Paul parou, ergueu a cabeça e mirou a fachada do lugar, como se quisesse atravessá-lo. Só então entrou. Girou o pescoço ao redor tomado de decepção e pânico. Entrar ali foi como deixar a vida do lado de fora do edifício e estar agora na casa da morte.

— Monsieur Godard — disse a enfermeira escolhida para recebê-lo.

A voz suave da moça trouxe Jean-Paul de volta a si.

— Venha, meu senhor... — tornou ela, pacientemente.

— Obrigado — agradeceu ele num tom de voz atípico.

Ao ver o molho de chaves na mão da mulher, Jean-Paul enxergou nela uma versão feminina de um carcereiro. Visão que roubou no mesmo instante os últimos resquícios de tranquilidade que cercava a sua pessoa.

Ela o dirigiu para o que lhe pareceu ser as profundezas do edifício. Jean-Paul segui-a pelos corredores dos quais jamais quis passar outra vez. Eram apenas portas que davam para quartos como num hospital, mas para ele parecia mais uma rede fantasmagórica de celas.

O aposento destinado à sua pessoa tinha apenas uma cama, um criado mudo, um armário tão precário quanto seu estado emocional. Era um lugar frio, triste e melancólico. Só não havia grades, no mais era tal e qual uma prisão. Ele sentou-se na cama e ficou com os olhos fixos na palma de suas mãos feito conchas pousadas no colo.

— Se o senhor precisar de mim é só tocar o sino — explicou a enfermeira, no seu tom de voz brando e bonito.

Ele assentiu com a cabeça. A mulher se retirou fechando a porta atrás de si. Restou ali, no aposento, apenas um homem tido como louco, mergulhado naquela atmosfera fria e melancólica que cerca todos os lugares do gênero.

Ele precisou de muita força de vontade para aceitar o silêncio.

Os pensamentos de Jean-Paul se estancaram. A seguir foram arremessados para o abismo do seu ser. Restou então apenas dor, uma dor tamanha e crescente a corroer sua alma.

Pareceu perder a noção do tempo. Quanto tempo ficou ali em estado vegetativo, ele não saberia dizer, nem os gritos pavorosos emitidos pelos pacientes internados no manicômio conseguiram despertá-lo daquele estado caótico.

Quando voltou a si, Jean-Paul Godard assustou-se ao se ver ali, trancado, e acreditou piamente que todo aquele que fosse internado num hospício por ter sido considerado louco, mas não era, acabaria tornando-se um, devido à atmosfera do lugar.

No entanto, tinha de manter as luzes acesas da esperança dentro de si se quisesse escapar dali e ajudar Bárbara há tempo.

O que fazer?

Ele deitou-se na cama e um frio esquisito surgido das profundezas do desespero o fez se encolher até a posição fetal. Quem o visse de longe pensaria tratar-se de um feto em desenvolvimento.

Em meio a seus tempestuosos pensamentos veio a lembrança de um fato que ocorreu nos Estados Unidos e que ele mergulhou fundo para saber os detalhes por acreditar que não passava de uma farsa.

Era o caso das irmãs Fox. Que após mudarem para uma modesta casa no vilarejo de Hydesville, Estado de Nova York, Estados Unidos, em 11 de dezembro de 1847, começaram a ouvir os mesmos ruídos insólitos que perturbaram as antigas famílias que já haviam alugado a casa. Ruídos que mais tarde foram comprovados como sendo provocados por uma inteligência incorpórea.

Por meio de batidas no assoalho desenvolvido pela filha do casal Fox, Kate Fox, sete anos nessa época, ela conseguiu se comunicar com o espírito que assombrava aquela casa e que informou a menina que havia sido assassinado naquela casa e seu corpo fora enterrado na adega. Disse até mesmo quem fora seu assassino. Após escavações foram encontrados vestígios de um esqueleto humano*. Mas não havia provas suficientes para indiciar aquele que cometera o assassinato.

O caso continuava repercutindo pelo Estados Unidos e até mesmo na Europa. Principalmente entre aqueles que participam e estudam a transcomunicação por meio das "mesas girantes".

Jean-Paul arrepiou-se no mesmo instante que se maravilhou por saber que a história que havia cercado as irmãs Fox era real.

— Quantas e quantas experiências com espíritos desencarnados não foram vividas pelas pessoas ao longo da história — comentou consigo em voz alta —, porém não foram relatadas pelas pessoas por temerem que fossem consideradas fora do seu juízo perfeito.

Até mesmo eu, Anthony Gilbert, soube do caso das irmãs Fox quando ainda me encontrava encarnado e acreditei tratar-se de uma farsa. Agora, desperto no plano espiritual, sabia, como ninguém, que as jovens não haviam mentido. Não só elas como muitas outras pessoas que relataram fatos semelhantes.

Eu sabia agora também que muitas pessoas deixavam de relatar fatos sobrenaturais para não serem tidas como loucas ou farsantes. Não que não houvesse farsantes que forjavam histórias movidas pelo ego e pela vaidade desmedida, só para atrair a atenção dos outros e serem tidos como especiais. Havia. Ainda assim, eram uma minoria. A maioria dos relatos tinha fundamento.

Um grito agudo de mulher despertou Jean-Paul daquele estado letárgico. Era um grito desesperador. Seus olhos voltaram-se para o teto e no teto ficaram pousados.

No mesmo instante em que ele tornou a dizer para si mesmo: "preciso provar o que passei nas mãos de Anthony Gilbert", ouviu-se dizendo mais uma vez que ninguém nunca acreditaria nele. Ninguém. E

---

*O esqueleto encontrado nessa época não é o mesmo que foi encontrado em 23 de novembro de 1904, por meninos que brincavam na casa onde residiu os Fox. Este sim foi relacionado ao corpo do Espírito que ocasionou os fenômenos na casa da família Fox em 1848. (N. d. A.)

não acreditando não haveria como salvar Bárbara Leconte daquela punição para a inocência.

Jean-Paul sentiu-se confuso diante das palavras ouvidas na mente por não saber se elas eram ditas por sua mente ou por um espírito mal intencionado que estaria ao seu lado soprando aquilo tudo em seus ouvidos.

Eu, Anthony Gilbert, confesso que se tivesse sido eu a passar por tudo o que Jean-Paul passou nas minhas mãos acabaria tão perturbado mental, física e espiritualmente como ele. Ou até mais, quem sabe.

Era deprimente para Jean-Paul perceber que ele, o grande Jean-Paul Godard, com a incumbência de capturar criminosos que mataram o próximo por mero prazer ou por vingança ou por ódio, inveja, interesse financeiro, acabara preso num manicômio como um verme. Um verme imundo.

As autoridades quiseram que ele admitisse que tudo o que dissera sobre o contato comigo, Anthony Gilbert, vulgo, William Kamp, não passara de criação da sua mente, mas ele insistiu. Tudo aquilo não fora delírio, era verdade e as pessoas precisavam saber daquela realidade que cercava a vida de todos antes que outros espíritos obsessores fizessem chacota de outros encarnados assim como Anthony Gilbert havia feito dele.

Ele tinha de prevenir a raça humana quanto a influência negativa dos espíritos desencarnados, chamados de espíritos obsessores, na vida das pessoas. Esse alerta tinha de ser dado por questão de justiça a todos. A Deus.

Por outro lado, ele deveria ter concordado com as autoridades que lhe pediam que negasse suas declarações. Seria uma mentira certamente, mas uma mentira que o faria escapar das garras daquela sentença injusta que o prendeu naquele lugar cruel. Sim, teria sido melhor ter mentido, ainda que fosse contra os seus princípios. Na verdade, ele não estaria mentindo e, sim, omitindo a verdade que os homens não querem aceitar. Que os homens se recusam a acreditar. Ou que não estavam prontos e preparados para encarar.

Só mentindo é que ele estaria lá fora onde teria bem mais chances de impedir que Bárbara pagasse por um crime que não cometeu.

Jean-Paul inalou o ar, pois parecia lhe faltar nos pulmões. Mas a cada inalação, o peito doía e provocava ondas de escuridão que latejavam por toda a sua cabeça, intumescia os tecidos da garganta fazendo-o sentir como se tivesse uma mordaça por sobre sua boca.

Para fugir da dor, Jean-Paul procurou desviar a mente para o passado, extraindo trechos do que viveu desde que me conheceu. Trechos que revelavam quem eu era e que ele deixou passar despercebido. De todos o que mais lhe impressionou foi perceber que eu, Anthony Gilbert, jamais me referia a Bárbara usando o sobrenome dela de casado e sempre o seu sobrenome de solteira.

Aos poucos o quarto foi se tornando escuro, era a noite que caia lá fora. Uma hora depois, tudo o que se podia distinguir ali dentro era a pálida iluminação do corredor, através das gretas da porta.

Diante da escuridão, Jean-Paul sentiu mais uma vez bater dentro de si a sensação de que deixara a vida do lado de fora do edifício e encontrava-se agora na casa da morte. Uma sensação arrepiante.

Os dias transcorreram amargos e deprimentes para Jean-Paul. Ele permanecia trancado em seu quarto, sobre a cama, deitado de costas, sem se mover. Com a cabeça e o resto do corpo entorpecidos, como se houvesse bebido demais. Quem o visse, pensaria imediatamente que ele havia morrido. Era assim que os médicos e enfermeiros o encontravam todos os dias.

Foi uma das enfermeiras, a mais paciente de todas, que de tanto insistir, com jeitinho, acabou convencendo Jean-Paul a deixar o quarto para ir até o pátio tomar um pouco de sol e respirar ar puro.

Isso prova que uma voz, uma simples vozinha na mente de uma pessoa, martelando dia e noite, noite e dia algo, pode acabar convencendo a pessoa a fazer esse algo. É como uma música que de tanto se ouvir acaba-se aprendendo a cantá-la e assoviá-la. É como uma língua estrangeira que de tanto ouvi-la acaba-se aprendendo a falar. Por isso todos devem prestar atenção ao que se repete na sua mente. Porque se for algo nocivo, que o induz a fazer o mal, tanto para o próximo como para si mesmo, você certamente pode cometer esse mal, cedo ou tarde. Prejudicando o próximo e a si mesmo, pois não há mal que se faça ao próximo que não prejudique a si mesmo. Hoje, eu sei.

Senti saudades de Jean-Paul certo dia e por isso resolvi visitá-lo. Ele voltava do banheiro quando cheguei no manicômio. Caminhava como se estivesse se rastejando pelo corredor mal-iluminado que levava até seu quarto. De repente, parou diante de um forte arrepio. Ele certamente havia pressentido a minha chegada. Voltou a cabeça por sobre o ombro para o local onde eu me encontrava. No entanto, o corredor era tão mal-iluminado que ele não conseguiu ver-me o rosto.

— Quem está aí? — perguntou, envolto de certa tensão.

Por um momento Jean-Paul não pôde imaginar quem poderia ser. Ele ficou ultratenso quando percebeu que era eu. Levantou as sobrancelhas quando me reconheceu. Aproximei-me dele levando comigo um sorriso nos lábios, um sorriso que o irritou profundamente. Um sorriso cruel. Seu cenho se fechou, ele deu-me as costas e voltou para o seu quarto. Eu o segui. Mas parei num estalo quando ouvi as passadas pesadas de um enfermeiro vindo pelo corredor, parecendo vir em direção ao quarto.

Desapareci.

Jean-Paul, descobri mais tarde, passou aquela noite praticamente em claro, com um medo pavoroso de que eu estivesse ali velando seu sono, rindo da sua triste condição.

∽

Foi quando Jean-Paul foi ao pátio tomar sol pela primeira vez que ele avistou alguém ali em meio ao aglomerado de pacientes que chamou sua atenção.

Ele foi se aproximando dessa pessoa a passos lentos e cautelosos. Quando sua sombra caiu sobre o homem sentado no banco de madeira concentrado na leitura de um livro, esse homem voltou os olhos para Jean-Paul e esboçou um sorriso.

O indivíduo era exatamente quem Jean-Paul pensou ser: Callaham Foster. Homem suspeito de ter cometido um crime, mas que jurava ser inocente. Tudo o que havia acontecido, afirmou Callaham, se deu por influência negativa de um espírito obsessor. Fora esse espírito quem conduzira a vítima à morte. Jean-Paul, na ocasião, riu da cara do homem diante de suas palavras. Chegou até a parabenizá-lo, com ironia, logicamente, por tamanha lábia.

Jean-Paul conseguiu levar o homem ao tribunal, mas o júri considerou o acusado fora das suas faculdades mentais e por isso o sentenciou a fazer um tratamento psíquico num manicômio.

Após estudar minuciosamente o rosto de Jean-Paul, Callaham Foster disse:

— Quando ouvi falar que havia chegado aqui um homem de nome Jean-Paul Godard, que fora tido como um dos investigadores de polícia mais respeitados da Europa, juro que me recusei a acreditar que fosse você. Como poderia o grandioso monsieur Godard ser internado numa clínica de loucos, a mesma a qual ele, indiretamente, condenou-me?!

Jean-Paul esquivou-se do olhar do homem, tomado de constrangimento e vergonha.

— Sua sombra está atrapalhando a minha leitura — tornou Callaham, com certa rispidez.

— Eu...

Callaham o interrompeu com acidez:

— Na verdade sua sombra tem se mantido sobre a minha pessoa desde que — ele abriu aspas com os dedos — "A vida" pôs você no meu caminho.

— Preciso falar com você.

— Precisa? Por que haveria de conversar com aquele que me considerou louco, insano?

— Porque admito agora que posso ter errado com você.

Nem bem a frase saltou a boca de Jean-Paul, Callaham Foster saltou sobre ele, agarrou seu colarinho e o jogou ao chão.

— Fale, seu desgraçado — berrou Callaham. — Diga, bem alto, para todos ouvirem, o que você acabou de me dizer.

Diante da recusa de Jean-Paul, Callaham começou a socar a cabeça dele contra o gramado.

— Fale, seu desgraçado — insistia o homem aos berros. — Fale para todo mundo poder ouvi-lo.

— Eu errei — falou Jean-Paul, com voz entrecortada.

— Mais alto! — ordenou Callaham.

— Eu errei contra... contra você!

— Mais alto!

— Eu errei contra...

Jean-Paul não conseguiu terminar a frase, rompeu-se em lágrimas. Callaham soltou-o bem no exato momento em que dois enfermeiros chegavam ao local. Todos estavam surpresos com a reação de Callaham, que tivera sempre o comportamento melhor entre todos os internados ali.

Jean-Paul manteve-se estirado no chão chorando como uma criança. Os enfermeiros tentaram acalmá-lo e, com grande esforço, o puseram novamente de pé. A supervisora chegou ao local.

Assim que Jean-Paul se recompôs do incidente, disse:

— Preciso falar com o senhor Callaham Foster, por favor.

Ainda que em dúvida, os dois enfermeiros acabaram permitindo que ele fosse até o quarto do homem. Porém, ficaram à porta para evitar qualquer agressão por parte do paciente.

— Desembuche — disse Callaham com descaso, assim que Jean-Paul se pôs à sua frente.

Ainda que trêmulo, Jean-Paul disse:

— Ouça o que eu tenho a lhe dizer antes de me julgar, Callaham, por favor.

Ele riu.

— Olhe só quem fala!

— Por favor, ouça-me.

— "Por favor"?! Quem diria que um dia eu ouviria Jean-Paul Godard pedir "por favor". O que você tem a me dizer deve ser importante mesmo, caso contrário...

Assim que Callaham lhe deu a chance, Jean-Paul contou-lhe tudo o que se passou desde que me conheceu.

Não era de se esperar que não houvesse espanto algum por parte de Callaham Foster diante da narrativa de Jean-Paul, afinal, ele vivera o mesmo que o detetive, tanto que fora jogado no manicômio pelo mesmo motivo que Jean-Paul se encontrava ali agora. Loucura! Onde já se viu espíritos de mortos influenciarem negativamente a vida dos encarnados? Loucura, simplesmente loucura foi o veredicto final das autoridades que julgaram o caso.

— Sabemos da verdade — disse Callaham, quando Jean-Paul terminou de falar. — A verdade que o mundo não quer ouvir...

— Ou não está preparado para ouvir — opinou Jean-Paul, lasso.

— Sim — concordou o homem, olhando firme para o detetive. — Talvez o mundo não esteja preparado para ouvir... E agora, o que fazemos? Apodrecemos aqui neste lugar ou...

— Ou...

— Eu não sei aonde vai dar esse "ou", pensei que você soubesse.

Jean-Paul riu, um riso curto e desesperado.

Ele estava num beco sem saída. Um rato aprisionado numa ratoeira. E foi assim que Jean-Paul voltou para o seu quarto, sentindo-se como um rato encurralado. Procurando desesperadamente por uma saída.

— Não posso permitir que Bárbara, uma inocente pague por um crime que não cometeu — repetia ele mais uma vez em voz alta para as paredes. — Não posso! Tem de haver uma saída! Alguém tem de me ajudar a sair daqui. Fazer com que as autoridades me ouçam. Reverter esse quadro horrível da realidade.

Algo então despertou a atenção do detetive. Algo que havia ali, preso na parede, e que passara despercebido até então. Algo que ele nunca fora de reparar por considerar um mero e simples objeto de enfeite. Tratava-se de um crucifixo.

Ele se lembrou então das minhas palavras:

"Quem não tem Deus no coração... Quem não comunga com Cristo..."

Jean-Paul voltou o olhar para o criado mudo, ficou reflexivo por alguns segundos, só então abriu a gaveta. Dentro dela havia o que ele supôs, uma Bíblia, ainda que surrada, possível de se ler. Pela primeira vez, para seu total espanto, Jean-Paul Godard se pôs a ler o que estava escrito nela. Abriu-a aleatoriamente e as primeiras palavras em que seus olhos pousaram foi:

O SENHOR é o meu pastor, nada me faltará.

Refrigera a minha alma; guia-me pelas veredas da justiça, por amor do seu nome.

Ainda que eu andasse pelo vale da sombra da morte, não temeria mal algum, porque tu estás comigo; a tua vara e o teu cajado me consolam.

Certamente que a bondade e a misericórdia me seguirão todos os dias da minha vida; e habitarei na casa do SENHOR por longos dias.

Era o Salmo 23 [Salmo de Davi].

Ele repetiu aquele salmo até perceber que se repetia por si só dentro da sua mente. Foi então que Jean-Paul, subitamente, começou a chorar. Como nunca chorara desde os onze anos de idade. Só que seu choro não era de tristeza, mas de alegria. A alegria que se tem quando se comunga com as palavras e os mandamentos de Deus.

Lágrimas escorriam por sua face, perdidas em regatos de transpiração, e os soluços ligeiramente sufocados eram o único som dentro daquele aposento morto, frio como o coração daqueles que se fecham para o amor.

Sem se dar conta, Jean-Paul afundou-se de pernas cruzadas no chão, com a Bíblia sagrada no colo, lendo tudo o que estava escrito ali com apetite voraz.

O SENHOR é a minha luz e a minha salvação; a quem temerei? O SENHOR é a força da minha vida; de quem me recearei?

Quando os malvados, meus adversários e meus inimigos, se chegaram contra mim, para comerem as minhas carnes, tropeçaram e caíram.

Ensina-me, SENHOR, o teu caminho, e guia-me pela vereda direita, por causa dos meus inimigos. Não me entregues à vontade dos meus adversários; pois se levantaram falsas testemunhas contra mim, e os que respiram crueldade. Pereceria sem dúvida, se não cresse que veria a bondade do SENHOR na terra dos viventes. Espera no SENHOR, anima-te, e ele fortalecerá o teu coração; espera, pois, no SENHOR.

Salmo 27 [Salmo de Davi]

Jean-Paul permaneceu ali, inteiramente imóvel, entregue à leitura da Bíblia. Quanto tempo ficou assim, ele ignorava. Por fim ousou um movimento físico. Ergueu a cabeça, com infinita lentidão, com trepidação ínfima, até os olhos se encontrarem mais uma vez com o crucifixo pendurado na parede do quarto. A visão provocou um súbito calor por seu corpo seguido de um ameno formigamento. Então, refocalizando os olhos no crucifixo, espiando-o com mais atenção, Jean-Paul disse entre lágrimas:

— Eu preciso da Sua ajuda, Senhor. Preciso, como nunca precisei em toda a minha vida. Essa ajuda não é para mim, ainda que me afete positivamente. É para uma jovem. Seu nome é Bárbara Calandre Leconte.

267

Ela foi vítima de uma armadilha, de uma vingança abominável executada por seu ex-noivo. Por favor, ajude essa jovem, ela não merece pagar por um crime que não cometeu. Por favor.

As pálpebras dele desceram sobre os olhos e se apertaram dolorosamente. Num tom de voz rouco ele acrescentou:

— O único mal de Bárbara, se é que pode ser considerado um mal, foi ousar desistir de um relacionamento que não despertava nela o amor que todos nós buscamos para que pudesse viver ao lado do homem que lhe pareceu ser a pessoa certa para fazê-la viver o amor tão almejado. Se ela feriu, machucou, deixou o coração de seu ex-noivo esfacelado, ainda assim não é motivo para que pague por um crime que não cometeu.

Jean-Paul calou-se a seguir. Baixou novamente os olhos para a Bíblia aberta em seu colo e seus olhos leram, como que por vontade própria mais um dos salmos.

A leitura foi se tornado cada vez mais e mais interessante a ponto de ele não querer se desgrudar do livro por nada, somente para fazer suas refeições, tomar seu banho...

Após começar a ler a Bíblia e fazer suas orações e, especialmente, falar com Deus, falar com Cristo, Jean-Paul penetrou num mundo de imagens e sensações que jamais havia conhecido. Apesar de conviver praticamente a vida toda com criminosos, parecia agora que jamais havia convivido com essa realidade tão hedionda que cerca a vida na Terra.

Agora ele não sentia mais receio de dormir, de modo que fechava os olhos permitindo às pálpebras cansadas e pesadas que tivessem um merecido descanso. A despeito de todos os ruídos à sua volta, ele agora podia dormir sem ser perturbado por eles.

Ao abrir os olhos e ver o fogo do nascer do sol nas paredes e no teto, seu peito se enchia de algo que ele não sabia descrever em palavras. Era como se Deus ou Cristo, ou os dois numa só essência pousassem as mãos por sobre sua cabeça. A comunhão com Deus mudou até mesmo o seu hálito do amanhecer. Até mesmo o ar que acariciava sua janela e entrava por ela quando aberta invadindo o quarto parecia diferente. A comunhão com Deus e Cristo mudou tudo, simplesmente tudo, como mágica, como uma luz lançada no breu.

Era depois das refeições que ele conversava a respeito disso com Callaham e trocavam ideias sobre o que haviam lido na Bíblia. Foi no quinto dia de leitura da Bíblia que ele e Callaham decidiram unir-se em prece, cada um no seu quarto, antes de dormir. Como se a junção das duas preces pudesse tornar-se mais forte, o suficiente, para salvá-los daquela situação.

Certa noite, porém, Jean-Paul estava de olhos fechados, orando com a alma, quando subitamente, o desespero caiu sobre ele de forma assustadora. Diante de seus olhos, abertos ou fechados, ele viu Bárbara sendo dirigida à forca e por mais que ele corresse até lá, não conseguia alcançá-la. Por mais que ele gritasse proclamando a sua inocência, seus apelos pareciam cair em ouvidos surdos.

Foi então que uma voz atravessou seus pensamentos dizendo:

"Não se desprenda da fé, não permita que a dúvida, o medo de que Deus não o ajude se sobreponha à sua fé, mantenha-se crente nela, firme nela, fixo a ela. E ela não lhe abandonará."

— Mas o tempo está passando — revidou ele, sem saber ao certo, dessa vez, a quem se dirigia.

A voz novamente atravessou seus pensamentos:

— Ainda assim, mantenha-se firme na fé. Não falo de esperança, pois a esperança não é tão forte quanto a fé. A esperança é a fé entrelaçada à dúvida. Falo de fé, literalmente de fé, pois fé está apenas entrelaçada a Deus. Fé... Jean-Paul, fé.

"A fé aliviará seu coração opresso, permitirá que você tenha boas noites de sono, e durante esse sono tranquilo Deus lhe dirá o que precisa ser feito para se ajudar, bem como ajudar essa jovem moça tão necessitada de ajuda. Mantenha a fé. Ande, respire, durma, acorde com fé. Pois a fé verdadeira em Deus jamais falha."

Naquela mesma noite, Jean-Paul sonhou com dois velhos amigos seus, um, o renomado advogado Eduard Serene e o outro, o padre Philip Ross, que fora suspeito de um crime e só conseguiu provar sua inocência por causa do senso apurado de Jean-Paul. Era também o único padre a quem Jean-Paul dava algum crédito. Pois ao falar de Deus, conseguia prender sua atenção. Talvez por ele abordar fatos da vida de uma forma mais ampla, que faziam maior sentido para ele.

Havia ainda uma terceira pessoa com quem Jean-Paul havia sonhado, a qual, por mais que ele puxasse pela memória não conseguia se lembrar de onde a conhecia.

A lembrança do sonho com aquelas três pessoas manteve-se, ao longo do dia, indo e vindo na mente do detetive, fazendo-o se perguntar "por quê". Então uma luz iluminou seus pensamentos, o fez compreender por que havia sonhado com aquelas duas pessoas. Só restava descobrir quem era a terceira para saber no que ela poderia lhe ajudar.

Foi Callaham quem o ajudou a descobrir quem era essa terceira pessoa ao falar de sua vida em Paris. De súbito, vindo de algum lugar do passado, uma fugidia lembrança clareou as ideias de Jean-Paul.

— Paris — murmurou o detetive, com os olhos brilhando.

— O que tem Paris? — perguntou Callaham, surpreso com a entonação do detetive.

— Agora eu sei quem é ela...

— Ela? De quem está falando?

— Da terceira pessoa do sonho. Ela é de Paris. Vi-a apenas uma vez, mas foi o suficiente...

— Onde a viu?

Ele voltou-se para ele e respondeu pausadamente:

— Na casa da senhora Plainemaison na Rua de La Grange Batelière, n° 18, onde estudam o fenômeno das mesas girantes e alguns ensaios de escrita mediúnica. Seu nome é Jacqueline Angelique. É uma médium.

Naquele mesmo dia, Jean-Paul Godard escreveu para aquelas três pessoas. Não foi preciso nem consultar seu caderno de endereços, ele lembrou-se com nitidez dos endereços dos três. Agora era só aguardar pela resposta de mãos dadas com Deus. E foi o que Jean-Paul fez.

Nota de Anthony G.: dados descritos aqui me foram relatados mais tarde e, por isso, pude transcrevê-los.

Capítulo 26

Enquanto isso, Bárbara Calandre permanecia trancafiada numa prisão aguardando o dia da sua execução. Eu, Anthony Gilbert, ficava horas e horas ali, parado ao seu lado, a princípio satisfazendo meu ego e minha vaidade por vê-la sofrer como estava sofrendo. Depois assustado ao vê-la se entregar ao seu destino sem protestar. Aquilo começou a me incomodar, a me incomodar drasticamente.

Certa vez quando fui visitar minha mãe, resolvi dar uma espiada na casa da família Calandre para saber como estavam digerindo a condenação de Bárbara. Surpreendi-me ao encontrar dona Lucille chorando compulsivamente em seu quarto. Chorava de tristeza pela filha, fiquei ainda mais chocado ao ver que diante do marido ela se mantinha às avessas do que se passava em seu coração. Percebi então que tudo aquilo que ela dizia, só o dizia por causa do marido, por respeito a ele. No entanto, era uma mãe, e como todo espírito que recebe a função de mãe, sofria tanto quanto a minha mãe. O assustador para mim foi pegar o pai de Bárbara chorando escondido atrás da porta do banheiro. Não sei por quê, eu sabia que ele chorava pela filha.

As cartas de Jean-Paul foram respondidas. Uma delas foi respondida pessoalmente, o próprio advogado Eduard Serene foi visitar Jean-Paul no manicômio. Onde ouviu com grande atenção uma súmula dos fatos ligados ao caso Lionel Leconte; e devido à amizade e respeito por Jean-Paul Godard, decidiu dar-lhe um voto de confiança em toda aquela história que fora interpretada pelas autoridades como sendo maluca e assim ele próprio procurou o promotor público para ter uma conversa séria com ele a respeito da situação do detetive.

Após Eduard Serene relembrar a autoridade quanto à importância de Jean-Paul Godard para a Scotland Yard (polícia inglesa) e para o país em si, o promotor púbico se viu obrigado a reavaliar a sentença que levou Jean-Paul ao manicômio.

Assim Jean-Paul foi novamente levado até as autoridades.

— Obrigado por me receberem — disse ele. — Antes de qualquer coisa eu gostaria de pedir desculpas a todos pelo modo como me comportei na última vez em que estive aqui neste fórum. Pelas agressões que fiz, tanto verbais como físicas.

Jean-Paul fez uma pausa para escolher bem as palavras com que se pronunciar. Uma palavra em falso e o resultado poderia ser desastroso. Por fim disse:

— Confesso que perdi o controle sobre a minha pessoa naquele momento. Creio que isso se deu devido aos anos ininterruptos de exaustivo trabalho como detetive ajudando a polícia a desvendar crimes. Não é fácil lidar com essa profissão tão importante e, ao mesmo tempo, tão triste, que é a de julgar pessoas, correndo o risco, muitas vezes, de julgá-las errado. Só quem está aqui, com essa responsabilidade nas costas, é que sabe a pressão que paira sobre nós e o quanto isso é doloroso.

"Torno a reforçar o meu pedido de desculpas, meritíssimo. Mil desculpas. Obrigado."

A autoridade tomou a palavra:

— O seu caso será reavaliado pelas autoridades competentes. Serão levados em conta, logicamente, todos os anos que o senhor se dedicou a polícia inglesa resolvendo casos aparentemente sem solução. Contribuindo para o equilíbrio da nossa sociedade.

— Obrigado.

Dois dias depois Jean-Paul voltou ao tribunal para ouvir sua absolvição do caso. Foi aconselhado, por todos, que o detetive recebesse férias, férias merecidas por sinal, para que pudesse espairecer a mente.

— Antes, porém, de sair de férias — disse Jean-Paul, sério —, preciso resolver algo importante sobre o caso Bárbara Leconte.

Assim que Jean-Paul se viu a sós com Eduard Serene, o detetive pediu ao amigo advogado:

— Você precisa reabrir o caso Bárbara Calandre Leconte, por favor, *mon ami*.

— O caso já foi julgado, a jovem foi considerada culpada. O que mais pode ser feito, Jean-Paul?

— Faça o que lhe peço, Eduard. Reabra o caso. Por favor.

— De que vai adiantar, Jean-Paul? Você não tem como provar nada do que aconteceu.

Um sorriso repuxou os lábios de Jean-Paul, sua resposta foi dada com muito orgulho:

— Dessa vez eu tenho, *mon ami*. Dessa vez eu tenho como provar que Bárbara é inocente. Acredite-me. Dê-me uma chance, por favor. Alguma vez eu já falhei?

Ele havia falhado sim, em relação a Callaham Foster, mas isso, só Jean-Paul sabia.

— Está bem — concordou Eduard Serene. — Farei o que me pede.

— Fará bem mais que isso, *mon ami,* será o advogado de defesa de Bárbara dessa vez.

Eduard assentiu com olhos bondosos, sentindo aquela confiança que Jean-Paul sempre lhe passou desde que haviam trabalhado juntos pela primeira vez.

Assim que o amigo advogado partiu, Jean-Paul repetiu para si mesmo:

"Deus nunca falha, Deus não chega tarde, Deus não depende do espaço e tempo. Confie em Deus para que ponha tudo em ordem. Mantenha-se persistindo sempre, certo de que a oração vence sempre, não importa o que tenha acontecido."[*]

Como Eduard Serene havia prometido a Jean-Paul, o advogado entrou com um pedido de intervenção de sentença. Pelo menos algo que retardasse o dia da execução para que eles tivessem mais tempo para provar que Bárbara era inocente.

Nesse ínterim, Jean-Paul já havia escrito cartas de próprio punho para Theodore e Ludvine Leconte, Emma Belmondo e Johanna Godin. Não cheguei a tomar conhecimento do que foi dito nas cartas. Só sei que todos foram novamente convocados a depor no novo inquérito sobre o assassinato de Lionel Leconte.

Quando eu, Anthony Gilbert, soube que o caso havia sido reaberto e que Jean-Paul havia deixado o manicômio me dirigi até ele, imediatamente.

---

[*]Citação de Joseph Murphy. Do livro "O poder da energia cósmica" (N. A.)

Encontrei Jean-Paul sentado na sala de estar de sua morada em Londres, uma sala muito mal-iluminada. Um leve sorriso despontou nos seus lábios quando ele me viu.

— Eu sabia que viria — disse ele num tom calmo.

— S-sabia? — espantei-me comigo mesmo, gaguejando.

— Sim — respondeu-me ele, balançando afirmativamente a cabeça.

Ri com certo escárnio. Disse:

— Soube que o caso foi reaberto, Jean-Paul. Que haverá um novo julgamento. O que espera conseguir com tudo isso? Passar ridículo mais uma vez na frente das autoridades? Ninguém vai acreditar em você, Jean-Paul, entenda isso de uma vez por todas. Deixe de ser ridículo. Desista dessa idéia maluca antes que seja novamente internado naquele manicômio.

— Dessa vez, não, Anthony. Dessa vez, não.

— Como espera provar a inocência de Bárbara?

— Você verá.

A certeza de sua resposta me perturbou.

— É impossível, Jean-Paul — atalhei, elevando a voz sem me dar conta.

Jean-Paul ignorou-me por completo. Passou por mim, sem sequer se abalar. Algo nele havia se tornado forte, sólido, indestrutível. Havia uma fé agora em Jean-Paul que eu até então desconhecia, uma fé inabalável e assustadora para mim.

O desespero tomou conta de mim, a seguir.

O novo julgamento teve abertura no vigésimo quinto dia de janeiro de 1857. A Corte, como da primeira vez em que Bárbara havia sido julgada, estava novamente tomada de curiosos.

O juiz foi novamente o velho Balthus Richman. Escrupulosamente imparcial.

O júri foi composto dessa vez por 7 homens e 5 mulheres.

A autoridade deu início ao julgamento voltando-se para a ré e dizendo:

— Estamos reunidos hoje aqui para rever fatos a respeito da morte de Lionel Leconte ocorrida no dia onze de outubro de 1856 na propriedade da família Leconte, conhecida por todos pelo nome de Chère Maison, localizada no município de Evergreen.

Voltando-se para o júri o anunciante disse:

— Membros do júri. O caso foi reaberto a pedidos do advogado Eduard Serene e do detetive Jean-Paul Godard, que alegam terem encontrado provas que inocentam a acusada e condenada Bárbara Calandre Leconte.

"A ré foi indiciada por ter, no dia onze de outubro passado, assassinado Lionel Leconte, seu marido, com quem estava casada desde 16 de agosto de 1855. A este indiciamento a acusada alegou ser inocente. É função do júri após ouvir as evidências determinar se a acusada é realmente inocente ou culpada.

O juiz com sua voz arenosa, voltou-se para o júri e repetiu as palavras de praxe que dão início a um julgamento.

— Membros do júri, pelo juramento que fizeram, comprometem-se a julgar este caso com as evidências. Devem tirar de suas mentes tudo a não ser o que acontecer nesta Corte.

O juiz voltou-se para a Defesa e disse:

— Prosseguindo, pela defesa, Eduard Serene.

— Com sua permissão, Excelência. Membros do júri, eu estou neste caso com o meu colega Florian Hansard na Defesa e com os meus amigos Ivan Pollock e Mychael Danna pela Acusação.

O juiz tomou a palavra:

— Prossiga com a Defesa.

Eduard Serene tomou a palavra:

— Há fatos irrefutáveis quanto a este caso que inocentam Bárbara Calandre Leconte de uma vez por todas. Esses fatos serão apresentados aqui durante esse julgamento.

Todos os presentes olharam para a Defesa com grande curiosidade.

O Promotor tomou a palavra:

— O senhor pode trazer à tona todas as suas defesas, mas todas elas cairão por terra, pois a ré é de fato culpada por ter assassinado a sangue frio Lionel Leconte.

Diante do burburinho, o juiz começou a bater com o martelo com determinação, pedindo ordem e silêncio no tribunal. Todos calaram-se e voltaram a atenção para a Defesa.

— Antes, porém, de eu dar início a este julgamento — disse Eduard Serene —, quero pedir a todos os presentes cinco minutos de silêncio.

Ouviu-se novamente um murmúrio de vozes se elevar entre os presentes. O juiz bateu imediatamente o martelo, pedindo silêncio.

— Como eu dizia — prosseguiu Eduard Serene —, peço a todos vocês cinco minutos de silêncio. Para que possam ouvir a leitura de um salmo feita pelo padre Philip Ross.

Os presentes olhavam-se agora ainda mais surpresos com o estranho pedido feito pelo advogado. Eu também encontrava-me surpreso e ao mesmo tempo inquieto, querendo urgentemente descobrir aonde a Defesa queria chegar com tudo aquilo. O padre deu início a leitura.

Aquele que habita no esconderijo do Altíssimo, à sombra do Onipotente descansará.

Direi do SENHOR: Ele é o meu Deus, o meu refúgio, a minha fortaleza, e nele confiarei. Porque ele te livrará do laço do passarinheiro, e da peste perniciosa.

Não terás medo do terror de noite nem da seta que voa de dia, Nem da peste que anda na escuridão, nem da mortandade que assola ao meio-dia. Mil cairão ao teu lado, e dez mil à tua direita, mas não chegará a ti. Somente com os teus olhos contemplarás, e verás a recompensa dos ímpios. Porque tu, ó SENHOR, és o meu refúgio. No Altíssimo fizeste a tua habitação. Nenhum mal te sucederá, nem praga alguma chegará à tua tenda. Porque aos seus anjos dará ordem a teu respeito, para te guardarem em todos os teus caminhos. Eles te sustentarão nas suas mãos, para que não tropeces com o teu pé em pedra. (Parte do salmo 91)

O padre benzeu o lugar antes de ler trechos do salmo 46.

"Deus é o nosso refúgio e fortaleza, socorro bem presente na angústia. Portanto não temeremos, ainda que a terra se mude, e ainda que os montes se transportem para o meio dos mares.

Ele faz cessar as guerras até ao fim da terra; quebra o arco e corta a lança; queima os carros no fogo."

Enquanto isso a médium Jacqueline Angelique juntamente com seus amigos médiuns vibravam luz, paz e amor sobre os presentes àquele julgamento. Tanto para os que estavam ali dentro da Corte quanto para os que estavam do lado de fora.

Junto deles reuniam-se inúmeros espíritos de luz, espíritos socorristas, todos unidos naquela corrente a favor do bem, a favor do bem para impedir o mal.

O padre leu o salmo número 1 a seguir:

"Bem-aventurado o homem que não anda segundo o conselho dos ímpios, nem se detém no caminho dos pecadores, nem se assenta na roda dos escarnecedores.

Antes tem o seu prazer na lei do SENHOR, e na sua lei medita de dia e de noite."

Todos os presentes começaram a se sentir diferentes diante de tudo aquilo. O padre, então, se pôs a benzer o lugar mais uma vez. Mas toda aquela energia positiva, aquela bênção divina que tomava conta do lugar e penetrava a todos, se dava mesmo pela união de forças espirituais emitidas pela união dos médiuns aos espíritos de luz. Algo que tinha de ser velado devido ao preconceito existente na época contra esse tipo de ajuda espiritual.

Eu, Anthony Gilbert, por minha vez, sentia-me cada vez mais inquieto, fervilhando por dentro da alma, como se uma forte febre começasse a me queimar tão forte a ponto de me fazer derreter.

Em meio à minha aflição, meus olhos foram dar numa mulher que olhava direto e reto para mim. Por um instante não sabia dizer se era encarnada ou desencarnada. Ela foi se aproximando de mim, lentamente e, de repente, me vi, sem saber ao certo por que, tomado de aflição.

O crucifixo que ela usava preso a uma corrente no pescoço começou a me incomodar gravemente. Logo comecei a ouvir sinos tocando ao longe, um soar de sinos que só servia para me deixar ainda mais perturbado. Voltei para fora da sala na esperança de encontrar a paz do lado de fora da Corte. A estranha me seguiu. Lá fora, os sinos continuavam a tocar sem parar, de forma ensurdecedora. Era assustador, horrível... Comecei a ficar zonzo.

Aquilo tudo que estava acontecendo era muito esquisito, fora do normal, fora de propósito... Por quê? Só então compreendi que havia, sim, um propósito muito bem definido por trás daqueles sinos tocando de forma repetida e insistente e por trás da leitura dos salmos e do benzimento feito pelo padre Philip. Aquilo estava sendo feito com o propósito bem definido de afastar do local toda sorte de espíritos obsessores que se encontravam por ali somente para instigar o mal e que compactuavam com as minhas idéias obscenas.

Não fazia idéia até então da presença dos médiuns reunidos em oração, vibrando positivamente em comunhão com os espíritos de luz. Então esse era o plano de Jean-Paul Godard. Mas ele não iria alcançar seu objetivo, fosse qual fosse, com tudo aquilo. Eu e meus amigos haveríamos de triunfar sobre todos eles.

Mas eu estava enganado, redondamente enganado. A onda vibratória produzida por tudo o que mencionei foi afastando todo e qualquer espírito obsessor do lugar. Pois o mal sempre perde seu poder maligno provocado pela ignorância e pela pobreza de espírito diante de médiuns reunidos em oração, vibrando positivamente em comunhão com os espíritos de luz.

Com o afastamento dos espíritos obsessores do lugar, tudo e todos tornaram-se mais humanos, mais leves, mais conectados à alma. Até mesmo o ar dentro do tribunal, havia se tornado outro.

O ódio recolheu-se às sombras em companhia do desamor, do desejo de vingança, do desrespeito ao próximo, do vírus da discórdia. Restava apenas o que podia ser íntegro na alma do ser humano. A leitura dos Salmos havia atingido em cheio o coração de todos, até mesmo dos que nunca se permitiam se dobrar diante de Deus.

Quando o padre Philip Ross, que era médium, segredo guardado por ele a sete chaves, caso quisesse permanecer na sua igreja, sentiu na alma que o julgamento podia ter início sem as perturbações emanadas pelos espíritos obsessores, fez um sinal discreto para Jean-Paul, que em seguida voltou-se para o advogado de defesa repassando o sinal.

Quando Bárbara Calandre foi levada até o tribunal, todos puderam vê-la com outros olhos, com os sentidos da alma.

Deu-se então o início do julgamento com a exposição dos pormenores sobre o caso Leconte por parte do advogado de defesa.

Enquanto isso eu permanecia do lado de fora da Corte, agonizando de ódio pelo que Jean-Paul havia armado para me afastar de lá. Agarrando-me, porém, a esperança de que tudo que ele havia feito seria em vão.

Capítulo 27

O fato da Defesa chamar as testemunhas para depor somente depois que a prece e a leitura dos Salmos houvesse sido feita foi outro pedido feito por parte de Jean-Paul, que o juiz Balthus Richman acatou, por amizade e respeito ao detetive.

O primeiro testemunho a ser ouvido foi o de Theodore Leconte.

— Chamamos agora o senhor Theodore Leconte para testemunhar.

Theodore subiu no tribunal sentindo-se, dessa vez, inseguro. Estava alerta, se bem que visivelmente nervoso. Circunvagou o olhar pela sala. Passando de rosto em rosto, olhar em olhar dos presentes. Já não carregava consigo a mesma certeza que carregara da última vez que estivera ali.

— Senhor Theodore, o senhor sustenta tudo o que disse neste tribunal no julgamento de Bárbara Calandre Leconte no dia 26 do último mês?

Theodore olhou para todos, angustiado. Seus olhos se fixaram e desviaram dos de Jean-Paul, passando por Bárbara, findando no crucifixo pendurado na parede.

De repente uma quentura começou a se espalhar por seu corpo, deixando Theodore cada vez mais acalorado e sem ar, a ponto de fazê-lo afrouxar ainda mais o colarinho e a gravata. A cada avanço dos segundos Theodore transpirava mais forte que nos segundos anteriores. Logo sua camisa ficou toda encharcada de suor. Sua visão chegou a escurecer por três vezes consecutivas em intervalos de meros segundos. Que diacho está acontecendo comigo, perguntou-se indignado. Mas tudo que ele ouviu em sua mente foi o eco da leitura dos Salmos feita havia pouco.

— Senhor Theodore — chamou o advogado de defesa, olhando firme para o rapaz. — Quer que eu repita a pergunta?

Os olhos de Theodore pareceram dizer sim e, assim, a advogado repetiu a pergunta:

— Senhor Theodore, o senhor sustenta tudo o que disse neste tribunal no julgamento de Bárbara Calandre Leconte no último dia 26 do último mês?

Seus lábios moveram-se, sem emitir som, por três, quatro vezes. O advogado resolveu ajudar o rapaz:

— Vou ajudá-lo. O senhor afirmou, neste mesmo tribunal, menos de um mês atrás, durante o julgamento de Bárbara Calandre Leconte, que havia visto madame Bárbara ao lado do marido à beira do penhasco, pouco antes de ele cair dali. O senhor afirmou também que viu, com os próprios olhos, Bárbara Calandre Leconte empurrar o marido de lá. O que eu quero saber é se o senhor ainda sustenta essa afirmação.

O burburinho foi geral. O juiz pediu silêncio, batendo o martelo com severidade. Theodore afrouxou ainda mais o colarinho e a gravata. Subitamente a tirou, num gesto de fúria. Ao se perceber diante dos olhos atentos de todos os presentes voltados para ele, baixou a cabeça envergonhado.

O advogado de defesa procurou ajudar o rapaz mais uma vez:

— Senhor Theodore, eu lhe pergunto agora: será que a pessoa que o senhor diz ter visto ao lado de Bárbara Calandre Leconte, à beira do penhasco, era realmente o senhor Lionel Leconte ou foi, na verdade, um vulto provocado pela névoa que cobria o lugar? Névoa, essa, que prega muitas peças nas pessoas. Capaz de dar a impressão de haver alguém onde não há ninguém.

Os olhos de Theodore não se alteraram. O rapaz permaneceu absorto por quase um minuto antes de responder:

— Concordo.

— Concorda, então, que o que o senhor viu foi na verdade um vulto provocado pela névoa do lugar?

Seus olhos continuavam graves e firmes, colados ao chão, quando a pergunta chegou aos seus ouvidos. Foi balançando a cabeça para cima e para baixo que ele deu a resposta final:

— Sim.

Ele voltou de repente a cabeça para cima. Parecia perturbado e estava mesmo, pelas vozes dos espíritos obsessores que ainda conseguiam se manter ali apesar de todo o trabalho mediúnico para afastá-los. Então, Theodore, rompeu-se num grito histérico:

— Não!

Todos ficaram imediatamente surpresos com a transformação operada naquele moço. Que agora tremia por inteiro e deslizava as mãos pelo rosto apertando a pele num gesto desesperador.

— Mas era! — berrou Theodore, repentinamente, batendo com o punho fechado na mesa em frente onde estava sentado.

Ninguém dali, exceto os médiuns, perceberam que sua resposta era direcionada aos espíritos que obsediavam sua pessoa naquele momento.

— Respeito no tribunal — sentenciou o juiz batendo forte o martelo.

— Desculpe, meritíssimo.

Assim que o momento se tornou oportuno para continuar suas explicações o advogado de defesa prosseguiu:

— O que o senhor Theodore Leconte viu exatamente naquela noite, ao lado de Bárbara, à beira do penhasco, foi apenas um nevoeiro denso e esfumaçado que habitualmente cai sobre o local. Especialmente nessa estação do ano. Principalmente à noite.

"O nervoso e a revolta pela morte do pai fizeram com que Theodore Leconte interpretasse o que viu de forma equivocada."

A advogado tomou ar antes de prosseguir:

— A criada, Johanna Godin, que estava próxima do rapaz, disse ter visto o mesmo quando ele lhe perguntou a respeito, por ser, como muitos, uma pessoa de mente sugestionável.

— Mentira, mentira, mentira! — berrou Theodore novamente, perdendo a compostura.

Antes que o juiz protestasse, o rapaz soltou um grunhido enquanto suas mãos reviravam seus cabelos e esfregavam-lhe o rosto. A cena era assustadora de se ver.

— Não foi Bárbara! — gritou Theodore, num rompante. Com os olhos revirando-se como se estivesse tendo um ataque de epilepsia.

— Não pode ter sido ela quem matou meu pai — prossegui ele com voz distorcida. — Há vozes na minha cabeça querendo me fazer acreditar que foi ela, querendo que eu diga que foi, mas não foi. Não foi. E Johanna diz que viu o que eu disse ter visto porque eu, de certa forma, a induzi a dizer isso. A acreditar que tinha visto o que vi. Mas na verdade o que vimos não pode ser afirmado com cem por cento de garantia. Portanto, Bárbara Leconte não pode ser enforcada. Não pode!

O rapaz rompeu-se em lágrimas a seguir.

— Muito obrigado, senhor Leconte, pelo seu depoimento — agradeceu o advogado.

Foi o próprio Jean-Paul quem ajudou o rapaz a voltar para o seu lugar e se sentar. Ele ainda chorava e tremia todo quando lá chegou. Todos ali olhavam para ele, abobados.

— Calma, meu irmão — disse Ludvine acariciando sua mão. — Tudo vai acabar bem. Agora acalme-se.

— As vozes — murmurou ele, pálido. — Eu ouço vozes... eu vejo vultos em torno de mim, Ludvine. É horrível, é desagradável...

Ludvine massageou mais uma vez a mão do irmão na esperança de tranquilizá-lo.

Os médiuns ali presentes, unidos, procuraram vibrar energia positiva sobre o rapaz. E os espíritos de luz o cercaram assim que os espíritos obsessores que ainda se mantinham no local finalmente se deram por vencidos e se afastaram de lá.

Ao ver os espíritos obsessores atravessando as paredes que cercavam o tribunal e davam para a rua onde eu, Anthony Gilbert me encontrava parado em total desespero, mais desesperado fiquei. Repentinamente comecei a gritar "Não!" em intervalos cada vez mais curtos. O nervosismo me dobrou em lágrimas. Chorando, pedi a eles em tom de súplica:

— Não se vão. Se forem, Bárbara será absolvida. Absolvida, entendem? E isso não é certo, não depois de tudo que ela fez contra mim. Não depois de tudo que eu fiz para condená-la.

Eu chorava agora como uma criança que desperta na madrugada e se atemoriza com a noite escura.

Johanna Godin foi a próxima a depor. Apesar de responder a todas as perguntas com grande presteza, estava evidentemente nervosa dessa vez.

— Eu vi alguma coisa ao lado de dona Bárbara — disse ela num tom de voz oscilante. — Vi sim, mas não sabia dizer exatamente o que era. Era exatamente como um vulto, uma sombra. Aí então, quando Monsieur Theodore me perguntou se eu havia visto seu pai ao lado de dona Bárbara à beira do penhasco, deduzi que o que havia visto só podia ter sido Monsieur Lionel.

— Quer dizer que a senhora não tem certeza absoluta do que viu? — perguntou o advogado de defesa.

Ela segurou a resposta na boca, incerta se deveria ou não pronunciá-la, por fim disse:

— Não.

Novo murmúrio de vozes gracejou por entre os presentes. O juiz estava tão boquiaberto com o que ouvia que nem se importou com a balbúrdia dessa vez.

A seguir foi a vez de Ludvine Leconte prestar depoimento.

— Não, eu não acho que Bárbara Calandre matou meu pai — respondeu ela à primeira pergunta.

— Mas a senhora disse...

Ela interrompeu a Defesa com um aceno de mão e falou:

— Eu disse que era uma possibilidade, jamais uma certeza.

Enquanto isso, o padre Philip Ross mantinha-se fervoroso nas suas orações. Kristin, Helaine e Mario, amigos da médium Jacqueline Angelique, continuavam vibrando juntamente com os espíritos de luz que haviam sido invocados por eles, para iluminar o coração de todos que fossem depor afastando qualquer influência negativa dos espíritos obsessores. O trabalho era árduo por parte dos espíritos de luz, uma vez que os espíritos obsessores não desistem fácil, continuavam ali, em maior número, vibrando todo tipo de energia ruim sobre os envolvidos no caso.

"Mas Deus é mais poderoso", afirmava um espírito de luz. "Deus é muito mais poderoso." E de fato era, pois por mais aliados que os espíritos obsessores invocassem para se unir a eles, menos força eles pareciam adquirir sobre tudo que se passava ali.

A quarta pessoa a ser chamada para depor foi Emma Belmondo. O advogado de defesa voltou-se para ela e disse:

— Na última vez que esteve aqui neste tribunal a senhora prestou depoimento a favor da ré. Continua sustentando sua opinião sobre ela?

A resposta de Emma foi precisa:

— Sim.

Percebendo que a mulher queria dizer mais alguma coisa, o advogado de defesa pediu a ela que continuasse:

— Eu quis muito estar aqui neste tribunal outra vez para corrigir um erro. Um erro que eu só fui perceber dias depois de terminado o julgamento de Bárbara Leconte. O erro diz respeito à carta que Lionel escreveu para sua jovem esposa, esboçando as palavras que ele iria usar para dizer a ela que o casamento dos dois havia acabado.

"O esboço da carta escrita por Lionel Leconte não era dirigido a Bárbara, sua esposa na época, era o esboço da carta que ele escreveu para mim quando rompeu o nosso noivado para ficar com Bárbara. Na hora em que a carta foi lida no tribunal, eu não me dei conta, estava nervosa por estar aqui, tensa com tudo que se passava, mas dias depois percebi o que realmente havia para perceber. Releia a carta por favor, meu senhor.

Eduard Serene atendeu a seu pedido na mesma hora. A carta dizia:

Eu nem sei como dizer o que tenho para lhe dizer tanto. Creio que nosso relacionamento aconteceu de forma muito precipitada. Eu pensei que você pudesse ocupar o meu coração há tempos acolhido somente pela saudade de minha amada esposa, mas não. Confesso que me precipitei. Eu queria estar errado, questionei-me a respeito por diversas vezes, mas a conclusão a que cheguei no final foi a mesma: não dá mais. Não podemos mais ficar juntos. Quis acreditar que os meus sentimentos por você eram de amor, mas não são, nunca foram. Sei que vai ficar sentida comigo, ainda assim preciso ser honesto comigo e com você. E dar-lhe especialmente a chance de ser feliz ao lado de outro homem. Eu sinto muito, sinto imensamente terminar com você assim de uma hora para outra, mas não há outro jeito... Preciso ser honesto comigo e com você. Sinto muito mesmo. Você foi, é e sempre será uma pessoa especial para mim.

Ao término da leitura Emma Belmondo falou:

— Percebem? Essas palavras eram dirigidas a mim e não a Bárbara. E se os senhores refletirem um pouco perceberão que essas palavras poderiam ter sido dirigidas a qualquer mulher.

Ela suspirou antes de acrescentar:

— A verdade é que Lionel jamais quis se separar de Bárbara, disso estou certa e, portanto, Bárbara não tinha motivos para matá-lo. Toda a hipótese que foi levantada é absurda e infundada. Como eu sempre afirmei desde o primeiro instante em que o senhor Jean-Paul Godard me procurou para investigar o caso.

A pergunta a seguir partiu do Promotor.

— O que houve então com Lionel Leconte?

— Um acidente — mentiu o advogado de defesa. Era feio mentir, ele sabia, mas nesse caso não havia outra opção. Se ele dissesse que Lionel fora conduzido para a morte por um espírito obsessor, certamente seria também levado para o manicômio que abrigara Jean-Paul, por certo tempo, e Bárbara seria enforcada.

Eduard Serene acrescentou com grande ponderação:

— Lionel Leconte realmente deu um passo em falso naquela noite devido ao nevoeiro e por isso caiu do penhasco.

Fez-se um profundo silêncio no recinto, como se o tempo tivesse parado.

Enquanto isso eu, Anthony Gilbert, continuava lá fora, cada vez mais tomado de aflição. Foi ao baixar minha guarda que um espírito de luz aproximou-se finalmente de mim. Após alguns segundos de silêncio, observando-me com uma face afetuosa, voltou-se na direção da Corte e perguntou-me:

— Bárbara está lá onde você tanto quis que ela estivesse, não está?

Assenti, soluçando. Ele me perguntou a seguir:

— E o que você esperava sentir após vê-la onde ela se encontra agora é realmente o que esperava sentir?

Não consegui emitir uma resposta. Continuava chorando desconsolado.

— Não é, certo? — respondeu então o espírito por mim. — A vingança é realmente um prato que se come frio, não?

Outro espírito de luz aproximou-se de nós, seguido por outro e mais outro. Juntos fizeram um círculo à minha volta vibrando energia positiva por mim. Fiz então um desabafo:

— Eu amava Bárbara, entendem? Eu a amava de paixão. Como ela pôde terminar tudo comigo?

O espírito de luz disse:

— *"Não vos lembreis mais dos acontecimentos de outrora, não recordeis mais as coisas antigas. (Isaías, 43, 18)*

"Esquecendo-me do que ficou para trás e avançando para o que está adiante, prossigo em direção do alvo, para obter o prêmio. (Filipenses, 3, 13-14)

"Só assim você entrará na gloriosa liberdade dos filhos de Deus.

"Quem ama não mata. Quem mata quem ama só faz por egoísmo, frustração, ego ferido, orgulho ferido, ódio, raiva, todos os sentimentos enfim que são opostos ao amor. O sentimento mor da vida eterna. Portanto, quem mata não o faz, nem nunca o fará por amor.

"O sinal máximo de que um espírito encarnado ou desencarnado está sob o total domínio do amor, do verdadeiro amor, é quando ele se eleva com o amor, cura suas feridas e evolui porque amor de verdade é aquele que eleva, cura e evolui.

"Amar também é perdoar. É mais do que isso, amar é saber ponderar. É ainda mais do que isso, amar é libertar quem se ama para ser feliz como almeja sua alma. É ainda bem mais do que isso, amar é aceitar que não é preciso ser amado reciprocamente para amar.

"Amar é amar simplesmente, sem querer nada em troca. É amar aceitando as limitações do outro. De todos que amamos. É um exercício diário. Necessário para evolução.

"O amor não faz mal. O apego sim. A falta de compreensão sim, mas o amor não. É preciso compreender que o amor é incapaz de nos fazer algo de desagradável. Se parece fazer é porque estamos muito por fora da arte de amar."

Confesso que as palavras do espírito de luz mexeram comigo. Pondo suas mãos sobre a minha cabeça o espírito de luz acrescentou:

— Sinta Deus ao seu lado. Você em Deus.

"Deus fluindo através de você por meio de amor, luz, paz, vida, saúde, cura, prosperidade, evolução. Deus amigo, Deus pai, Deus filho...

"Ouça Deus lhe dizer: vou pôr em ordem os seus pensamentos e dizer-lhe ao que deve dispensar atenção. Ouça Deus lhe dizer..."

Quando o espírito de luz que havia-me dito todas essas palavras para eu refletir terminou de me dar um passe ele me pediu que olhasse para Bárbara e para todos os envolvidos no caso novamente.

Eu pude ver então tudo com outros olhos. Pelo inverso. Pude notar que via tudo distorcido e por ver tudo distorcido distorcia ainda mais a minha existência. As coisas então começaram a mudar na minha cabeça. Começaram a se tornar mais claras como água cristalina.

Houve um silêncio dramático na minha cabeça, então. Palavras e palavras se misturavam umas às outras como se estivessem presas num redemoinho. Por fim questionei a mim mesmo:

Que espécie de ser humano é você?

Até mesmo no reino animal, os animais protegem sua matilha.

Até mesmo no reino animal, os animais têm consideração pelo seu semelhante.

No que eu havia me transformado, e o pior, continuava a me transformar?

Perguntei-me pela primeira vez se era aquilo que eu realmente queria para mim. A resposta ecoou rapidamente dentro de mim: Não! Não é nada disso que eu quero para mim!

Lembrei-me, então, dos espíritos obsessores com os quais havia me unido. Espíritos que se julgavam tão espertos. Mas agora, observando tudo sem distorção, percebi que não havia esperteza alguma em se tornarem o que haviam se tornado. Que beleza tem... Que admiração pode se ter por quem se deixa viver somente de rancor, mágoa, ódio, raiva, desejos de vingança? Que admiração? Nenhuma. Bárbara não era culpada pelo que me aconteceu, mas sim o ódio, o rancor, o desejo de vingança, a obsessão. Não ela.

Foi então que aprendi que por mais que você se deixe dominar pelo mal, o bem sempre vence o mal um dia. E ainda que você se sinta um completo retardado por ter sido tão estúpido e ignorante por ter passado para o lado do mal, vivido e comungado com ele por tanto tempo, o bem o cobre com um manto de perdão a si mesmo, um perdão que brota em seu coração a partir do momento em que você reconhece e se dispõe a reparar seus erros, lapsos... Ser enfim uma pessoa melhor.

No entanto, as palavras que saltaram da minha boca a seguir foram:

— Ainda que eu me arrependa, é tarde demais para voltar atrás.

O primeiro espírito de luz que havia chegado até mim disse em tom firme e otimista:

— Nunca é tarde para se reparar o mal que se fez aos outros, meu amigo. Nunca é tarde para esclarecer mal-entendidos, desfazer atritos e o mais importante: perdoar. Lembrando que amar é perdoar.

As palavras do espírito de luz conseguiram mais uma vez me tocar fundo na alma.

Enquanto isso dentro do tribunal...

Era Bárbara agora quem ia depor. Suas mãos agarravam firme a borda do cercado de onde ficam os réus durante um julgamento. Parecia uma madona esculpida em pedra. Seus olhos brilhavam, reluzentes.

— Madame Leconte, o que senhora tem a dizer em sua defesa? Continua sustentando o que disse no julgamento passado?

— Sim, meritíssimo. Sou inocente, totalmente inocente do que sou acusada. Eu jamais poderia ter matado meu marido porque o amava.

Ela baixou a cabeça com pesar. Sentindo uma pressão aumentando sobre seu coração. Meia hora depois, era anunciado o novo veredicto.

— O júri declarou Bárbara Calandre Leconte inocente do que foi acusada.

Capítulo 28

Um agito se fez entre os presentes. Jean-Paul voltou-se para trás e admirou o rosto de cada um dos que estavam ali. Eram rostos contentes pela absolvição da ré. Ele fechou os olhos e suspirou, satisfeito.

Seus olhos voltaram-se então para Bárbara. Ela sorriu para ele, mas ainda era um sorriso triste, trêmulo.

Nisso ouviu-se a voz de Donald Calandre.

— Filha — disse ele, emocionado.

A presença do pai, ali, pegou Bárbara de surpresa. Ela saiu de onde estava e seguiu em sua direção.

Ele abriu os braços e acolheu a jovem num abraço apertado. A mãe, que não parava de chorar chorou um pouco mais, diante desse reencontro.

Jean-Paul assistia a tudo maravilhado. Feliz pelo pai ter finalmente sido libertado da influência dos espíritos obsessores. Se ele ao menos pudesse explicar a todos a verdade. Prevenir a todos contra essa faceta da vida. Um dia, quem sabe.

Mãe e filha se abraçaram forte, a seguir.

— Acabou, filha — disse dona Lucille Calandre. — O pesadelo acabou.

Bárbara sorriu para a mãe. Um sorriso bonito, fraterno.

Bárbara voltou-se então para Jean-Paul e foi até ele.

— Obrigada — agradeceu.

Os olhos dele, cheios d'água, derramaram-se em lágrimas.

— Por nada — gaguejou. — Eu não poderia mais viver se uma injustiça como a que estava prestes a lhe acontecer tivesse realmente acontecido.

Ela engoliu em seco antes de responder:

— Eu sei.

Pegou nas mãos dele e as apertou carinhosamente.

— Obrigada — repetiu ela, mais uma vez, emocionada. — Mil vezes obrigada pelo que fez por mim.

— Eu nada teria feito sem ajuda de Deus. Foi graças a Ele que tudo se tornou possível.

— Eu acredito mesmo que sim.

— Amém.

Foi bem nesse momento que os dois foram interrompidos por Hermila Gilbert. Ninguém até então havia notado sua presença no tribunal. Ela olhava para Bárbara com olhos exaltados, parecendo prestes a saltar das órbitas. Então, de repente, ela começou a gritar num tom furioso e desesperado:

— Assassina! Assassina!

A mulher ao seu lado tentou acalmá-la, mas ela se desvencilhou de seus braços como uma cobra se desvencilha das pedras. Hermila Gilbert continuou:

— Ela matou o meu filho! Matou o meu filho! Meu filho amado! E por isso, merece morrer como ele morreu!

Nem bem as palavras atravessaram seus lábios, Hermila tirou de dentro de sua bolsa uma arma, a mesma que eu usara contra mim e empunhou na direção de Bárbara. A mãe de Bárbara, ao ver a cena soltou um grito histérico, o pai congelou-se de desespero e torpor.

— Você vai morrer — vociferou Hermila em meio a um sorriso triste, enquanto seus dedos ossudos empunhavam a arma na direção da jovem. — Vai morrer como meu filho morreu, sua imunda.

Eu pressenti o que estava prestes a acontecer. Tudo passou pela minha consciência na velocidade que um raio brilha no céu. Por isso corri até lá. Ao avistar minha mãe empunhando a arma na direção de Bárbara, estremeci.

O meu ato insano estava prestes a corromper ainda mais a existência de minha mãe. Comprometer ainda mais sua vida negativamente.

Com toda força que dispunha dentro de mim eu gritei por ajuda, literalmente gritei, a única forma que me ocorreu de impedir aquela tragédia. Uma forma que se revelou num simples nome que me veio à mente naquele instante desesperador. Um nome composto de 5 letras: Jesus!

O nome, simplesmente o nome, foi forte o suficiente para atravessar a aura negra emanada pelos espíritos obsessores que ainda se mantinham circulando em torno de minha mãe. A força do grito, com a força do nome Jesus, fez com que minha mãe caísse em si novamente e soltasse a arma.

A mulher, uma amiga, que estava a seu lado, tratou imediatamente de ampará-la nos braços. Jean-Paul removeu a arma do lugar onde havia caído no mesmo instante. Seu rosto ainda se mantinha em erupção devido ao nervoso e ao desespero que passou diante de tudo aquilo.

Fui até minha mãe e pousei minha mão no seu ombro e pedi a ela que se acalmasse. Talvez tenha sido apenas impressão, mas me pareceu que minhas palavras também alcançaram seus ouvidos e que o meu toque foi sentido por ela. Então, subitamente pude ver em seus olhos a mesma expressão que adquiriam quando me via chegando em casa depois da escola. Aquele brilho intenso de felicidade que invade toda mãe.

— Oh, mãe querida — disse eu, chorando. — Se eu soubesse a dor que iria causar na senhora cometendo aquele desatino que cometi, jamais teria me deixado perder a cabeça como perdi. Se tivesse parado para observar as coisas que vão além da minha pessoa, se pudesse ter me desprendido do egoísmo que só nos faz enxergar o próprio umbigo, eu teria lembrado da senhora, percebido o que o meu ato insano lhe causaria.

"Hoje sei, por meio da dor que vi e vejo corroê-la todo dia o quanto meu ato também feriu Deus. Pois Ele, assim como a senhora, é meu pai, é minha mãe. É o progenitor de todos nós, espíritos eternos, e cada suicídio O faz sofrer tanto quanto faz sofrer aqueles que se tornam pais na Terra.

"Oh, minha mãe, perdoe-me por ter me deixado abater tanto pelo amor. Por um amor que hoje sei que não passava de egoísmo; de um orgulho ferido, pois se fosse realmente amor eu teria percebido que quem ama de verdade cresce com o amor, eleva-se com ele, não se destrói nem quer destruir o próximo."

Os mesmo espíritos de luz que me cercavam lá fora, cercavam agora minha mãe. Vibrando sobre ela a luz da compreensão, do perdão e do equilíbrio. Minutos depois mamãe era levada dali, para fora do tribunal, amparada pela amiga e por dona Lucille Calandre.

Eu permaneci ali, chorando, porque só restava chorar a minha sorte.

Emma se aproximou de Jean-Paul e disse:

— Tudo aquilo... Tudo aquilo que o senhor defendeu com unhas e dentes, a respeito da influência de um espírito na morte de Lionel, tudo aquilo, enfim, que foi publicado nos jornais e que o levou a ser internado naquele manicômio, é verdade, não é?

Ele assentiu com a cabeça.

— Eu suspeitei mesmo — afirmou ela, pensativa. — Quer dizer então que os espíritos dos desencarnados podem prejudicar e muito a nossa vida por aqui?

Jean-Paul assentiu mais uma vez com a cabeça.

— Impressionante e assustador ao mesmo tempo — concluiu Emma Belmondo.

Bárbara, que continuava ali, entre os dois, comentou a seguir:

— Pobre Anthony, ele não merecia aquele fim. Ninguém merece. Se eu não tivesse me encantado por Lionel...

Emma voltou-se para ela e disse seriamente:

— Não se culpe mais, querida. Suponho que uma das grandes lições da vida é aprender a superar paixões não correspondidas. Aprender que paixão ou amor não se apaga com a dor, jamais. Jamais, jamais, jamais... Entende?

— Sim — respondeu Bárbara, reflexiva. E repetiu: — Paixão não se apaga com a dor.

— Agora venha — disse Emma tomando a jovem pelo braço. — Vamos sair desse lugar. Para a vida. A vida que brilha lá fora. Ela a espera, Bárbara. Ela a espera.

Eu havia me sentado na pontinha do tablado do tribunal quando Bárbara partiu na companhia de Emma.

Ficamos somente ali, eu e Jean-Paul Godard. Quando dei por mim ele estava me olhando, mas para meu espanto, não havia ódio nos olhos dele. Havia apenas ares de compreensão e até mesmo de compaixão.

Os lábios dele moveram-se, mas nenhuma palavra foi pronunciada. Achei que cabia a mim dizer-lhe alguma coisa. E foi o que fiz a seguir. Disse:

— Acabou, Jean-Paul. Acabou. E foi melhor que tudo tenha acabado dessa forma. Às avessas do que planejei.

"O que me conforta nisso tudo é saber que foi por meu intermédio, devido a todo mal que eu lhe causei, que você recuperou a fé em Deus. A fé na vida, em si mesmo e até mesmo no amor. Deus agora habita em seu coração, Jean-Paul e, por isso, você pode dizer que é um homem melhor, mais digno da vida, mais em paz consigo mesmo e com o próximo. Sim, eu fiz algum bem a você, e isso realmente me conforta. Faz com que eu me sinta menos culpado e odioso."

— Sim, Anthony — disse-me ele com leveza na voz. — Você me ensinou muito.

— Você também me ensinou muito.

Houve uma pausa expressiva até Jean se despedir de mim.

— Adeus, Anthony. Que a luz de Deus ilumine o seu caminho de agora em diante e para sempre.

Sorri, entre lágrimas. Jean-Paul já havia caminhado um bocado quando chamei por ele:

— Jean-Paul.

Ele voltou-se para mim e eu disse:

— Case-se com ela, Jean-Paul.

Ele soube no mesmo instante a quem eu me referia. Seus lábios tremeram, roxearam.

— Case-se com ela — reforcei. — Você a ama, Jean-Paul. Ama.

Ele enxugou as lágrimas que vazaram de seus olhos e com voz embargada falou:

— Um dia, quem sabe...

— Você merece ser feliz. Bárbara também merece ser feliz. E você a fará muito feliz. Ambos se farão muito felizes.

Ele assentiu. Enxugou os olhos com o lenço e partiu.

Havia uma esperança dentro de Jean-Paul, intuí. A esperança que vive dentro de todos aqueles que não tiveram sorte no amor. A esperança de um dia viverem um amor que finalmente dê certo.

O que me resta contar sobre esta triste história é que Bárbara Calandre não aceitou sua parte na herança determinada por Lionel em testamento. Quis receber apenas o que lhe cabia conforme o contrato de casamento. Ludvine e Theodore ficaram espantados com a sua decisão e discordaram dela. Não era justo, uma vez que fora vontade do pai deles fazer dela sua maior herdeira. Por fim, acabaram fazendo com que Bárbara aceitasse uma terça parte da herança. E assim a herança de Lionel Leconte foi dividida em três partes iguais.

Emma Belmondo, a convite de Bárbara, foi morar com ela em Chère Maison, onde Bárbara, toda tarde, sentava-se ao piano e tocava as canções que Lionel tanto gostava de ouvi-la tocar.

Um dia Emma lhe disse:

— Você é muito jovem, Bárbara. Merece se casar novamente. Jean-Paul Godard a ama, você sabe disso, não sabe?

— Sei. Eu também gosto muito dele — respondeu ela dedilhando delicadamente as teclas do piano.

— Dê-lhe uma chance, Bárbara. Uma chance para você também.

— Lionel ainda está muito presente dentro de mim, Emma. Tão presente que não consigo me ver ao lado de nenhum outro homem. Quem sabe um dia...

— Deus queira que sim, porque tanto você como Jean-Paul merecem ser felizes.

Bárbara assentiu com a cabeça.

E o tempo seguiu seu curso...

Theodore Leconte casou-se com Johanna Godin meses depois. Surpreso, cada vez mais, por ela lhe fazer tão feliz.

Ludvine Leconte casou-se com um cantor de ópera que conheceu numa viagem a Itália no verão seguinte.

Emma Belmondo terminou o relacionamento que mantinha com um homem casado por não aguentar mais viver na condição de amante. Meses depois conheceu um amigo, viúvo, de Donald Calandre, num almoço na casa da família, com quem, após alguns meses de cortejo, casou-se e tornou-se uma mulher muito feliz.

Callaham Foster deixou o manicômio com a ajuda de Jean-Paul Godard e se juntou aos estudos sobre espiritismo que se desenvolviam em Paris na época. Jean-Paul também fazia parte desses estudos sempre que o tempo lhe permitia.

Bárbara e Jean-Paul casaram-se quatro anos depois de ela ter sido absolvida. Nesses quatro anos, Bárbara, visitou minha mãe, Hermila Gilbert, assiduamente e ia com ela ao cemitério depositar flores no túmulo onde repousava o corpo físico que abrigou o meu espírito na minha última reencarnação.

Nunca cheguei a perguntar a Bárbara, mas algo me dizia que ela se sentia culpada pelo que havia me acontecido. Por mais que fosse explicado a ela que não tinha culpa alguma, ainda assim, eu tinha a impressão de que ela vivia sob a sombra dessa culpa.

Durante muitos momentos, quando só ao piano, Bárbara dizia em voz alta:

— Essa melodia que vou tocar agora é para você, Anthony. Uma das canções que você tanto gostava de me ouvir tocar.

E assim ela tocava...

E toda vez eu chorava de emoção.

Quem não choraria?

A alma não é feita de pedra, é feita de luz. Luz da vida. Luz de Deus...

Por que não chorar?

O choro lava a alma...

Deixe-me chorar...

Quando olhamos para nosso próximo reconhecendo Cristo na vida dele e olharmos a vida pelos olhos dele (empatia), saberemos como agir em todas as situações.

Quero falar agora a respeito dos temas abordados neste livro para uma melhor compreensão do leitor.

Sobre rompimento afetivo

O rompimento de um namoro, noivado ou casamento é doloroso, não resta dúvida. Mas agredir-se, chegando a ponto de atentar contra a própria vida por causa do término dessa relação ou atentar contra a vida daquele que rompeu o relacionamento com você é uma agressão infinda. Um desrespeito a si próprio, ao seu semelhante, a Deus e à própria essência do amor. Pois amor, o verdadeiro amor perdoa, compreende, ama independente de ser amado reciprocamente ou não.

Fazer o mesmo por causa de um amor que não foi correspondido é igualmente hipócrita e estúpido.

Todos nós precisamos buscar forças dentro de nós mesmos para encarar um rompimento afetivo e superá-lo caso ele aconteça na nossa vida. E essas forças existem e em proporções jamais imaginada por nós, basta apenas que você busque por elas, as quais emergirão com maior facilidade quando essa busca ocorrer de mãos dadas com Deus, Cristo e os espíritos de Luz.

Creio ser essa a maior mensagem e o dado mais importante que levou o mundo espiritual a transformar essa história em livro.

Precisamos compreender também que a vida quer que aprendamos a sermos honestos com quem nos relacionamos. Se percebermos que não amamos mais a pessoa com quem nos relacionamos da forma que pensávamos precisamos expor nossos sentimentos. Como fez Bárbara com seu noivo.

Por mais tristeza que essa franqueza cause em alguém, ninguém deve responsabilizar seu ex-namorado, noivo, cônjuge por ela. Cabe a cada um de nós sermos maduros o suficiente para lidar com a situação. Jamais responder ao rompimento com tamanha agressividade como fez A. Gilbert para consigo e para com aqueles que o amavam. Jamais, enfim, apagar a paixão com dor.

A maioria das pessoas, durante suas idas e vindas a Terra, adquire infelizmente o péssimo hábito de culpar o próximo pelos seus infortúnios, suas contrariedades, decepções e infelicidades. No entanto, fazer do outro o responsável-mor por tudo aquilo que não sai da forma que você esperava só serve para estagnar a sua pessoa e corromper a sua evolução, pois, afinal, que progresso pode ter você responsabilizando eternamente o outro por aquilo que não saiu como você queria? Nenhum.

Se observarmos bem, com os sentidos da alma, Bárbara Calandre prestou, na verdade, um favor a seu noivo terminando a relação com ele, pois deixou-o livre para encontrar alguém que viesse amá-lo na mesma intensidade que ele tanto queria ser amado.

Mas o ego ferido de A. Gilbert, como acontece com muitas pessoas nesse caso, não permitiu que ele visse isso, deixando-o cego para as verdades que poderiam levá-lo a um nível mais elevado de evolução e bom senso que lhe traria a felicidade que todos almejam para si .

Infelizmente, nem todos são maduros o suficiente para chegar à devida compreensão dos fatos. Daí porque Deus criou o processo das reencarnações, sem o qual espíritos menos evoluídos não teriam oportunidade de se elevar na vida e viver de uma forma mais digna consigo e com o próximo.

Quanto a suicídio e assassinato, bem, são agressões infindas que ferem não somente a nós, como foi mostrado nas páginas deste livro, mas também a quem tanto nos ama, incluindo o Senhor Deus nosso Pai Celestial.

Sobre o perdão

"Muitas religiões dizem que Deus tudo perdoa..." essa frase é um perigo porque passa uma ideia completamente avessa à realidade das leis que cercam a vida do espírito neste cosmos infinito.

Se receberá o perdão não importa que mal você faça que mal teria uma pessoa de fazer o mal para o próximo e para si mesmo e, consequentemente, para Deus? Pode matar a vontade, pois depois de pedir perdão você receberá sua absolvição.

Pode até mesmo se matar à vontade, de uma vez ou aos poucos, um pouco a cada dia, tirando de si o ânimo de viver, a utilidade de servir a Deus e ao próximo, por manha, preguiça, mimo, birra, ignorância, pobreza de espírito ou imaturidade...

Pois é, muitos vão se matando aos poucos, diariamente, e o que é pior, no íntimo, sabem o que estão fazendo contra si e, mesmo assim, continuam a se comportar dessa maneira.

O universo seria um caos e um lugar muito injusto se bastasse pedirmos perdão por nossos atos indevidos, pois esse perdão poderia ser dito simplesmente da boca para fora como faz a maioria das pessoas. Tanto isso é verdade que a maioria daqueles que pedem perdão voltam, cedo ou tarde, a tomar as mesmas atitudes indevidas que tiveram anteriormente revelando que nada dentro da pessoa foi alterado pelo simples gesto de pedir perdão à vida, a Deus ou a quem ela feriu.

Isso não significa que não se deve pedir perdão a quem se feriu. Deve sim, pois esse é o grande primeiro passo na remissão dos seus atos. Tanto na Terra quanto no céu. O simples gesto de pedir perdão já revela uma tomada de consciência mais condizente com a realidade de Deus. Revela também humildade, desapego da vaidade e do ego desmedido que nos faz pensar que isso é humilhação, que nos faz querer ser criador e não criatura.

Mas que fique ciente de que o gesto de pedir perdão é apenas o primeiro passo rumo à redenção de seus pecados. O perdão, para ser perdão de verdade, tem de ser vivido, na prática, por meio de atitudes que revelem que ele brota mesmo da sua alma. Em outras palavras, o perdão se revela por meio de atitudes que diferem das que você tomou anteriormente. Daí a importância da existência do processo das reencarnações.

Vale a ressalva de que Deus não é vingativo em hipótese alguma. Pelo contrário, seja qual for o processo que você tem de passar para se redimir dos seus atos eles se abrandarão quando você se unir a Deus por meio da evangelização.

Jesus diz na Bíblia: "aquele que me seguir chegará à casa do senhor. Suavizará as tempestades, fará chover no deserto." É uma metáfora que explica muito bem essa realidade.

O maior perdão que Deus concede a seu filho é permitir que ele reencarne para se redimir de suas atitudes impensadas e imaturas e, por meio dessas ações, elevar-se.

Deus é justo, quer um mundo justo e a justiça sempre triunfa no final ainda que não pareça. Nem que para isso seja preciso atravessar diversas vidas.

Sobre obsessão

Podemos comprovar a influência negativa dos espíritos obsessores na vida das pessoas por meio de relatos de muitos questionados a respeito de seus atos criminosos. "Não sei o que me deu naquela hora, estava fora de mim", dizem elas.

Uns chegam a dizer: "havia uma voz na minha cabeça querendo que eu fizesse aquilo, uma voz incansável e perturbadora".

Vale lembrar que ainda que Deus saiba que uma pessoa que cometeu um crime o fez por ter sido induzida por espíritos obsessores, pois Deus tudo vê, tudo ouve, mesmo assim tal pessoa terá de responder pelas consequências negativas dos atos que tomou sob influência dos espíritos obsessores.

Daí a importância de procurar se proteger desses espíritos e aprender a discernir entre a voz da intuição e do bom senso e a voz desses espíritos mal intencionados. Daí a importância de um livro que ajude as pessoas a compreenderem essa faceta da vida e se protejam.

Mas como sabemos quando a voz que ouvimos na mente é a voz de Deus, de um espírito de luz, do seu mentor, anjo da guarda e não a voz de um espírito obsessor?

A voz de um espírito obsessor é a voz da ignorância, do temor, da superstição, da mentira e de conceitos deturpados sobre Deus. Sempre nos incitando à revolta, à inveja, aos desejos de vingança, a todo e qualquer sentimento denominado pobreza de espírito.

Enquanto que a voz de um espírito de luz e a voz de Deus falam sempre em paz e nunca em confusão. São palavras sempre construtivas, harmoniosas e serenas. Guiam-nos sempre em direção à vida, uma vida mais abundante.

Toda voz mental que for contra as leis da vida, como dita a Regra Áurea, os Dez Mandamentos, ou a Carta sobre o Amor de Paulo no Capítulo 13 da 1ª Epístola aos Coríntios, não pode ser a voz de um espírito de luz (anjo da guarda) nem a voz de Deus.

Praticar a presença de Deus no lar é se dar à oportunidade de saturar sua mente e seu lar de disposição e atmosfera afetuosa. É uma excelente forma de evitar toda e qualquer influência dos espíritos obsessores encarnados e desencarnados.

Vale lembrar que temos também dentro de nossa cabeça uma vozinha, chamada por muitos de vozinha mental que é positiva e negativa. Essa vozinha mental é representada nos desenhos animados por um anjinho (a positiva) e um diabinho (a negativa).

Essa vozinha cresce dentro de nós por meio de impressões vividas ao longo da vida e em vidas passadas. A voz negativa tem base nas criticas recebidas dos pais, professores e por certas pessoas que se dizem porta-vozes de Deus. Elas ditam padrões de pensamento que nos põe para baixo, nos enchem de críticas e humilhações e servem de prato cheio para os espíritos obsessores nos atacar quando querem. Quando ela grita dentro de nós, eles começam a falar dentro na nossa mente concordando com elas, o que só serve para nos depreciar ainda mais.

A voz positiva, por outro lado, se faz por meio de elogios, incentivos de humildade e coragem de viver, de erguer a cabeça, dar a volta por cima, elevar-se, cuidar de si, respeitar-se e, principalmente, ser otimista com fé de verdade em Deus.

Purificação da alma

Se você, encarnado ou não, acha que já está muito poluído físico, mental e espiritualmente para mudar, lembre-se de que seu interior é como um recipiente para água.

Por mais que a água dentro dele esteja suja se você começar e continuar a pôr água limpa, o recipiente logo estará cheio de água limpa outra vez. Com o espírito é a mesma coisa. Quanto mais você cobri-lo de pensamentos positivos, as verdades de Deus, que sustentam a vida mais e mais, você estará purificando a sua alma.

De nada vale ficar se condenando, sentindo-se ofendido e maldizendo a sua pessoa indefinidamente pelo que fez de errado ao longo da vida, o que vale mesmo é tomar atitudes, nutrir-se com o que pode purificar o seu interior, sua essência, sua alma.

Em outras palavras, de nada vale ficar reclamando que a água do recipiente está suja, a reclamação não muda nada, a atitude positiva ligada a Deus, sim.

O espírito pode estar carregado de energia negativa imitida por espíritos obsessores, energia pesada, negra, sufocante; no entanto, se esse espírito se permitir depositar em seu interior os mandamentos de Deus, suas verdades, nem que seja um pouco a cada dia, em pouco tempo se tornará límpido outra vez. No início pode ser difícil de acreditar que haja realmente uma mudança significativa, mas ela sempre acontece. Mais rápido do que se pensa, surpreendendo a todos.

Para encerrar lembremos mais uma vez, que a paixão não se apaga com a dor. Nunca se apaga com a dor porque se assim for mais dor será provocada. E quando dizemos paixão, referimo-nos a todo tipo de paixão.

Quantos e quantos não têm paixão por seu trabalho, pelo dinheiro, por posses materiais, por status, por um ou mais ideais e quando há um abalo, um rompimento nessa espécie de paixão, a pessoa se revolta a ponto de se ferir, afetar sua saúde — o que é o mesmo que apagar a paixão com a dor. Devemos também nessa hora lidar com a situação de mãos dadas com o bom senso e com Deus. Pois só assim se evitam consequências graves como vimos na triste história deste livro.

Esperando mais uma vez que essa história transformada em livro tenha sido útil ao leitor, pois essa é a nossa intenção, a nossa missão de vida, nos despedimos.

Fique com Deus

Sucesos Barbara

Ninguém desvia o destino

Heloise ama Álvaro. Os dois se casam prometendo serem felizes até que a morte os separe.

Surge então algo inesperado.

Visões e pesadelos assustadores começam a perturbar Heloise.

Seriam um presságio?

Ou lembranças fragmentadas de uma outra vida? De fatos que marcaram profundamente sua alma?

Ninguém desvia o destino é uma história de tirar o fôlego do leitor do começo ao fim. Uma história emocionante e surpreendente. Onde o destino traçado por nós em outras vidas reserva surpresas maiores do que imaginam a nossa vã filosofia e as grutas do nosso coração.

Só o coração pode entender

Tudo preparado para uma grande festa de casamento quando uma tragédia muda o plano dos personagens, o rumo de suas vidas e os enche de revolta. É preciso recomeçar. Retirar as pedras do caminho para prosseguir... Mas recomeçar por onde e com que forças? Então, quando menos se espera, as pedras do caminho tornam-se forças espirituais para ajudar quem precisa reerguer-se e reencontrar-se num mundo onde **só o coração pode entender**. É preciso escutá-lo, é preciso aprender a escutá-lo, é preciso tirar dele as impurezas deixadas pela revolta, para que seja audível, límpido e feliz como nunca foi...

Uma história contada com bom humor para aquecer o coração diante de turbulências afetivas. Mas uma história verdadeira, profunda, real que fala direto ao coração e nos revela que o coração sabe bem mais do que pensamos, que pode compreender muito mais do que julgamos, principalmente quando o assunto for amor e paixão.

Nenhum amor é em vão

Uma jovem inocente e pobre, nascida numa humilde fazenda do interior do Paraná, conhece por acaso o filho do novo dono de uma das fazendas mais prósperas da região. Um rapaz elegante, bonito, da alta sociedade, cercado de mulheres bonitas, estudadas e ricas.

Um encontro que vai mudar suas vidas, fazê-los aprender que **nenhum amor é em vão**. Todo amor que acontece, acontece porque é a única forma de nos conhecermos melhor, nos perguntarmos o que realmente queremos da vida, que rumo queremos dar a ela, o que vale realmente brigar para conquistarmos na nossa existência.

Mulheres Fênix - Recomeçando a Vida

Em vez de ouvir o típico "eu te amo" de todo dia, Júlia ouviu: "eu quero me separar, nosso casamento acabou". A separação leva Júlia ao fundo do poço. Nem os filhos tão amados conseguem fazê-la reagir. "Por que o *meu* casamento tinha de desmoronar? E agora, o que fazer da vida? Como voltar a ser feliz?"

Júlia quer obter as respostas para as mesmas perguntas que toda mulher casada faz ao se separar. E ela as obtém de forma sobrenatural. Assim, pode renascer das cinzas e voltar a brilhar com todo o esplendor de uma mulher Fênix.

Baseada em histórias reais, *Mulheres Fênix* conta a história de mulheres que, como o pássaro Fênix da mitologia, renascem das cinzas, saem do fundo do poço e começam uma vida nova, sem mágoa, sem rancor, mais feliz e com mais amor.

Quando é Inverno em nosso Coração

Clara amava Raymond, um humilde jardineiro. Então, aos dezessete anos seu pai a informou que chegara a hora dela conhecer Raphael Monie, o jovem para quem a havia prometido em casamento. Clara e Amanda, sua irmã querida ficaram arrasadas com a notícia. E Amanda desejou sem pudor algum que Raphael morresse num acidente durante sua ida à mansão da família. Mas ao conhecer Raphael Monie, Amanda se encanta por ele da mesma forma que Clara se encantou por Raymond.

E Amanda chega a conclusão de que deveria ter sido ela a prometida em casamento para Raphael e não Clara. Se assim tivesse sido, ela poderia se tornar uma das mulheres mais felizes do mundo. Se ao menos houvesse um revés do destino...

A outra face do amor

As palavras de Verônica ainda estavam ecoando na mente de Nathalia.

— *Eu não sei o que é pobreza. Eu só conheço a riqueza, o luxo. Mesmo dentro da barriga da minha mãe eu só vivi cercada de riqueza, luxo e poder. Ouro, prata, diamantes... Se quer saber realmente o que sinto, pois bem, não faço questão alguma de conhecer a pobreza. Nunca fiz. Tanto isso é verdade que eu jamais, por momento algum, visitei a dependência dos empregados. Só tenho olhos para o que é rico, próspero e belo.*

— *Mas sua melhor amiga é paupérrima.*

— *Évora? Sim, ela é paupérrima. Coitada, ela e a família não têm onde cair morta. É, nem tudo é perfeito. Para tudo há sempre uma exceção, não é o que dizem? Évora é a exceção. Eu gosto dela, sempre gostei, sua condição social miserável nunca conseguiu prejudicar nossa amizade como eu pensei que aconteceria. Não é incrível como a vida nos surpreende?*

Nathalia se perguntou mais uma vez: por que uns nascem para conhecer somente o luxo e a riqueza e outros somente a pobreza?

Évora entrou na propriedade acompanhada do noivo. Ansiosa para apresentá-lo a Verônica.

— Será que ela vai gostar de mim, Évora? — perguntou o noivo.

— Vai e muito. Tanto que lhe dará o emprego de que tanto precisa. Com o qual poderemos ter finalmente condições de nos casarmos.

Minutos depois o rapaz era apresentado a Verônica.

— Ele não é formidável, Verônica? — perguntou Évora.

— Sim, Évora, ele é formidável — concordou Verônica olhando com grande interesse para o tímido e pobre rapaz. O qual também não tinha, como se diz, onde cair morto.

Se Não Amássemos Tanto Assim

No Egito antigo, 3400 anos antes de Cristo, Hazem, filho do faraó, herdeiro do trono se apaixona perdidamente por Nebseni, uma linda moça, exímia atriz. Com a morte do pai, Hazem assume o trono e se casa com Nebseni. O tempo passa e o filho tão necessário para o faraó não chega. Nebseni se vê forçada a pedir ao marido que arranje uma segunda esposa para poder gerar um herdeiro, algo tido como natural na época. Sem escolha, Hazem aceita a sugestão e se casa com Nofretiti, jovem apaixonada por ele desde menina e irmã de seu melhor amigo.

Nofretiti, feliz, casa-se prometendo dar um filho ao homem que sempre amou e jurando a si mesma destruir Nebseni, apagá-la para todo o sempre do coração do marido para que somente ela, Nofretiti, brilhe.

Mas pode alguém apagar do coração de um ser apaixonado a razão do seu afeto? **Se não amássemos tanto assim** é um romance comovente com um final surpreendente, que vai instigar o leitor a ler o livro outras tantas vezes.

A lágrima não é só de quem chora

Christopher Angel, pouco antes de partir para a guerra, conhece Anne Campbell, uma jovem linda e misteriosa, muda, depois de uma tragédia que abalou profundamente sua vida. Os dois se apaixonam perdidamente e decidem se casar o quanto antes, entretanto, seus planos são alterados da noite para o dia com a explosão da guerra. Christopher parte, então, para os campos de batalha prometendo a Anne voltar para casa o quanto antes, casar-se com ela e ter os filhos com quem tanto sonham.

Durante a guerra, Christopher conhece Benedict Simons de quem se torna grande amigo. Ele é um rapaz recém-casado que anseia voltar para a esposa que deixara grávida. No entanto, durante um bombardeio, Benedict é atingido e antes de morrer faz um pedido muito sério a Christopher. Implora ao amigo que vá até a sua casa e ampare a esposa e o filho que já deve ter nascido. Que lhe diga que ele, Benedict, os amava e que ele, Christopher, não lhes deixará faltar nada. É assim que Christopher Angel conhece Elizabeth Simons e, juntos, descobrem que quando o amor se declara nem a morte separa as pessoas que se amam.

Por entre as flores do perdão

No dia da formatura de segundo grau de sua filha Samantha, o Dr. Richard Johnson recebe uma ligação do hospital onde trabalha, solicitando sua presença para fazer uma operação de urgência numa paciente idosa que está entre a vida e a morte.

Como um bom médico, Richard deixa para depois a surpresa que preparara para a filha e para a esposa para aquele dia especial. Vai atender ao chamado de emergência. Um chamado que vai mudar a vida de todos, dar um rumo completamente diferente do almejado. Ensinar lições árduas...

"Por entre as flores do perdão" fará o leitor sentir na pele o drama de cada personagem e se perguntar o que faria se estivesse no lugar de cada um deles. A cada página viverá fortes emoções e descobrirá, ao final, que só as flores do perdão podem nos libertar dos lapsos do destino. Fazer renascer o amor afastado por uma tragédia.

Uma história de amor vivida nos dias de hoje, surpreendentemente reveladora e espiritual.

A solidão do espinho

Virginia Accetti sonha desde, menina, com a vinda de um moço encantador, que se apaixone por ela e lhe possibilite uma vida repleta de amor e alegrias.

Evângelo Felician é um jovem pintor, talentoso, que desde o início da adolescência apaixonou-se por Virginia, mas ela o ignora por não ter o perfil do moço com quem sonha se casar.

Os dois vivem num pequeno vilarejo próximo a famosa prisão "Écharde" para onde são mandados os piores criminosos do país. Um lugar assustador e deprimente onde Virginia conhece uma pessoa que mudará para sempre o seu destino.

"A Solidão do Espinho" nos fala sobre a estrada da vida a qual, para muitos, é cheia de espinhos e quem não tem cuidado se fere. Só mesmo um grande amor para cicatrizar esses ferimentos, superar desilusões, reconstruir a vida... Um amor que nasce de onde menos se espera. Uma história de amor como poucas que você já ouviu falar ou leu. Cheia de emoção e suspense. Com um final arrepiante.

Leia também: Suas Verdades o Tempo Não Apaga Deus nunca nos deixa sós - Quando o coração escolhe - Amor incondicional, entre outros

visite o nosso site: www.barbaraeditora.com.br

ℋ

Para adquirir um dos livros ou obter informações sobre os próximos lançamentos da Editora Barbara, visite nosso site:

www.barbaraeditora.com.br

ou escreva para:

BARBARA EDITORA
Av. Dr. Altino Arantes, 742 – 93 B
Vila Clementino – São Paulo – SP
CEP 04042-003
(11) 5594 5385

E-mail: barbara_ed@estadao.com.br

Contato c/ autor: americosimoes@estadao.com.br